"十二五"职业教育国家规划教材
经全国职业教育教材审定委员会审定

观光农业园区规划设计

GUANGUANG NONGYE
YUANQU GUIHUA SHEJI

白忠义　于桂芬　主编

化学工业出版社

·北京·

《观光农业园区规划设计》分规划设计基础、项目实施和知识能力拓展 3 大模块，包括 5 个基础、4 个项目和 4 个拓展，全面介绍了观光农业园区规划设计工作所需要的基础知识、不同类型观光农业园区规划设计的方法与技巧及从业者应拓展的知识和能力，实现了技术与艺术、抽象与具体的有机结合。项目实施模块必修，规划设计基础模块和知识能力拓展模块可以根据生源情况选修，解决了观光农业园区规划设计工作对从业者基本素质的高要求与观光农业专业不能足量开设规划设计相关上游课程之间的矛盾；有利于实现中高职衔接。本书的项目实施模块配备了大量的相关图片，使得规划设计过程更直观、简单，学生学习更轻松。

　　本书适合作为观光农业专业及相关专业的教材，也可作为观光农业规划设计企业技术人员的参考用书。

图书在版编目（CIP）数据

观光农业园区规划设计/白忠义，于桂芬主编.—北京：化学工业出版社，2017.2（2024.7重印）

"十二五"职业教育国家规划教材

ISBN 978-7-122-28808-0

Ⅰ.①观… Ⅱ.①白… ②于… Ⅲ.①观光农业-农业园区-旅游资源-旅游规划-中国-高等职业教育-教材 Ⅳ.①F592.3

中国版本图书馆 CIP 数据核字（2016）第 321406 号

责任编辑：李植峰　迟　蕾　张绪瑞　　　　　　　装帧设计：史利平
责任校对：王　静

出版发行：化学工业出版社（北京市东城区青年湖南街 13 号　邮政编码 100011）
印　　装：北京缤索印刷有限公司
787mm×1092mm　1/16　印张 15½　字数 400 千字　2024 年 7 月北京第 1 版第 9 次印刷

购书咨询：010-64518888　　　　　　　　　　　售后服务：010-64518899
网　　址：http://www.cip.com.cn
凡购买本书，如有缺损质量问题，本社销售中心负责调换。

定　　价：49.80 元　　　　　　　　　　　　　　版权所有　违者必究

《观光农业园区规划设计》编审人员

主　　编　白忠义　于桂芬
副 主 编　田雪慧　李洪忠　程桂兰
编写人员（按姓名汉语拼音排列）
　　　　　　白忠义（辽宁农业职业技术学院）
　　　　　　程桂兰（辽宁农业职业技术学院）
　　　　　　黄　敏（广东农工商职业技术学院）
　　　　　　李洪忠（辽宁农业职业技术学院）
　　　　　　林淑敏（辽宁省瓦房店市农业中心）
　　　　　　刘雪红（辽宁省葫芦岛市葫芦山庄）
　　　　　　苏晓田（辽宁农业职业技术学院）
　　　　　　田雪慧（杨凌职业技术学院）
　　　　　　于　多（北京市金维多科技有限公司）
　　　　　　于桂芬（辽宁农业职业技术学院）
　　　　　　张红玲（辽宁省瓦房店市农业中心）
　　　　　　朱涵珍（河南农业职业学院）
主　　审　蒋锦标（辽宁农业职业技术学院）

前言 PREFACE

观光农业跨越一产和三产，是农业和旅游业有机结合的新型朝阳产业。我国观光农业于20世纪90年代开始发展，现已进入快速发展阶段，据不完全统计，全国规模以上观光农业园区现已超过2万家，年接待超过6亿人次，年经营收入超过1500亿元，高级技术技能型人才缺口很大。高职观光农业专业服务于观光农业产业，发展意义重大。但由于起步晚、时间短等原因，专业建设还存在很多不足，尤其是缺少一套高职特色明显的教材。

本教材编写，力求打破以往学科体系的课程结构，结合高职学生认知规律、成长规律，融合岗位群职业能力需求，以满足学生专业能力学习、方法能力开发、社会能力提高为目的，以培养观光农业园区规划设计高端技能型人才为目标，依据工学结合、任务驱动的理念构建课程内容。不流于形式，重在提高内容的实用性、可操作性、规范性和严谨性。

全书分规划设计基础、项目实施和知识能力拓展3大模块，包括5个基础、4个项目和4个拓展，全面介绍了观光农业园区规划设计工作所需要的基础知识、不同类型观光农业园区规划设计的方法与技巧及从业者应拓展的知识和能力，实现了技术与艺术、抽象与具体的有机结合。项目实施模块必修，规划设计基础模块和知识能力拓展模块可以根据生源情况选修，解决了观光农业园区规划设计工作对从业者基本素质的高要求与观光农业专业不能足量开设规划设计相关上游课程之间的矛盾；有利于实现中高职衔接。本书的项目实施模块配备了大量的相关图片，使得规划设计过程更直观、简单，学生学习更轻松。

教材编写过程中，收集整理了大量的典型观光农业企业规划设计案例，并将相关的文本、图样和附件编于书中；同时搜集了最新的相关标准和法规，保证了本书的先进性。

本书是观光农业专业及相关专业的教材，也可作为观光农业规划设计企业技术人员的参考用书。

本书由高职院校的一线教师和企业技术人员共同编写，由白忠义、于桂芬负责全书的组织、统稿和修改工作。具体分工如下：白忠义编写基础1、基础2、基础3、基

础5、项目2；于桂芬编写基础4、项目1、项目3、项目4；白忠义、田雪慧、黄敏编写拓展1；田雪慧编写拓展2；程桂兰、李洪忠、朱涵珍编写拓展3、拓展4；刘雪红、林淑敏、于多、张红玲提供企业资料和照片；李洪忠、苏晓田协助主编搜集整理资料和排版。

辽宁农业职业技术学院院长蒋锦标教授为本书审稿，在此深表感谢！

由于水平和经验有限，书中不妥之处在所难免，敬请读者批评指正。

编 者

2017年1月

目录 CONTENTS

模块一　规划设计基础　001

基础1　规划设计内涵与方法　002

1.1　观光农业园区内涵及分类　003
1.2　规划设计定义　004
1.3　规划设计依据与原则　004
　1.3.1　观光农业园区规划设计依据　004
　1.3.2　观光农业园区规划设计原则　005
1.4　规划设计内容　007
1.5　规划设计方法与流程　008
　1.5.1　规划设计方法　008
　1.5.2　规划设计流程　009
1.6　规划设计成果　011
　1.6.1　规划设计文本　011
　1.6.2　图样　013
　1.6.3　附件　014
单元小结　014
单元测试　015

基础2　园区建设标准与规划设计要求　015

2.1　建设标准　016
　2.1.1　行业标准　016
　2.1.2　地方标准　022
2.2　规划设计要求　027
　2.2.1　总体要求　027
　2.2.2　前期专题研究工作要求　027
　2.2.3　具体规划设计要求　027
单元小结　029
单元测试　029

基础3　规划设计前期的专题研究　029

3.1　规划前的市场研究　030
　3.1.1　市场研究的内容　030
　3.1.2　市场研究方法　034
3.2　规划前的技术研究　035
　3.2.1　可供选择的现代农业高新技术　035
　3.2.2　观光农业园区技术选择原则　036
　3.2.3　观光农业园区技术选择的方法　037
3.3　立地条件研究　037
　3.3.1　立地条件研究的内容　038
　3.3.2　立地条件研究方法　039
单元小结　040
单元测试　041

基础4　基础规划设计图绘制　041

4.1　制图基础训练　042
　4.1.1　制图基本标准　042
　4.1.2　绘图工具及使用方法　049
4.2　阶段性成果平面图绘制　052
　4.2.1　现状分析图绘制　052
　4.2.2　初步方案构思草图绘制　052
　4.2.3　规划总平面图绘制　052
　4.2.4　系统分析图绘制　054
　4.2.5　功能分区图绘制　054
　4.2.6　竖向设计图绘制　055
　4.2.7　植物种植设计图绘制　056
4.3　立面图绘制　056
　4.3.1　局部场地立面图绘制　056
　4.3.2　建筑立面图绘制　057
　4.3.3　植物立面效果图绘制　058

  4.3.4　水体立面图绘制　060
4.4　效果图绘制　060
  4.4.1　透视效果图　060
  4.4.2　鸟瞰效果图　061
单元小结　062
单元测试　062

基础5　规划设计要素　063

5.1　设计要素类型　064
5.2　自然要素设计　065
  5.2.1　地形地貌　065
  5.2.2　植物　069
  5.2.3　水体　073
  5.2.4　动物　075
5.3　人工要素设计　075
  5.3.1　建筑　075
  5.3.2　道路与广场　077
  5.3.3　农业设施　080
  5.3.4　小品　080
5.4　文化要素设计　081
  5.4.1　民风民俗　081
  5.4.2　乡土文化　082
5.5　设计要素的整合　082
单元小结　083
单元测试　084

模块二　项目实施　085

项目1　综合型观光农业园区规划设计　086

任务1.1　场地优劣势分析　087
  1.1.1　优势分析　088
  1.1.2　劣势分析及改造措施　088
任务1.2　建设可行性分析　088
  1.2.1　政策导向分析　088
  1.2.2　休闲特征分析　089
  1.2.3　地域优势分析　089
任务1.3　总体规划　089
  1.3.1　确定建设目标　089
  1.3.2　制定规划原则　090
  1.3.3　确定规划理念　090
  1.3.4　基于产业结构分析的分区规划　090
  1.3.5　总平面规划　091
  1.3.6　基于总平面的功能分区　093
  1.3.7　道路交通系统规划　098
  1.3.8　景观系统规划　100
  1.3.9　游览路线规划　103
  1.3.10　四季景观亮点规划　104
任务1.4　分区设计和节点设计　105
  1.4.1　入口区设计　106
  1.4.2　农业科普观光园设计　107
  1.4.3　会议休闲度假区设计　108
  1.4.4　观光采摘区设计　112
任务1.5　服务系统设计　114
  1.5.1　围墙设计　114
  1.5.2　休闲设施设计　114
  1.5.3　指示导向系统设计　115
  1.5.4　景观照明系统设计　116
  1.5.5　卫生设施设计　117
  1.5.6　形象标识设计　117
任务1.6　工程概预算　118
任务1.7　经典案例赏析　119
  1.7.1　辽宁葫芦岛葫芦山庄的规划设计　119

  1.7.2 北戴河集发观光园的规划 125

项目 2 观光采摘园规划设计 130

任务 2.1 场地优势分析 130
任务 2.2 总体规划 131
  2.2.1 提出建设目标与原则 131
  2.2.2 提出规划理念 132
  2.2.3 总体规划 132
任务 2.3 分区规划 135
任务 2.4 道路规划 141
任务 2.5 采摘产品规划 143
  2.5.1 设施栽培产品规划 143
  2.5.2 露地果蔬产品选择 143
任务 2.6 配套设施规划 144
任务 2.7 经典案例赏析 145
  2.7.1 北京小汤山百果采摘园的规划设计 145
  2.7.2 青岛山色峪樱桃谷规划 147

项目 3 休闲体验园规划设计 149

任务 3.1 场地优劣势分析 149
  3.1.1 优势分析 149
  3.1.2 劣势分析 150
任务 3.2 总体规划 150
  3.2.1 提出建设目标与原则 150
  3.2.2 提出规划理念 151
  3.2.3 总体规划 152
  3.2.4 功能分区规划 153
  3.2.5 交通规划 155
任务 3.3 主要区域详细规划 155
  3.3.1 主入口景观带 155

  3.3.2 自然休闲园 158
  3.3.3 名花博览园和五谷丰登广场详细设计 160
  3.3.4 摄影基地详细设计 160
任务 3.4 旅游项目策划 161
  3.4.1 水景区和自然休闲区的旅游项目规划 161
  3.4.2 综合服务中心与果蔬生产区的旅游项目规划 161
  3.4.3 摄影基地和采摘园的旅游项目规划 163
  3.4.4 其他生产区域的旅游项目规划 163
任务 3.5 景观系统规划设计 164
  3.5.1 交通系统规划设计 164
  3.5.2 服务系统规划设计 164
  3.5.3 指示导向系统规划设计 164
  3.5.4 照明系统规划设计 165
任务 3.6 种植规划设计 165
  3.6.1 生产性种植规划 165
  3.6.2 景观种植规划 167
任务 3.7 经典案例赏析：盘锦鼎翔休闲生态旅游园规划设计 168
  3.7.1 园区简介 168
  3.7.2 功能分区 168

项目 4 教育农园规划设计 171

任务 4.1 项目优劣势分析 171
  4.1.1 优势分析 172
  4.1.2 劣势分析 172
任务 4.2 总体规划 172

任务 4.3　分区设计　173
　4.3.1　功能分区　173
　4.3.2　交通规划　173
任务 4.4　农业科普示范特色项目规划　174
　4.4.1　温室栽培区项目规划　174
　4.4.2　百花馆和花艺馆项目规划　175
　4.4.3　现代蔬菜生产示范馆项目规划　176
　4.4.4　露地花田和微型花园项目规划　176
任务 4.5　重点分区规划设计　177
　4.5.1　主入口景观区规划设计　177
　4.5.2　综合服务区规划设计　178
任务 4.6　经典案例赏析：大连太空植物王国规划设计　179
　4.6.1　植物王国简介　179
　4.6.2　展馆主题　180
　4.6.3　展馆分区　180
　4.6.4　展馆景观　181

模块三　知识能力拓展　183

拓展 1　观光农业产业认知　184

1.1　观光农业内涵认知　184
　1.1.1　农业　184
　1.1.2　观光与观光农业　185
　1.1.3　观光农业与其他相关概念关系解析　185
1.2　观光农业功能与意义认知　186
　1.2.1　观光农业的功能　186
　1.2.2　观光农业的意义　186
　1.2.3　发展观光农业可能产生的负面影响　187

1.3　观光农业主要业态辨析　187
　1.3.1　观光农业开发存在的问题　187
　1.3.2　观光农业发展应对策略　188
　1.3.3　观光农业主要类型及运行模式　188
1.4　国内外观光农业发展经验借鉴　191
　1.4.1　国内观光农业发展经验借鉴　191
　1.4.2　国外观光农业发展经验借鉴　194
单元小结　195
单元测试　195

拓展 2　观光农业资源调查、评价与开发　196

2.1　观光农业资源调查　196
　2.1.1　观光农业资源类型　196
　2.1.2　西安市旅游观光农业资源调查实例分析　199
2.2　观光农业资源评价　201
　2.2.1　资源综合评价的基本思路　201
　2.2.2　综合评价因子的确定　201
　2.2.3　观光农业资源综合评价的权重确定　203
2.3　观光农业资源开发模式　204
　2.3.1　田园农业旅游模式　204
　2.3.2　民俗风情旅游模式　204
　2.3.3　农家乐旅游模式　204
　2.3.4　新农村风貌观光旅游模式　204
　2.3.5　休闲度假旅游模式　205
　2.3.6　科普教育旅游模式　205
　2.3.7　农业产业旅游模式　206
单元小结　207
单元测试　207

拓展 3　观光农业园区经营管理　208

3.1　运营管理　209
　3.1.1　生产项目管理　209
　3.1.2　人力资源管理　213
　3.1.3　财务管理　214
　3.1.4　销售管理　215
3.2　服务管理　216
　3.2.1　餐饮服务管理　216
　3.2.2　住宿服务管理　218
　3.2.3　解说服务管理　219
3.3　游客管理　221
　3.3.1　游客行为特征　221
　3.3.2　游客行为差异　222
　3.3.3　游客不文明行为　222
　3.3.4　游客的管理技术　223
3.4　环境卫生管理　224
　3.4.1　卫生管理　224
　3.4.2　观光农业园区环境管理　225
　3.4.3　园区绿化管理　226
3.5　安全管理　227
　3.5.1　园区设施设备安全管理　227
　3.5.2　园区餐饮安全管理　227
　3.5.3　游客活动安全及其他意外事故管理　227
3.6　设施设备管理　228
　3.6.1　设施设备的分类管理　228
　3.6.2　设施的分期管理　229
单元小结　230
单元测试　230

拓展 4　生态农业　231

4.1　生态农业内涵　231
4.2　典型生态农业模式　232
　4.2.1　北方"四位一体"生态农业模式　232
　4.2.2　南方"猪-沼-果"生态农业模式　233
　4.2.3　西北"五配套"生态农业模式　234
　4.2.4　西南区模式　235
　4.2.5　城郊区模式　235
单元小结　236
单元测试　236

参考文献　237

模块一　　规划设计基础

基础 1　规划设计内涵与方法
基础 2　园区建设标准与规划设计要求
基础 3　规划设计前期的专题研究
基础 4　基础规划设计图绘制
基础 5　规划设计要素

基础 1　规划设计内涵与方法

学习目标

- 掌握观光农业园区规划设计内涵；
- 掌握观光农业园区规划设计的方法与流程；
- 了解规划设计内容和规划设计原则；
- 了解观光农业园区规划设计成果编制工作。

学习前导

观光农业园区是观光农业的主要形式和载体。观光农业园区规划设计是观光农业园区开发能否获得成功的关键环节。观光农业园区规划设计工作具有较强的系统性和复杂性，在工作中需要将技术和艺术完美结合，对工作者的理论基础要求相对较高。准确把握观光农业园区规划设计的相关理论和方法，是开展观光农业规划设计工作的必要知识储备。在学习过程中，学习者应按以下三个层次循序渐进，逐步掌握：

① 观光农业园区内涵；

② 观光农业园区规划设计内涵；

③ 观光农业园区规划设计工作方法与过程，包括规划设计原则、规划设计内容、规划设计方法、规划设计流程和规划设计成果等。

1.1 观光农业园区内涵及分类

所谓园区，一般指由政府主导统一规划的、专门用来承载某类特定行业企业、发展特定产业、实施特定政策的区域。从园区的产业特征而言，大致可以分为工业园区、农业园区（含观光农业园区）、科技园区、物流园区等四类。可以理解为，园区就是某种产业的聚集区，具有产业集群的某种特征。但产业集群强调群体成员彼此间的联系，而园区则更强调空间和功能的概念。

农业园区是各类农业园、农业示范、农业综合开发项目区、农业产业园的总称，是农业开发及其功能拓展的区域。现阶段的典型称谓有农业科技园、农业观光园、农业综合开发示范区和农业产业园等。

观光农业园区是指以农业休闲服务为主要开发内容的都市型现代农业园区，一般以现有或开发的农业和农村资源为对象，按照现代旅游业的发展规律和构成要素，对其进行改造、配套、组装和深度开发，在至少保证基本生产或生活功能和有利于生态环境改善的基础上，因地制宜，赋予其观赏、品尝、购买、娱乐、劳动、学习、居住等不同旅游功能，创造出可经营的具有农业或农村特色和功能的旅游资源及其产品，形成一产与三产相融合，生产和消费相统一的新兴产业形态。

观光农业园区的投资主体多为企业和个人，是我国观光农业的主要发展形式之一，是观光农业的载体和消费者活动的场所，也是观光农业发展的一种模式；有有形或无形的围墙圈定；必须经过规划设计，同时具有生产和提供旅游产品的双重功能；园区必须依托当地的主要农业产业，并具有带动作用；生态环境要优美；输出的主要产品有田园观光、特色餐饮、园艺观赏、动物观赏、农事参与、设施参观、科普教育和休闲娱乐。由于此类园区在美化环境、增加就业、提高农民收入等方面有积极贡献，地方政府一般都给予热情鼓励和大力支持。

由于观光农业是一种新兴的产业，所以观光农业园区目前有很多称谓，如观光农场、市民农园、农业公园、教育农园、休闲农业园、休闲农庄、休闲谷等。从观光农业园区输出功能和产业特点的角度看，观光农业园区的主要类型（业态）有观光采摘园、教育农园、休闲体验园和综合型观光农业园区四种。

观光采摘园是指开发成熟的果园、菜园、花圃、茶园等，让游客入内摘果、摘菜、赏花、采茶，享受田园乐趣。对生产者来说，观光采摘园虽然增加了设施的投资，却节省了采摘和运销的费用，使得农产品价格仍然具有竞争力。对于消费者来说，这种自采自买的方式，不仅买得放心，而且还达到了休闲的效果。观光采摘园多以农业产业为主，距离城市较近，交通便捷；规模不大，但集中连片；具备旅游景区的基础条件和停车场等基本设施，并能保证游客参与农事活动时安全、便捷等；园区名称突出主题特色，一般命名为观光采摘果园、观光采摘菜园、观光采摘竹园、观光采摘茶园、观光采摘草莓园、观光番薯园、观光花生园、观光玉米园、蘑菇采摘园等。观光采摘园是目前数量最多的观光农业园区，代表园区有北京香山御香观光采摘园、深圳荔枝世界观光园、海南绿枫农庄等。

教育农园又称认知农园、教育农场、自然生态教室等，它基于寓教于乐的理念，以展现农业科学知识（例如，动植物种类和品种及其生长过程）、农耕历史文化、生物多样性、生态、环保等自然知识和设计动手生产、制作等体验活动为主题元素。主要以儿童、青少年学生及对农业知识、自然科学知识感兴趣的旅游者为主要服务对象，兼备了农业生产、知识传播和观光休闲娱乐三重功能，是 21 世纪观光农业的发展趋势。典型的教育农园，如苏州农林大世界、海南热带植物园、沈阳薰衣草庄园等。

休闲体验园是一种以提供休闲体验为主的观光农业园区。园区内提供的休闲体验活动内容一般包括田园景色观赏、农耕体验、自然生态解说、垂钓、购物、DIY 美食、运动、游乐和住宿等，是城市居民减轻工作、生活压力，休闲度假最佳去处。典型的休闲体验园有福建招宝的刘老根休闲农庄、河北廊坊的九天休闲谷等。

综合型观光农业园区是指在一定的地域范围内，以当地的自然资源、社会资源为基础，以农业生产、科技教育、技术推广等单位为依托，经过科学规划设计，广泛应用国内外先进实用的高新技术，综合开发利用自然资源和社会资源，合理地配置各种生产要素，以高新技术的集约化投入和有效转化为特征，以企业化管理为手段，集农业生产、农业技术推广示范、科普教育、观光、休闲体验等多种功能于一体的观光农业园区。综合型观光农业园区一般有政府参与，规模较大，农业生产和观光休闲功能并重。典型的园区有北戴河集发观光园、葫芦岛葫芦山庄等。

1.2 规划设计定义

规划是对一个系统或研究对象的发展远景所作的科学的、全面系统的发展计划。通过"规划"，将该系统或研究对象的发展纳入有序和有规律的运动轨道，使其按照人们预先的设计，达到或超过既定目标。因此，规划包括"未来"和"发展"两方面含义，未来是指近期、中期或远期，发展则是在上述期间内，使系统或研究对象以最快、最有效和最科学的方法达到或超过既定目标。

规划带有方向性和战略性。常常需要对资源、环境、空间、社会等全局问题进行深入细致的分析研究。规划的期限一般较长，短期3～5年，中期5～10年，远期规划可达10～30年。观光农业园区规划编制的主体一般是政府有关部门、有一定资质的企业或事业单位，实施的主体一般是企业。

设计是把一种计划、规划、设想通过恰当的形式传达出来的活动过程。人类通过劳动改造世界，创造文明，创造物质财富和精神财富，而最基础、最主要的创造活动是造物。设计便是造物活动的计划，可以把任何造物活动的计划过程和过程中所采用的技术理解为设计。设计具有商业和艺术双重性质。

根据工业设计师Victor Papanek的定义，设计是为构建有意义的秩序而付出的有意识的直觉上的努力。更详细的解释如下。

第一步：理解用户的期望、需要、动机，并理解业务、技术和行业上的需求和限制。

第二步：将这些所知道的东西转化为对产品的规定性描述，使得产品的形式、内容和行为变得有用、能用、令人向往，并且在经济和技术上可行。

这两步，正是设计的基本要求和意义所在。

观光农业园区规划设计内容一般包括总体规划和系统规划设计两个层面。总体规划是在对给定园区背景和现状分析的基础上，对经营目标、功能定位、项目设置、功能分区等进行策划和总体安排，不包括具体项目实施细节的设计。而观光农业园区系统规划设计，指在总体规划的基础上，对具体的建设项目进行构思，并给出详细表达，不包括土建施工设计。

1.3 规划设计依据与原则

1.3.1 观光农业园区规划设计依据

观光农业园区是一个人与自然、人与技术、人与经济和谐发展的系统，它从属于农村社会经济系统，是一定区域内农村社会经济的子系统，它对农村社会经济系统的发展起带动作用。因此观光农业园区规划设计就应该以农村社会经济系统的发展要求为依据，与上级系统和平行关联系统的已有规划相衔接。换言之，国家和地方政府的有关文件、上级系统的发展规划和平行关联系统的发展规划，都应该成为观光农业园区规划设计的依据。

系统思想有三个最重要的观点：一是整体性，即追求系统的整体效果，使系统的整体功能大于局部功能之和；二是结构决定功能，即系统的功能由构成系统的要素及其相互之间的关系决定，因此要改善系统的功能，最好从调整系统的结构入手；三是动态性，即系统的产出不仅取决于当期投入，也与过去的投入有关，换句话说，系统当期投入不仅影响当期的产出，也影响系统未来的产出。

根据整体性观点，在观光农业园区规划设计之前必须明确创建园区的总体指导思想，对园区整体发展目标进行分析和定位，确定园区的总体评价指标。

根据结构决定功能的观点，在规划设计中要强调功能分区和项目设置，尤其强调项目之间要有正面的影响关系；强调产业体系、服务体系、环境保护体系的布局与资源配置；强调组织管理体系架构与运行机制设计。

根据动态性观点，在规划设计中要关注时间节点和系统的动态特性，要处理好近期项目与远期项目的辩证关系，协调好眼前利益与长远利益。

1.3.2 观光农业园区规划设计原则

1.3.2.1 规划原则的重要作用

规划原则是整个规划设计工作的统领。在规划设计工作过程中遵守规划设计原则，对规划设计者会起到如下三点重要作用。

(1) 帮助规划设计者明确规划设计的基本思路　观光农业园区规划设计原则是规划设计工作的行动指南，它反映的是园区规划者在规划中要遵循的基本理念和思路，作为一种法则，它将贯穿规划设计工作的始终。

(2) 帮助规划设计者明确园区的定位　观光农业园区定位是园区规划的标准，在通常情况下，园区规划设计原则要体现园区的定位，要从生态、经济、社会等各方面综合考虑，展示园区发展方向。

(3) 是规划设计者重新评价规划设计的依据　观光农业园区规划设计原则可以用来作为一个准则，在规划过程中，为规划设计工作指明方向，而在规划完成之后，该原则又可以作为衡量该规划是否合理、是否完善、是否达到预期效果的依据和标准。如原则明确了要"生态优先"，那么在规划评审中就要检查一下，规划方案是否真的体现了预期的生态效应，如没有体现，则规划本身就需要改进。

1.3.2.2 确定规划设计原则的依据

尽管成功的观光农业园区都具有鲜明的特色，每个园区的规划原则也存在一定的差异，但是我们还是可以把握一些共性，从以下五个方面出发进行研究和判断，可以确定某一具体观光农业园区规划设计的原则。

(1) 系统的整体性问题　观光农业园区的发展不是孤立的，它是当地农村社会经济系统发展的一部分，因此园区规划必须与系统内的其他规划相吻合。在进行园区规划时要充分考虑上位规划和其他平行规划，制定规划原则时要保持与其他规划的协调和衔接。如观光农业园区规划的用地安排，要与当地农村土地总体利用规划相一致；园区目标定位，要与周边地区其他园区错位竞争，和谐发展。

(2) 环境适应性问题　在确定观光农业园区规划设计原则时，一方面要适应当地的自然、社会、文化、历史等条件,做到因地制宜;另一方面要充分考虑国家以及当地的政策法规,使之与相关政策法规相适应。

(3) 要解决目标定位的多重性问题　对同一件事情,不同角色设想的目标是不一样的。对经营业主来说,考虑更多的是经济效益;对政府而言,重点考虑的则是环境效益和社会效益。在制定规划设计原则时,要综合考虑不同主体的需要,要实现多功能目标。

(4) 要平衡一产和三产在实际操作中的矛盾问题　常规农业生产经营所需要的农业技术、经营管理与观光农业所需要的技术和经营管理并不能自然融合,传统农业为了具有更高的效率,多采用机械化、产业化、化学化、规模化、专业化等经营模式和技术。这与观光农业注重环境效益,追求景观和旅游产品的特质化常常发生矛盾。这需要在制定规划设计原则时在二者之间找到一个平衡点,实现效益的最大化。

(5) 规划设计原则的可操作性问题　规划原则要能有效指导农业园区规划工作,要尽量避免不能指导实际工作的抽象化、形式化的原则表述。

1.3.2.3　代表性规划设计原则

观光农业园区规划是一个综合的系统性工程,在规划设计过程中至少要从客源市场、功能需要、经济效益、社会影响、生态效益、投资风险、开发难度、政策支持、地方投资、招商引资等十个方面考虑。原则的不同表述,反映规划设计所考虑的不同重点。通过对大量观光农业园区规划文本中关于规划设计原则的表述进行筛选,合并出以下十二种有代表性的表述。

(1) 以农为本原则　与其他观光、休闲产品相比较,哪些要素是观光农业独有的,哪些是共享的,哪些是优势,哪些是劣势,这是我们在观光农业园区开发建设之前必须要明晰的问题。以农业为本营造的环境、氛围、景观,设计的参与体验活动和特色饮食是观光农业的比较优势之所在,是构建核心竞争力的基础,也是获得良好经济效益的有效途径。

(2) 生态优先原则　观光农业园区规划设计中应坚持生态优先的原则,妥善解决在园区建设和运营后所带来的环境破坏和污染。以生态农业技术为支持的生产、体验、游憩体系能提供更丰富的生物景观,承载更多的农耕文化。在具体的规划设计与开发实践中务必采取必要的措施和技术,按建设资源节约型、环境友好型社会的要求,把保护和优化生态环境放在首位,创造人与自然相和谐的生产、生活、休闲环境景观和空间,确保观光农业园区生态可持续发展。

(3) 效益综合性原则　观光农业是政府、业主和周边社区共同发挥作用的统一体,所以在观光农业园区规划设计的过程中必须要兼顾三方的想法和要求。换言之,生态效益、社会效益和经济效益要平衡发展,这也是观光农业获得良好经济效益的基础。

(4) 因地制宜原则　"因地制宜"的意思是"根据当地的具体情况,采取相适宜的措施"。这里的具体情况是指观光农业园区拟规划地块本身以及周边的地形地貌、土壤性状、气候条件、水源条件、农业耕作制度和植被情况、交通条件、能源供给条件等。这些条件,有些是容易改变的,有些是难以改变的甚至不可改变的。改变条件要花费建设成本、增加建设投资。因此根据因地制宜原则所制订的方案,应是建设成本较低、可操作性较强的方案。

(5) 因势利导原则　"因势利导"是指"顺着事物本身的发展趋势,将之导向正确的轨道"。因势利导的规划法则要求我们在进行园区规划的过程中,要上循国情,下通民意,研究社会进步、经济发展、科技创新、市场变化的大趋势,研究国内外相关行业发展的总趋势,对园区进行战略设计和目标定位,对园区进行功能设计和项目安排。如此,可保证园区发展在一定时期的先进性和前瞻性,保证园区发展符合国家和地方政府的方针政策及鼓励发展方向。

(6) "农""游"结合原则　在观光农业园区规划设计中,要突出农业与旅游业的有效结合,发展"农游合一"的新型产业的目标。观光农业要通过旅游的带动而走向市场,建立自己的市场地位，提高农业的价值，获得附加的经济效益。同时，观光农业又可为旅游业的发展开拓新领域，丰富旅游业的产品，促进现代旅游业向农业领域和乡村延伸发展。

(7) 突出特色原则　在激烈的市场竞争中以特色取胜，是观光农业园区发展的必由之路。在资源、人力资本、核心技术等方面并无突出优势的情况下，不宜正面参与市场竞争。规划的园区应与周边的现有的园区进行错位竞争，结合地方特色，发挥地域优势，实施差别经营，刻意培育个性，避免雷同，营造本园区鲜明的特色。

(8) 体现参与性原则　让游人亲自参与体验，在体验中获得旅游所带来的快乐是当前的旅游时尚。观光农业园区空间广阔、内容丰富、农味十足，具备设置参与体验项目的条件。因此，在规划设计的实际工作中应突出体现参与性原则。

(9) 体现文化原则　几千年的农业历史积淀了丰厚的农耕文化，在园区景观规划和参与体验项目设置上充分挖掘其文化内涵，并加以开发利用，既可提升园区的品位，又可实现资源的可持续利用。

(10) 多样性原则　不同层面的游客需求不同，所以在旅游产品、旅游线路、旅游方式、时间选取和消费水平的确定上，必须为游客设定多种供选方案。这就要求园区在项目设置、资源配置上要具备丰富性、多样性的特点。

(11) 适应市场与创造市场相结合的原则　观光农业作为一种旅游产品，首先要适应旅游需求市场，满足游客的某类消费动机。但是，观光农业在我国还是一个新兴产业，还不被大家所熟知，消费市场也不是很成熟，所以仅仅靠被动等待还是不够的，通过创新主动开创市场尤为重要。

(12) "整体规划，分步实施"原则　观光农业园区建设是一个长期过程，在规划设计时既要整体布局，又要考虑分步实施、陆续开放的实际问题，建设内容要围绕建设目标分清主次和先后。

以上规划设计原则对于四种类型的观光农业园区都是适合的，而不同园区由于自身性质不同，在确定规划设计原则时可以有所侧重。在具体规划过程中，应根据当地政策、环境、资源等背景选择性地确定规划原则。对于一个具体园区而言，所选择的原则表述一般3～7项即可，多了工作人员难以记忆和执行，反而起不到指导作用。

1.4　规划设计内容

观光农业园区规划设计内容主要分总体规划和系统规划设计两大块。由于各类型园区基础条件和规划目标不一样，具体规划设计内容也各有所侧重。综合各类型观光农业园区规划设计工作实践，以银川市大地花卉园区、莫干山现代农业示范区等为例，规划设计内容如表1-1-1所示。

表1-1-1　各类型观光农业园区规划设计内容综合分析表

规划设计环节	规划设计内容	补充说明（实例）
总体规划	规划目标	银川市大地花卉园区规划目标（节选）：为当地城市居民和外地游客提供休闲观光、西北风情体验的城市活动空间和场所
	规划理念	银川市大地花卉园区规划理念（节选）：以大农业景观为载体，发展城市第一和第三产业，优化产业机构，实现可持续发展
	规划原则	莫干山现代农业示范园区规划原则：准确定位；资源优化；生态优先；因地制宜；发展均衡；整体规划，分步实施；景观鲜明

续表

规划设计环节	规划设计内容	补充说明（实例）
总体规划	功能分区	一般分为农业生产区、产品销售区、科技示范区、农业观赏区、游憩体验区和休闲服务区等
系统规划设计	土地利用规划	需在明确农业用地和园区关系的基础上，以农为本，综合开发利用，要可持续发展
	景观规划设计	宜采用自然景观轴线的方式，充分利用自然山水条件，以自然风景和乡村风光为主体设计多功能景观走廊
	交通道路规划设计	包括外部引导线规划设计、出入口规划设计、内部交通道路设计和内部交通组织
	基础设施规划设计	包括给排水、强电和弱电系统规划设计
	产业项目规划设计	以生态为基础，包括农、林、牧、副、渔五业
	服务设施规划设计	包括生态停车场、生态公厕、生态饭店、生态庭院、生态建筑等
	旅游产品规划设计	包括观光采摘、休闲度假、科普教育、节庆文化和民俗体验等旅游产品的规划设计
	解说系统规划设计	包括软件部分（导游员、解说员、咨询服务等具有能动性的解说）和硬件部分（导游图、导游画册、牌示、录像带、幻灯片、语音解说、资料展示栏柜等）两部分，其中牌示是最主要的表达方式

1.5 规划设计方法与流程

1.5.1 规划设计方法

观光农业园区的规划设计可以采用经验法、比较法、目标规划法、系统工程法等多种方法，其中系统工程法被大多数人采用。

系统工程是一门组织管理技术。它根据系统总体目标的需要，综合应用自然科学和社会科学中的有关系统思想、理论和方法，利用电子计算机作为工具，对系统的结构、要素、信息和反馈等进行分析和设计，努力实现最优规划、最优设计、最优管理和最优控制，以便最充分地发掘人力、物力、财力的潜力，使系统局部和整体之间的关系协调配合，实现系统的综合效益极大化。

系统工程法的特点是多领域、多学科的理论、方法与技术的集成；定性分析和定量分析有机结合；需要各有关方面的协作。它既具有广泛而厚实的理论和方法论基础，又具有明显的实用性特征，科学性与艺术性兼容。

系统工程法对观光农业园区规划设计工作有以下四方面的指导意义。

（1）把园区看成整体系统。在园区规划设计过程中，要把全局观点、整体观点贯彻于整个园区建设和运营的各个方面、各个部分、各个阶段；由总体功能、目标决定各个局部的功能和目标，按整体优化的指标规定各部分的性能指标；从整体出发去组织局部的活动、使用局部的力量、协调局部的关系；把园区作为一个整体去研究，明确并协调它与系统环境之间的关系。

(2)园区的整体特征是由其结构要素或子系统层次上的相互关联、相互支持或制约所造成的。例如，从空间上把园区用地划分为若干功能区，则功能区之间就有了地理位置和功能上的双重支持或制约，功能区之间的关系必须是有序清晰的，而不是杂乱无章的。

(3)观光农业园区是一个动态系统。根据动态原理，一是要考虑多种技术和经济措施的效果具有叠加性；二是要考虑各子系统之间往往会互相影响，有的影响表现为此消彼长，有的表现为相得益彰。这就要求我们在规划设计时必须找到影响园区功能发挥的根本因素，然后对症下药，利用系统的动态性质，设计出低成本的解决方案。

(4)以获得最大收益和付出最小代价为出发点制定最优规划方案。获得最优规划方案的过程为：先收集一切可能的方案，然后广泛征求意见，就每个方案进行系统分析、论证，接下来在方案之间进行比较和选择，确定相对优秀的方案，再去征求意见，如此反复，直至选出最优方案。

1.5.2 规划设计流程

观光农业园区规划设计作为一项系统工程，可以应用系统工程的时间维度理论，将园区规划设计过程分为以下六个阶段。

(1)任务确定阶段　包括委托方确定编制单位，制订项目计划书，甲乙方签订编制合同等。

(2)资料搜集阶段　主要工作是基础资料搜集，主要包括如下内容：

①了解掌握建园条件　如甲方对设计任务的要求及投资额度；园区所在地的旅游环境和农业环境；农业用地与观光农业园区的关系；目标城市与园区的关系；（1∶5000）~（1∶10000）的农业用地图；园区周边的景观状况；园区的能源状况；规划用地的水文、地质、地形、气象等方面资料；规划地植被情况；建园所需原材料的来源情况。

②图样（旧称图纸）资料搜集　除上述农业用地图外，还需如下图样。

地形图：根据园区的面积大小，需要甲方提供1∶2000、1∶1000、1∶500园区范围内总平面地形图。图样上应明确设计范围（红线范围、坐标数字）、地形标高及现状物（现有建筑物、构筑物、山体、植物、道路、水系、水井的位置）、四周环境情况（主要道路相关数据及走向和周围单位和居民社区相关情况）。

局部放大图：该图样主要为局部详细设计用，比例为1∶200。

要保留使用的主要建筑物的平、立面图：平面位置注明室内外标高，立面图要注明建筑物的尺寸颜色等。

现状树木分布位置图：主要标明要保留数目的位置，并注明品种、胸径、生长状况和观赏价值等。比例尺为1∶200和1∶500。

地下管线图：比例尺为1∶500或1∶200，一般与施工图比例相同。平面图应标注要保留的上水、雨水、污水、化粪池、电信、电力、暖气沟、煤气、热力等管线位置及井位。剖面图管径大小、管底或管顶标高、压力、坡度等。

③现场踏查　设计者必须到现场进行认真踏查。在踏查的过程中，设计者首先要核对所搜集的图样资料；其次在真实的环境中进行艺术构思。规模较大、情况复杂的园区，踏查工作要进行多次。现场踏查同时，拍摄一定数量的环境现状照片，以供总体设计时参考。

④编制总体设计任务书　对搜集到的资料进行初步分析，定出总体设计原则和目标，编制出进行观光农业园区设计的要求和说明。

(3)规划阶段　依据上一阶段收到的资料，对建园的区位条件、自然环境条件、资源条件和社会经济条件等进行认真的研究分析，从宏观上确定园区的规划目标、规划理念、规划原则等，从整体上对园区的发展战略、功能布局、产业布局、土地利用、景观、分区等进行规划，并形成规划成果（可行性研究报告、图集、基础数据汇编）。

(4) 总体设计阶段　本阶段的主要工作任务是制定总体设计方案和进行工程总框算。总体设计方案包括各类总体设计图样和总体设计说明书。工程总框算可以按照园区面积，根据设计内容、工程复杂程度和经验进行；也可以按工程项目、工程量分项估算再汇总。

根据系统工程法的要求，总体设计方案初稿的形成要经过备选方案制定、方案优选、方案评价和修正提高四个阶段。初稿形成之后，需要在指定的范围内征求意见，然后再回到第一步或第二步，进行新一轮修改，形成第二稿、第三稿，直至终稿。

(5) 局部详细设计阶段　在总体设计的基础上，着手进行局部景区、景点的详细设计，主要包括地形、水体、建筑和景观细部构造设计。

(6) 施工设计阶段　施工设计是根据已批准的文件进行更深入的具体化设计。其内容包括绘制施工设计图，编制预算和施工说明书。

综上所述，观光农业园区规划设计流程如图 1-1-1 所示。

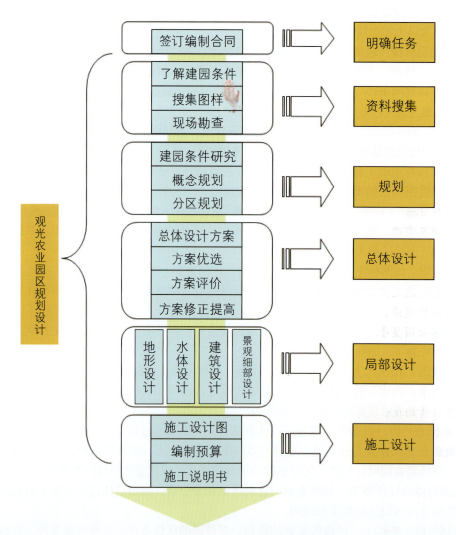

图 1-1-1　观光农业园区规划设计流程

1.6 规划设计成果

规划设计成果一般包括规划设计文本、图样和附件三部分。规划设计成果经主管部门审批后，具有权威性，必须严格执行。

1.6.1 规划设计文本

规划设计文本亦称规划设计报告、规划设计说明书等，应全面反映规划设计内容。其主要内容包括：园区社会及自然条件现状分析，园区发展战略与目标定位，项目建设指导思想及原则，园区空间布局，园区土地利用，园区功能分区及景观意向，园区环境保障机制，园区游憩系统布置，景观规划与设计实施方案，客源市场分析与预测，投资风险与评价，环境影响分析与评价，经济效益、社会效益、生态效益评价，组织与经营管理等。目前，国家尚未出台专门的观光农业园区规划设计规范，在一般城乡规划中，要求总体规划的文本在格式上采用条文形式，文字要规范，语言要准确、肯定，而将一些技术上的论证和说明放在说明书中予以表达。观光农业园区规划成果可以借鉴城乡规划的要求，但一般情况下，允许将文本和说明书融合在一起。

案例 1-1-1

辽宁瑞江春农业生态园

规划设计文本（节选）

一、前言

1. 背景说明
2. 企业介绍

二、规划目标

通过规划及实施，使生态园成为集生态旅游、休闲度假、生态农业示范、生态产品生产、生态房产开发于一体，具有高水平的经济效益、生态效益和社会效益的综合园区。生态农业园必须坚持高起点、高标准、高质量建设，总体规划一步到位，项目分步实施，功能逐步配套完善的原则，计划通过大力度的招商引资，力争用3~5年时间实现以核心园区为主体来带动其余相关功能区的建设，达到充分利用土地资源，边建设、边生产、边收益，逐步向周边地区辐射的目的。农业园整个园区是按风景游览型设想规划，即通过开辟旅游线路，以海岸长廊为主线，连接整个生态园区内的各个功能园区。建设海滨风光带，景区内设茶艺园、采摘园、滑草场、垂钓场、烧烤场、狩猎园等多种娱乐园区，并做好园林工程配套建设，如道路绿化、标志小屋、亭台楼阁等，完善吃、住、游等服务项目。使整个园区充满生机和活力，形成春有花、夏有荫、秋有果、冬有青的现代园林式风貌，以吸引更多的游客前来浏览。生态园的目标市场：第一层次是附近的居民；第二层次是国内的居民；第三层次是国际的游客。

三、规划设计原则

（一）生态的原则

（二）高效益原则

（三）参与性原则

（四）突出特色的原则

（五）文化渲染的原则

（六）"整体规划，分期开发"的原则

四、总体规划布局

从宏观上把整个园划分为四部分,形成四个大的区域,构成园区的景观主体框架。

（一）背景林带

（二）中心景观带

（三）滨水景观区

（四）各主题园和休闲娱乐区

该部分是生态园主体部分,各主题园和休闲娱乐区要突出生态特点,各园区相对独立又相互联系,即每个园区具有独立的景观特色,独立的配套设施,独立的文化内涵,同时在总体规划下相互协调,相互衬托。例如,在全园合适的地方点缀牡丹、芍药和木兰科植物,在牡丹节、芍药、木兰开花时,形成全园美丽的景观,营造举办牡丹节、芍药节和木兰节的基础。通过分期开发,逐步把主要园区打造成独具风格特点的精品园,让游客乐在其中,流连忘返。

1. 养殖园

应选择抗病力强、草食为主的野生动物等,如野猪、野兔、野鸡、波尔山羊等。除作为商品出售和野味馆的原材料外,还具有观赏性,如孔雀、红腹锦鸡、野鸡等羽毛艳丽,令人赏心悦目,对儿童具有极强的吸引力,还可制标本工艺品销售。

2. 种植采果园

应选择速生、当年结果、丰产、好吃、新奇的产品,如黑树莓、石榴、冬枣、无花果、凯特杏、葡萄等果实,这是新型农业经营形态,属产地采果业型农业观光。主要利用农业生产的场地、产品、设备、作业及成果作为观光对象,以吸引游客,获取收益。

3. 观光花园

在花园里培植花卉、树木,创造优雅环境,使之成为生产和观赏结合的花卉园。目前,随着人民生活水平的提高,花卉市场发展潜力很大,除鲜花、盆景外,对阴生观赏植物需求量很大,攀援植物行情也很好。一些农庄园利用这一形式积极发展花卉生产,已取得初步成效。观花类、观叶类和观果类植物的栽培以及盆景生产都有发展。

4. 药材园

利用本地野生药材资源繁多的优势,栽培许多名贵药材和普通药材,并建立一些贵重或市场紧缺而需要量大的药材,如甘木通、肉桂等的生产基地,进行批量生产。

5. 设施园艺示范区

以开展现代设施农业技术应用示范为主,分五个小区,如设施花卉示范小区、设施蔬菜示范小区、设施瓜果示范小区、生态型日光温室展示示范小区和葡萄新品种展示示范小区等其他优高农业项目。

6. 现代生物技术示范区

7. 培训办公及青少年科普德育教育区

8. 农业文化娱乐园

通过开发以休闲娱乐为主的游乐场所和游乐设施,开辟琴棋书画、球类、牌类等休闲项目,发展以家庭为单元的休闲娱乐旅游,包括休闲别墅区、饮食文化区,汇集地方小吃,让游客一饱口福;计划在农庄建设一座休闲不夜城,内设茶吧、蒙古包、露天舞厅、野餐馆、西藏药蒸、健身房、棋牌室、网球场及别墅式建筑,以其浓郁的地方色彩和传统的民族文化来吸引游客,让游客得到一种高雅的享受。

9. 农家生活体验园区

五、园林景观配置格局
（一）植物景观配置原则
（二）建筑景观配置原则
六、旅游开发规划
（一）旅游市场分析
　　随着生活水平和文化素质的提高、生活观念的变化，人们用于旅游的时间和支出在不断提高，整个旅游市场呈快速增长的趋势。而辽宁瑞江春生态园具有优越的区位和交通优势，优质的水资源和野生鸟类资源，把其规划成为集生态旅游、休闲度假、生态农业示范、生态产品生产、生态房产开发于一体的综合园区，以植物生态景观、水域景观、野生鸟类景观为主要特色，配以可口、保健的生态餐饮及有特色的逗趣、娱乐项目和休闲环境吸引游客，将其建设成一个高水平、高效益的以旅游为主业的园区，是完全可行的。
（二）旅游项目开发规划
　　旅游项目的开发围绕"生态"、"水"、"文化"为核心进行，力求做出本园的特色。
（三）游线规划
（四）环境容量与游人规划
（五）旅游服务配套设施规划
（六）游览组织规划
（七）经济效益分析
七、环境保护规划
（一）环境保护和资源利用
（二）垃圾分类收集、处理
（三）防灾规划
八、基础设施规划
（一）排灌系统和给排水规划
（二）道路交通系统规划
（三）电力电信规划
九、各园区的规划设计
（一）植物专类园的规划设计
（二）园林景观区域的规划设计
（三）休闲度假和服务区的规划设计
（四）生产和示范区规划设计
（五）办公区、职工生活区规划设计
（六）观景点和亭、廊的规划设计

1.6.2　图样

　　观光农业园区规划设计图是规划设计成果的重要表达形式，主要包括区位图、现状分析图、功能分区图、总体设计平面图、地形设计图、道路规划图、种植设计图、管线设计图、电气规划图、园林建筑布局图、鸟瞰图和旅游路线设计图等。图样印制提交，一般为A3幅面，彩色印刷，附在规划设计文本后面，或单独装订成册。电子版一般用JPG格式，详细设计图样，如要求提交电子版，一般用CAD格式。
　　(1) 区位图　属于示意性图样，反映该园区的地块轮廓、在城市区域内的位置和该园区可能影响的区域范围。要求简洁明了。

（2）现状分析图　主要分析园区规划地块的自然条件和建设现状，为园区规划方案设计奠定基础。可根据掌握的资料信息，将园区分成若干空间，对现状做综合评述。如经过对四周道路的分析，确定出入口的大体位置。

（3）功能分区图　功能分区图能表现园区的规划意图和功能区布局。功能分区图要给出每个功能区的占地面积信息，用不同的色彩来区分不同空间、分区，体现它们之间的关系。原则上园区主干道要通达每一个功能区。

（4）总体设计平面图　反映园区规划的所有重要的视觉信息，如道路规划、出入口设计、景观规划、地形规划等的详细信息。总体设计图应准确标明指北针、比例尺和图例等内容。园区面积在 100hm² 以上的，比例尺多采用（1∶2000）～（1∶5000）；面积在 10～50 hm² 的，比例尺用 1∶1000；面积在 8 hm² 以下的，比例尺可用 1∶500。

（5）地形设计图　要求反映出观光农业园区的地形结构，主要是山体、水系的内在联系。要明确山地的形体、制高点、走向、起伏等陆地造型；还要表示湖、池、潭、湾、岛等水体造型，并标明水位各项指标；再要标明入、排水口位置及园区与周围环境的排水关系。

（6）道路规划图　主要是确定主、次干道的位置及各种路面的宽度和坡度，主要、次要和专用出入口及主要广场的位置。初步确定道路用材及铺装形式等。

（7）种植设计图　主要是确定树种和种植类型。

（8）管线设计图　主要反映水源、用水量、管网分布、管径大小、水压高低以及雨水、污水的水量、排放方式、管网分布、管径大小和水的去向等。北方还要考虑供暖问题。

（9）电气规划图　主要考虑园区的强、弱电配置情况。

（10）园林建筑布局图　主要反映售票房、管理处、造景等各类园林建筑的平面造型；大型建筑的平面位置及周围关系；亭、台、阁、榭、桥等类型建筑的平面安排。

（11）鸟瞰图　鸟瞰图是总体设计平面图的立体表达，使规划园区的规划远景看起来更为直观。要求要能表达规划设计的意图和园区功能；符合透视常识；赏心悦目，美观大方。

（12）旅游路线设计图　是园区景点布局和导游的重要依据。设置旅游线路时，应与生产路线分开；针对不同性质的客源，应开设多条旅游线路；保证旅游时不走回头路。

1.6.3　附件

附件部分主要是专题研究报告和基础资料汇编。专题研究报告是确定规划方案的重要依据，在规划设计成果编制中，要将这些专题报告汇编成册，作为规划方案的补充说明。规划前期搜集到的一些重要资料，也应整理归档，以备查用。

单元小结

本单元内容概括总结如图 1-1-2 所示，三种颜色代表三个层次，从中心向四周扩散；在第二和第三层次中，学习内容沿顺时针方向展开；在第二层次中，红色线条区域为本单元学习的重点和难点。

模块一　规划设计基础

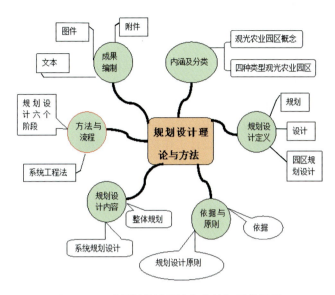

图 1-1-2 "规划设计理论与方法" 思维导图

单元测试

简答

1. 什么是观光农业园区？
2. 观光农业园区可以分哪几类？
3. 规划和设计有什么区别？
4. 观光农业园区规划设计应遵守哪些原则？
5. 观光农业规划设计的内容有哪些？
6. 观光农业园区规划设计工作有哪些流程？
7. 在观光农业园区规划设计成果中都需要有哪些图件？

基础 2　园区建设标准与规划设计要求

学习目标

- 了解观光农业园区建设的行业标准；
- 了解观光农业园区建设的地方标准；
- 掌握观光农业园区规划设计要求。

学习前导

观光农业承载了生产、生活、生态功能,横跨了一、二、三产业,是一种新兴的产业。而作为这种新兴产业的主要形态的观光农业园区,在发展的初级阶段一定会面临着许多融合一、三产业所带来的矛盾和问题,如经济、社会和生态效益的匹配问题、服务质量问题等。要解决这些问题,就必须建立相应的行业标准,借此规范观光农业园区建设过程中的各种行为。

规划设计是观光农业园区建设过程中的关键性工作,其成果具有一定的权威性,是观光农业园区建设过程中的指导性文件。规划设计工作是否科学规范,规划设计成果是否具有科学性和先进性,直接决定某个园区建设目标能否实现,甚至影响整个产业能否良性发展。因此,在一定区域范围内建立统一的规划设计规范势在必行。本单元主要介绍观光农业园区的建设标准和对园区规划设计工作的要求。

2.1 建设标准

2.1.1 行业标准

为贯彻落实农业部和国家旅游局要求,中国旅游协会休闲农业分会从2010年开始,开展了全国休闲农业与乡村旅游星级示范创建活动,在两年试点工作的基础上,于2012年出台了全国休闲农业与乡村旅游星级企业(园区)评分表(试行版)。该评分标准从带动"三农"发展及生产经营状况、基础硬件条件、管理和服务条件、生态环境条件、安全与公共卫生条件等五方面,对休闲农业企业(园区)进行了规范和要求。在正式的国家和观光农业行业标准出台前,观光农业园区建设应按照此标准进行。具体评分标准见表1-2-1。

表1-2-1 全国休闲农业与乡村旅游星级企业(园区)评分表

检查项目	最高得分	自评得分	验收得分
一、带动"三农"发展及生产经营状况(400分)			
(一)有鲜明的农业特色(100分)			
1. 主要依托当地农、林、牧、副、渔等农业资源发展休闲农业或乡村旅游项目 农业资源与农业景观利用效果一般　(10分以下) 农业资源与农业景观利用效果较好　(11~20分) 农业资源与农业景观利用效果突出　(21~30分)	30		
2. 推动当地农业产业化发展,促进农业产业结构调整 农业主导产业带动力一般,形成相关产业　(10分以下) 农业主导产业带动力较强,形成产业链条　(11~20分) 农业主导产业带动力突出,产业形成规模　(21~30分)	30		
3. 园区形成自己独特的农产品,品种较多,且在周围农村推广种植;农产品自给率高;重视运用新品种和推广新技术;有通过三品一标(无公害农产品、绿色食品、有机食品、农产品地理标志)的农产品	40		

续表

检查项目	最高得分	自评得分	验收得分
（二）促进当地新农村建设（100分）			
1. 推动当地新农村（村容与环境）建设 　当地村庄与园区周围环境改善一般　（20分以下） 　当地村庄与园区周围环境改善明显　（21～40分） 　当地村庄与园区周围环境建设效果突出　（41～60分）	60		
2. 带动农村餐饮、住宿等第三产业发展情况 　发展效果一般　（15分以下） 　发展效果明显　（16～30分） 　发展效果突出　（31～40分）	40		
（三）带动当地农民就业增收（100分）			
1. 提供就业岗位较多，有效吸纳农民就业，无拖欠职工工资现象 　直接吸纳劳动就业人数1～80人，农民占从业人员的50%以上　（0～20分） 　直接吸纳劳动就业人数80～179人，农民占从业人员的50%以上　（21～30分） 　直接吸纳劳动就业人数180～299人，农民占从业人员的50%以上　（31～40分） 　直接吸纳劳动就业人数300人以上，农民占从业人员的50%以上　（41～50分）	50		
2. 依托园区休闲农业发展，促进当地农民增收 　促进农民增收效果比较明显　（10分以下） 　促进农民增收效果明显　（11～20分） 　促进农民增收效果突出　（21～30分）	30		
3. 与当地农民及农村社区有良好互动，随机调查 　当地农民满意度达到80%　（10分以下） 　当地农民满意度达到85%　（11～15分） 　当地农民满意度达到95%　（16～20分）	20		
（四）经济社会效益好（80分）			
1. 休闲农业或乡村旅游项目 　年营业收入500万元以上　（20分以下） 　年营业收入1500万元以上　（21～40分） 　年营业收入2000万元以上　（41～60分）	60		
2. 过去三年内企业（园区）荣获的荣誉 　荣获市级荣誉和称号　（每项5分） 　荣获省级荣誉和称号　（每项10分） 　获得国家级荣誉和称号　（每项20分）	20		
（五）发展后劲评估（20分）			
1. 企业（园区）后续可开发利用的"三农"资源和农业体验项目多，可持续发展态势良好，已经编制具有指导性、前瞻性和可操作性的中长期发展规划	10		
2. 企业（园区）有可依托的其他涉农经济实体，且经营状况良好	10		
第一大项得分总计	400		

续表

检查项目	最高得分	自评得分	验收得分
二、基础硬件条件（200分）			
（一）游览条件（70分）			
1. 游客服务中心位置合理，规模适度，设施齐全，功能完整，有专业咨询服务人员	15		
2. 有各种标识牌和景物介绍牌，各种标牌位置合理，造型特色突出，艺术感和文化气息浓厚，与景观环境协调，能烘托总体环境	15		
3. 公共信息图形符号符合 GB/T 10001.1—2006 和 GB/T 10001.2—2006 标准	10		
4. 有农业科技教育厅（展览馆），配有必要的设备	10		
5. 有游客公共休息设施且布局合理，数量充足，富有特色	10		
6. 企业（园区）内农田、农舍或农作场景内辟有专门参观通道	10		
（二）食宿条件（70分）			
1. 前厅（5分）			
总服务台位于前厅显著位置，有装饰，光线好；接待人员以普通话提供接待、问询、结账和留言服务；提供行李存放服务、休息设施	5		
2. 客房（15分）			
1）能提供15间以上客房，或周边具备足够的住宿条件	6		
2）客房装修良好、具有浓郁的地方特色，门锁为暗锁、有防盗装置，有软垫床、桌、椅、床头柜等配套家具，有电视机和温控设备，卫生间全天供应冷热水，房间内有服务指南、价目表、宾客须知等	4		
3）至少两种规格的电源插座，提供国际互联网接入服务	3		
4）客房、卫生间每天全面整理一次，每客或应客人要求更换床单、被单及枕套	2		
3. 厨房（30分）			
1）厨房布局合理，使用面积与接待能力相适应，紧邻餐厅，厨房墙面满铺瓷砖，地面铺有防滑地砖，有地槽，有吊顶	6		
2）厨房粗加工间、烹调间、面点间、冷菜间、洗碗间独立分隔，各操作间温度适宜，厨房有必要的冷藏、冷冻设施，冷菜间温度符合食品卫生标准，有食品库房和非食品库房，配有取菜口	6		

续表

检查项目	最高得分	自评得分	验收得分
3）厨房内有空气消毒设施，良好的通风排风排烟设施，有餐（饮）具洗涤池、清洗池、消毒池或消毒设施，蔬菜清洗池、肉类清洗池独立分设，有专门放置临时垃圾的设施并保持其封闭，有专门的餐厨垃圾处理设施	6		
4）厨房与餐厅之间，有起隔音、隔热和隔气味作用设施，有必要的消防设施，有消杀飞虫、爬虫的防范措施，有餐具	6		
5）有外购大宗辅料、粮油、副食品等佐证资料（进货单、产品质量检验报告等）	6		
4. 餐厅（20分）			
1）餐厅位置合理，地面已做硬化处理、防滑、易于清洗装潢、美观大方，采光通风良好，整洁	5		
2）餐厅桌椅、用具、餐具、酒具、茶具等配套，有菜单及饮品单，菜单及饮品单印制装帧精美或富有特色	5		
3）菜肴具有浓郁的农家风味和本地特色	10		
（三）交通条件（30分）			
1. 到达园区的道路交通设施完善、进出便捷	10		
2. 有专用停车场（船舶码头）、停车场容量能充分满足游客接待量要求，布局合理	10		
3. 停车场标志规范、醒目，绿化美观，与景观环境相协调；停车场有专人管理	10		
（四）购物条件（30分）			
1. 有购物场所，购物场所与景观环境相协调，环境整洁，秩序良好，购物场所无围追兜售、强买强卖现象	5		
2. 供游客采摘、加工和所出售的农副产品达到"三品一标"之一	10		
3. 对园区内商品从业人员有统一管理措施，园区内商品执行有关退换货规定	5		
4. 园区内旅游商品地方特色突出	10		
第二大项得分总计	200		

三、管理和服务条件（150分）

（一）管理条件（50分）			
1. 内部管理规章制度健全，有投诉制度，投诉处理及时、妥善，档案记录完整	10		

续表

检查项目	最高得分	自评得分	验收得分
2. 建设开发项目符合当地总体发展规划要求	15		
3. 有80%以上的从业人员经专业培训合格；关键岗位从业人员持证上岗；从业人员持证上岗率达到40%以上	15		
4. 管理层中需要专门资质的管理和专业技术人员全部取得相应的资格证书	10		
（二）服务条件（100分）			
1. 服务人员对客人礼貌、热情、友好，对客人一视同仁尽量满足客人的需求，服务过程中表情自然、亲切、热情适度，提倡微笑服务，对客人提出的问题暂时无法解决时，耐心解释并于事后设法解决，不推诿和应付	10		
2. 服务人员遵纪守法，诚信经营，保护客人的合法权益	5		
3. 服务人员统一着装、佩工牌上岗，仪容仪表端庄、大方，站、坐、行姿符合各岗位的规范与要求，让客人感到舒适	5		
4. 有导游讲解服务，人数及语种能满足游客需要，讲解词科学、准确、生动并具有针对性	10		
5. 休闲体验项目较多，吸引力较强，且紧密结合地方特色，乡土风情浓郁，文化深厚，项目内容不重复，有特色（70分）			
1）农事活动（垂钓、捕捞、采摘、种植、挤奶、喂养等，每一项2分，5项以上满分，下同）	12		
2）农产品加工体验（制作豆腐、香油、糍粑、酿酒、奶制品等）和农村手工艺体验（扎风筝、剪纸、制陶、纺织、印染、玩具制作等）	12		
3）节庆活动（西瓜节、杨梅节、农耕文化节、风筝节、油菜花节以及民俗文化、歌舞表演等）	12		
4）农村体育运动（骑马、登山、划船、漂流、摔跤、秋千、高跷、攀岩、蹦极、动物比赛、野外露营、烧烤、篝火等）	12		
5）娱乐设施（包括多功能厅、歌舞厅、卡拉OK厅或KTV房、棋牌室、健身房、桌球室、乒乓球室、游戏室、茶室、篮球场、羽毛球场、网球场、保龄球馆、门球场、游泳池等）	12		
6）为特定人群（老年人、儿童、残疾人等）配备旅游工具、用品及儿童娱乐场地及婴儿看护等特殊服务	10		
第三大项得分总计	150		

续表

检查项目	最高得分	自评得分	验收得分
四、生态环境条件（100分）			
（一）自然生态保持良好，环境优美、空气清新、舒适宜人，乡村风情浓郁	30		
（二）企业（园区）建筑布局合理，建筑物体量、高度、色彩、造型与景观相协调；无违章建筑和私搭滥建行为；不造成环境污染和其他公害；开发建设过程中有效保护生态景观、文物古迹、传统民俗等自然资源、人文资源	30		
（三）企业（园区）周边环境和谐、无人为破坏、无建设性破坏、无污染单位和无脏乱差问题	20		
（四）建设项目通过环境评估： 1）已通过省级环保部门环境评估，未对当地农业生产造成不利影响（20分） 2）已通过市级环保部门环境评估，未造成对生态环境的破坏和建设性破坏（15分）	20		
第四大项得分总计	100		
五、安全与公共卫生条件（150分）			
（一）安全条件（70分）			
1. 认真执行有关部门制定和颁发的安全法规，并取得工商、卫生、环保、消防等部门的许可	20		
2. 危险地段标志明显，防护设施齐备、有效，特殊地段有专人看守	20		
3. 备有突发事件处理预案，建立紧急救援机制，设立医务室，并配备专（兼）职医务人员	20		
4. 现场检查无安全隐患	10		
（二）公共卫生条件（80分）			
1. 园区内干净整洁，无污水、污物，无乱堆、乱放、乱建现象，建筑物及各种设施设备无剥落、无污垢	10		
2. 公共厕所（30分）			
1）布局合理，数量能满足需要。男女卫生间分开设置，标识醒目美观，建筑造型景观化，与周边环境和建筑相协调	6		
2）设施齐全，配有手纸、手纸框、挂衣钩、洗手池（配备洗涤品）、烘手器、镜台	6		
3）厕所设专人打扫与服务，室内整洁，无异味；洁具洁净、无污垢、无堵塞	6		

续表

检查项目	最高得分	自评得分	验收得分
4) 有单独设置化粪池,防渗、防腐、密封,能有效处理粪便	6		
5) 有符合循环经济的粪便处理设施	6		
3. 园区内垃圾箱布局合理,标识明显,造型美观独特,与环境相协调。垃圾箱分类设置,垃圾清扫及时,日产日清	15		
4. 园区内及农户居住区污水排放不污染农田、地面、河流、湖泊等	15		
5. 食品卫生从业人员有健康证,知晓食品卫生知识;不使用对环境造成污染的一次性餐具	10		
第五大项得分总计	150		
合计	1000		

说明:三星级为 600~799 分,且每一大项得分不低于该项总分的 60%;四星级为 800~899 分,且每一大项得分不低于该项总分的 70%;五星级为 900 分以上,且每一大项得分不低于该项总分的 80%

2.1.2 地方标准

由于观光农业发展带有浓郁的地域性,为了能因地制宜建设好观光农业园区,部分省市根据自身观光农业发展情况和主要业态相继出台了本地区观光农业园区建设标准,其中比较典型的是湖南省休闲农业庄园建设规范,可供其他地区制定地方标准时参考。

湖南省休闲农业庄园建设规范(节选)

1 规范性引用文件

下列文件对于本文件的应用是必不可少的。凡是注日期的引用文件,仅所注日期的版本适用于本文件。凡是不注日期的引用文件,其最新版本(包括所有的修改单)适用于本文件。

GB 3095　环境空气质量标准
GB 3096　声环境质量标准
GB 4285　农药安全使用标准
GB 5749　生活饮用水卫生标准
GB 9663　旅店业卫生标准
GB 14934　食(饮)具消毒卫生标准
GB 16153　饭馆(餐厅)卫生标准
GB 18406.1　农产品安全质量　无公害蔬菜要求
GB 18406.2　农产品安全质量　无公害水果要求
GB 18407.3　农产品安全质量　无公害畜禽肉产地环境要求
GB 18407.4　农产品安全质量　无公害水产品产地环境要求
GB 18483　饮食业油烟排放标准

GB/T 10001.1　标志用公共信息图形符号　第1部分：通用符号
GB/T 10001.2　标志用公共信息图形符号　第2部分：旅游休闲符号
GB/T 15566　图形标志使用原则与要求

2　总则

2.1　基本原则

农庄建设应以坚持以农为本、因地制宜、因需制宜，突出特色和三大效益并重的基本原则。

2.2　规划

2.2.1　农庄建设应符合当地政府的相关产业发展总体规划。

2.2.2　农庄在筹建时宜聘请具有规划设计资质的专业机构编制发展规划。

2.2.3　发展规划应包括以下主要内容：

　a）总论；

　b）建设条件分析、评价；

　c）建设的基本思路；

　d）休闲活动项目开发规划；

　e）农业生产项目开发规划；

　f）休闲服务设施及基础设施建设规划；

　g）环境建设规划。

2.3　建筑

2.3.1　房屋建筑的形状应突出地方特色，与当地自然生态环境和人文生态环境相协调。

2.3.2　宜按照低碳经济的要求设计房屋建筑。

2.3.3　建筑设施应充分考虑儿童、老年人以及残疾人的需求。

2.4　卫生

2.4.1　农庄食品卫生应符合国家相关规定；餐饮场所卫生条件应符合 GB 16153 的规定。

2.4.2　餐饮器具的消毒应符合 GB 14934 的规定。

2.4.3　住宿场所卫生条件应符合 GB 9663 的相关规定。

2.4.4　提供的饮用水应符合 GB 5749 的规定。

2.5　安全

2.5.1　农庄应严格执行公安消防、劳动、环境保护和国土资源等有关法律法规。

2.5.2　在可能发生危险处，应设有警示标识，并有夜间照明设施；特殊地段应有专人看守。

2.5.3　农庄应设有消防、医疗救护机构，并应制订地震、火灾、食品卫生、公共卫生、治安事件等突发事件的应急预案。

2.5.4　对从业人员每年应定期进行安全知识和突发事件应急处理技能培训。

3　农业生产

3.1　基本要求

3.1.1　农业生产应在生产专业化、规模化、产业化的前提下实现景观化，并宜为主要休闲体验项目。

3.1.2　农业生产应结合生态建设、服务接待及娱乐设施等功能进行综合规划。

3.1.3　宜突出特种养殖、种植，特色加工等特色农业和现代农业生产的特点。

3.2　产品

3.2.1　农庄应致力发展有机和绿色农产品的生产，确保农产品质量安全。

3.2.2　农产品应符合 GB 18406.1、GB 18406.2 的要求。

3.2.3　畜禽产品应符合 GB 18407.3 的要求。

3.2.4 水产品应符合 GB 18407.4 的要求。
3.3 循环生产
农业生产宜采用种养一体化模式，实现循环生态生产经营，增加休闲观赏价值。
3.4 收入比例
农业生产的收入比例应占总收入的 30% 以上。
4 环境保护
4.1 基本要求
4.1.1 农庄的各项基础建设和经营项目均应符合国家环境保护的要求，不得破坏周边景观环境和自然生态环境。
4.1.2 周边方圆 2km 的范围内应无污染源。
4.1.3 庄园植被（含农作物）覆盖率达 60% 以上。
4.1.4 农庄应远离地质灾害区域以及其他危险区域。
4.1.5 具有当地的乡村风情特色，生态环境、天然植被保护良好。
4.1.6 农庄周围水源不能够受到生活污水、垃圾等污染。
4.1.7 农庄宜通过循环利用废弃物、循环利用废水和轻度污染水以及利用循环生物链发展禽畜养殖业与水产养殖业。
4.1.8 空气质量应符合 GB 3095 的要求。
4.1.9 声环境质量应符合 GB 3096 中的相关规定。
4.1.10 油烟排放应符合 GB 18483 的相关规定。
4.1.11 积极推广有关节能环保技术，对基本农田和水域采取保护措施。
4.2 污水处理
4.2.1 种植业生产宜使用生物肥料、生物农药、生物薄膜和应用绿色防控技术，避免对水资源造成化学污染。
4.2.2 养殖业生产宜采取"禽畜养殖、沼气、果（菜、水产养殖）"生态农业循环生产模式，避免禽畜养殖对水体的污染。
4.2.3 宜建立相应容量的生活污水氧化塘，对庄园各处的生活污水进行集中处理。
4.2.4 生活、休闲和养殖区宜埋设污水处理管道，污水宜经处理后就地排放或用于灌溉。
4.3 固体废弃物处理
4.3.1 应实行固体废弃物分类收集，日产日清。
4.3.2 固体废弃物的处理宜以高温发酵堆肥和废品回收循环利用为主，以填埋少量固体废弃物为辅。
4.4 土壤保护
4.4.1 农庄耕地全面使用可降解农膜。
4.4.2 实施测土配方施肥，逐年削减化肥施用量，增加有机肥施用量。
4.4.3 农药的使用应符合 GB 4285 的规定。
4.4.4 宜采取有效措施防止水土流失。
4.5 空气污染防治
4.5.1 农庄应有相当面积的林木或优质水体，以保证空气质量和清新度。
4.5.2 禽畜养殖场所应建在距离休闲活动区较远位置，防止异味污染区域空气。
4.5.3 垃圾处理点宜设置在离休闲活动区较远位置。
5 设施

5.1 交通

5.1.1 农庄内主要干道应宽敞、平整，可以通行机动车辆，并硬化道路。

5.1.2 农庄应根据自身环境特点建设生态游道和生态停车场；停车场地应平整坚实，卫生整洁，规模应能满足接待要求。

5.2 公共卫生

5.2.1 公共卫生间设置应与休闲接待能力相适应。

5.2.2 公共卫生间应男女分设；水冲式，应设有洗手池、镜台、卫生纸和纸篓等；采光、通风和照明良好。

5.2.3 在人流集散地和主要游道均应配备垃圾箱（桶）；垃圾箱（桶）应完好有盖，外观清洁。

5.2.4 宜对垃圾进行分类收集，并及时处理。

5.3 用水

5.3.1 生活饮用水水源选址应满足以下要求：

a）供水距离短、方便可靠，有充足水量；

b）水源应位于居民区、村镇的上游。

5.3.2 农庄应根据农业生产需要，按照水利部门规定的设计标准新建、加固和改造各种水利灌溉设施。

5.4 消防

5.4.1 农庄应建设完善的消防综合设施。

5.4.2 消防设施和器材应完好有效。

5.4.3 易燃易爆物品的存储和管理应符合消防部门的规定。

5.5 电力电信

5.5.1 电力设施建设应坚持节约能源、经济合理、技术先进、安全适用和维护方便的原则。

5.5.2 变（配）电设施设置应符合以下要求：

a）变（配）电设施应设置在地质稳定的地点；

b）不破坏生态环境与景观环境；

c）周围应设置安全防护设施。

5.5.3 配电线路布设应符合以下要求：

a）宜采用直埋敷设方式布设配电线路；

b）在不宜采用直埋敷设方式布设配电线路的区段，可采用架空方式布设配电线路；

c）宜沿道路两侧布设配电线路；

d）不宜跨越建筑物或其他设施。

5.5.4 合理确定固定电话安装数量并宜配备宽带网络。

5.6 服务接待

5.6.1 应具备一次接待就餐人数不少于50人的场地。

5.6.2 厨房必须配备冷藏、消毒和排油烟设备。

5.6.3 主要菜肴原料应为农庄自产或周边农户生产的无公害农产品。

5.6.4 可提供住宿的床位最低应不少于20张。

5.6.5 应提供游客休息接待室和开展娱乐的固定场所。

5.6.6 宜开设能提供具有本地特色的农产品和工艺品的购物场所。

5.7 安全游乐

5.7.1 防盗、救护、应急照明、交通、游览等各项设施的防护设备应完好、有效。

5.7.2 游乐设施应安全可靠，并定期进行检查维护保养。

5.8 标牌、标识

5.8.1 农庄内应合理布设指示性标牌、规定性标牌、说明性标牌、解释性标牌及宣传性标牌等多种引导标识系统，并用规范的中文表示。

5.8.2 引导标识系统的建设（包括全景图、导览图、标识牌、项目介绍牌等）应符合 GB/T 10001.1、GB/T 10001.2 和 GB/T 15566 的要求。

6 休闲服务项目

6.1 项目开发

6.1.1 农庄应利用农业循环经济、农事活动、科普教育、生产工具、农家生活用具和农副产品加工开发休闲项目和农业创意项目。

6.1.2 宜因地制宜地利用乡村房屋建筑景观、地质地貌景观、水域景观、植被景观、气象景观开设休闲项目。

6.1.3 宜利用当地戏曲杂艺、民间手工艺制作、乡村民俗娱乐、农村物质文化遗产及农村近现代文化遗存等农业农耕文化开发休闲项目。

6.2 休闲指导

各类休闲项目宜提供专业技术人员进行服务和技术指导。

6.3 推荐项目

休闲服务推荐项目见附录A（附录本书未编入）。

7 服务

7.1 服务人员

7.1.1 农庄从业人员应遵纪守法，讲究职业道德，爱岗敬业。

7.1.2 直接为休闲旅游者提供服务的人员宜受过中等或以上程度教育，具备相应的服务技能。

7.1.3 服务人员应仪表端庄，讲究个人清洁卫生，穿着整齐，佩戴服务工牌，接待顾客礼貌热情，举止文雅大方。

7.1.4 服务人员每年应定期接受专业知识、专业技能、职业道德和礼仪等方面的培训。

7.1.5 尊重游客民族风俗习惯、宗教信仰，应不分亲疏，一视同仁。

7.1.6 能用普通话与游客进行交流，语言文明、简明、清晰，能够及时回应游客的询问。

7.1.7 从业人员应身体健康，无传染性疾病，持卫生部门统一颁发的健康证上岗。

7.2 服务质量

7.2.1 农庄经营业主应遵守国家法律法规，依法经营和开展经营活动。

7.2.2 树立游客至上、优质服务的宗旨，保护游客合法权益。

7.2.3 服务项目应明码标价，顾客消费后应能提供正式发票。

7.2.4 计量器具准确可靠。

8 管理

8.1 管理机构

农庄应根据发展需要，设立管理机构，设立专职管理岗位。

8.2 管理标准

农庄宜制定工作标准、管理标准和服务质量标准，其中管理标准主要包括以下内容：

a）财务及订单管理标准；

b）安全和卫生管理标准；

c）岗位工作标准或岗位责任制；
d）人力资源管理标准。
8.3　标准体系
农庄可根据自身特点、经营管理和服务需求，建立健全标准体系。

2.2　规划设计要求

观光农业园区规划设计是对园区各项要素所作的统筹部署和具体安排，其目的是使观光农业园区能够按照计划，系统地进行建设、经营和管理，充分发挥其综合功能，从而获得最大效益和实现可持续发展。观光农业园区规划设计是一项非常严肃的工作，应该在统一要求下，规范进行。目前国家和行业均未出台相应的规范，在综合部分省市相关规划设计规范的基础上，结合实际工作经验，总结出如下观光农业园区规划设计要求。

2.2.1　总体要求

(1) 规划设计成果应包括规划设计文本、图件和附件。
(2) 规划设计程序分任务确定阶段、资料搜集阶段、规划阶段、总体设计阶段、局部详细设计阶段和施工设计阶段。
(3) 规划设计编制单位必须具有规划设计资质。
(4) 规划设计要以农业资源为基础，以客源市场为导向，可持续发展。
(5) 规划设计应符合国家相关法律、法规、标准和规范的规定。
(6) 经主管部门审查批准后的规划设计方案具有权威性，必须严格执行。

2.2.2　前期专题研究工作要求

(1) 园区选址　尽可能选择具有一定基础，地貌、景观、生态系统和物种具有典型性或珍稀性的地段；做到在一定范围内，与其他园区在类型和特色上互补，避免近距离重复建设。
(2) 资源调查评价　搜集园区所在地区及园区具体地段的自然条件、社会经济条件、交通条件、产业发展概况。详细调查园区的自然资源要素、各种人文资源要素和区位条件。在上述调查的基础上，对园区的开发潜力、开发效益进行全面的评价和分析。
(3) 客源市场分析　对观光园客源市场的需求总量、地域结构、需求时间、需求特征、消费结构等进行全面调查、分析与预测，确定园区开发所面对的主要客源市场，增加园区规划设计和开发建设的针对性。

2.2.3　具体规划设计要求

(1) 主题定位　根据园区的资源特色、客源市场特点和区位条件特征，确定园区的主题。确定的主题必须有新意、有特色、有吸引力。
(2) 环境容量测算　一般园区用面积计算法测算游人容量；成线性布局的园区，可用游线容量法测算游人容量。
(3) 功能分区　应遵循"区内相似性、区间相异性，及保持乡村风貌、生产环境和典型地物的完整性"等原则进行。各功能区间一般以道路作为分界线。
(4) 交通道路规划设计
① 出入口规划设计　园区出入口可分为主出入口、次出入口和专用出入口。出入口的位置

应与园外主要交通干道、园内主园路相连接；园门形式可根据需要，选择柱墩式、牌坊式、屋宇式、门廊式、墙门式、门楼式等，提倡用篱垣式围栏作为园区边界。

② 园路规划设计　园路可分为主园路、次园路、游步道、汀路和栈道等，其规划设计应与地形、水体、植物、建筑物及其他设施规划设计统筹考虑。主园路应连接园区出入口、各功能区、主要景点，规则式布局的园区主路要直，自然式布局的园区主路要曲，曲时要大曲率，形成环路，不以捷径为准则；路面宽度必须大于5m，纵坡应小于10%，否则应设计为假山或作防滑处理，横坡宜小于2%。次园路要延伸到各功能区，路面宽度为2～4m，纵坡宜小于18%，否则路面或作防滑处理，设计为盘山路，或设计为台阶。游步道为游人游玩、散步、探幽寻胜之小路，宽1～1.5m。汀路宜用于浅水河滩、平静水池、山林溪涧、草地等地段，宽0.6～0.8m。山路通过峭壁时，可设置立柱式、斜撑式和插梁式栈道。所有类型的园路在地形险要的地段必须设置护栏等安全防护设施，园路密度不宜超过12%。地面交通可采用马车、牛车、电瓶车等，水上交通主要有各式木筏、皮筏、竹排等。

(5) 服务设施规划设计

① 停车场规划设计　根据需要在园区中心位置或入口处外侧设置停车场，其面积可根据观光高峰时的最大停车数量进行测算。提倡使用植草格(嵌草砖)作为停车场的铺装材料，并在植草格种植耐践踏的本土草本植物。

② 活动广场规划设计　可根据需要在出入口内外、主要建筑前和园区中心等地段设置活动广场。活动广场的铺装材料以当地生产的石材、地砖、木材等为宜，最好设计为由不同材料及色彩搭配组成的图案。集散广场周边宜种植适量的遮阴树，设置适量的休息座椅。

③ 建筑物规划设计　有文物价值和纪念意义的建筑物应加以保留，并结合到园内景观之中。建筑选址应避开生态系统脆弱地段、珍稀物种分布地段、景观敏感地段。建筑的规模和体量与游人容量相适应即可。建筑材料宜就地取材，建筑色彩应融入总体环境中。杜绝建立旱厕，提倡建造生态厕所，应按游人容量的1.5%～2%设置厕所蹲位，厕所的服务半径不宜超过500m。在游人需要停留或景色优美的地段，应设置桌、椅，其数量应按游人容量的20%～30%设置。

(6) 景观规划设计

① 水系规划设计　根据水源和地形等条件设置溪、河、湖、水池、喷泉和瀑布等水体景观，应保证园内所有设施在20年一遇的最高水位时不被水淹。游船水面、游泳水面和观赏水面的规划设计应符合CJJ 48—1992第3.2.7条之规定。

② 假山与山石规划设计　根据需要可在园区四周、园区一角、出入口正面堆叠假山或叠石，堆叠时必须同时统一考虑安全、护坡、登高、隔离等各种功能要求。根据需要可在适当地段，采取孤置、对置、群置、散置等形式进行叠石。

③ 绿化规划设计　绿化植物品种选择应以生产性植物为主，观赏植物为辅。墙隅提倡以垂直绿化为主。铺装场地周边以乔木列植、灌木丛植、草本群植的方式进行，场地内以乔木孤植、植草格内植耐践踏草本相结合的形式进行。路旁绿化以乔木列植为主，适当配置少量花灌木，以形成林荫路为宜。路口与道路的转角处以花坛、花境等形式为主，巧设对景、障景、透景。乔木与各种建筑物、构筑物和工程管线的水平距离，应符合CJJ 48—1992附录二、三的规定。原有的古树名木必须加以保护，必要时须采取加固设施，不得栽植缠绕古树名木的藤本植物。

(7) 环保系统规划设计　必须在园区适当位置设置环保宣传、警示牌。卫生最低要求应达到GB/T 17775规定的A级旅游区(点)标准。空气质量应达到GB 3095规定的一级标准。地面水环境质量最低应达到GB 3838规定的二类标准。各项设施设备必须符合国家相关的环保要求，严禁造成环境污染和其他公害。

(8) 旅游安全系统规划设计　最低达到 GB/T 17775 规定的 A 级旅游区 (点) 标准。

(9) 标识系统的规划设计　导游标识系统的规划设计可按 LY/T 5132—1995 第 7.7 条的要求进行。

以上未涉及到的其他内容的规划设计，可以参照国家的相关法律、法规及相关行业标准或规范执行。

单元小结

本单元学习了由中国旅游协会休闲农业分会制定的全国休闲农业与乡村旅游星级企业（园区）评分表（试行版），在正式的观光农业园区建设国家标准出台前，观光农业园区建设应以此为标准执行；节选了湖南省休闲农业庄园建设规范，可供制定观光农业园区地方标准时参考；归纳总结了观光农业园区规划设计要求，可用于指导观光农业园区规划设计工作。

单元测试

1. 观光农业园区规划设计的总体要求有哪些？
2. 前期专题研究工作应注意哪些问题？
3. 如何确定园区的环境容量？

基础 3　规划设计前期的专题研究

学习目标

- 掌握市场条件研究的内容与方法；
- 了解可供园区选择的农业高新技术；
- 掌握园区立地条件研究的内容和方法。

学习前导

观光农业园区开发是一项综合性的社会经济活动。它是在一定的背景环境下进行的，这个背景环境是一个复杂的系统，是与农业产业开发和旅游开发相关的众多要素的综合体。它的成功与否，取决于市场条件、技术条件和园区立地条件等。规划设计是观光农业园区开发的关键环节，在开展规划设计工作之前，要充分了解园区开发的背景环境，要对市场、技术和立地条件进行专项研究，以确保规划设计的科学有效性。

3.1 规划前的市场研究

观光农业市场研究的主要目的是要说明本园区为何要设置所规划的休闲服务项目。随着社会经济的发展和市民生活水平的不断提高，不同年龄、不同阶层的市民对农业观光休闲服务的个性化需求也在加大，观光农业园区的市场研究应该根据主要目标城市的具体条件和市民出游习惯，对园区项目设置提出有针对性的建议；除此之外，还应该对竞争对手的性质和分布等情况进行分析研究，便于在后续的目标定位和项目设置方面做到错位经营，互补互利。

3.1.1 市场研究的内容

市场研究的内容包括市场环境研究、园区产品（服务）需求研究和竞争对手发展情况研究等。

(1) 市场环境研究

① 要对国家经济情况，尤其是产业结构调整动态进行研究。国家产业结构调整计划将直接影响园区发展方向和目标的定位。园区的发展方向要与国家产业规划的方向一致，这样才能做到顺势而为。

② 要对本地区的社会经济发展状况进行分析和预测。观光农业园区产品（服务）要与本地区的社会经济发展需求相适应。

③ 要研究国家和地区的有关法律、法规和社会习俗。不同省份或城市对观光农业所采取的政策可能有所不同，不同地区的社会风俗习惯也不一样，这些将直接影响园区的生存和发展。

(2) 园区产品（服务）需求研究 观光农业园区产品（服务）需求研究包括农产品市场和客源市场研究。观光农业园区客源市场是指旅游目的地对游客的吸引力及游客的出行能力，具有较强的针对性，主要是城市的居民。旅游与休闲消费行为的产生需要一定的外部条件，对消费者的人均收入、消费水平、闲暇时间、出游形式和旅游偏好以及园区与目标城市的距离、交通的通达性等进行分析，将决定园区产品（服务）的细分市场定位，直接关系园区经营收入和运行费用。

(3) 竞争对手发展情况研究　竞争者情况反映了产品（服务）的市场供给情况，竞争者是制定各种营销和经营管理策略的重要影响因素，也是在园区规划设计中必须面对的问题。观光农业园区的竞争对手可以是其他同类型的园区，也可以是其他有替代作用的项目，这些项目的目标定位、项目设置、发展战略和经营状况将直接影响本农业园区的规划和经营。在对竞争者的研究中，首先需要明确谁是竞争者，接下来对他们的目标市场、经营特色、经营规模和经营状况等进行分析。只有充分了解竞争者，才能规划出别具特色的农业园区，才能使规划的园区在以后的竞争中取得较好的业绩，才能在竞争中知己知彼，百战不殆。

另外竞争者对新的园区可能也是一种机遇。如果竞争者和我们所规划的园区相似度比较高，或者在地理位置上比较接近等，可以采用兼并或者联营的方式，使之成为合作者，这样新的观光农业园区的竞争力将大大增强。

案例 1-3-1

山西临汾尧王台现代农业生态观光园项目市场分析
（山西临汾尧王台现代农业生态观光园总体规划节选）

一、农产品市场分析

1. 山西省农产品市场分析

山西省海拔较高，雨热同季，昼夜温差大，适于越夏延秋茄果类和根茎类蔬菜的生产。其产品品质优良，在国内市场中具有较好的声誉。中南部蔬菜生产区在全国属于具有比较资源优势的蔬菜生产区之一。

（1）与南方蔬菜市场形成季节互补。由于山西省七月至九月是大田蔬菜上市的旺季，又是长江流域及其以南地区的生产淡季，利用这种天然的优势，为发展南方市场需要的茄果类、根茎类蔬菜提供了便利条件。

（2）目前，山西省已经初步形成了南部设施栽培冬春蔬菜生产区、中东部和北部越夏茄果类和根茎类蔬菜生产区、太原城郊精细特菜生产区的三大优势区域。近年来，山西省蔬菜播种面积稳定在39.6万公顷左右，蔬菜的总产量1600万吨，全省人均蔬菜占有量525千克，全省设施蔬菜面积7.26万公顷，总产量390万吨；市、县、乡三级共建有产地蔬菜批发市场539个，年销蔬菜978.9万吨，占到商品总量的64%；主要品种有甘蓝、白菜、马铃薯、胡萝卜、番茄、青椒、尖椒、大葱、洋葱等，主销季节在7～10月，产品主要销往石家庄、上海、武汉、南京、杭州、厦门、广州等地区；蔬菜加工企业85个，其中腌制加工企业28个，脱水、罐藏企业57个，年产蔬菜加工品38万吨，其中腌制产品10万吨，脱水干制产品16万吨，罐藏产品12万吨，加工转化率为2.5%。

（3）此外，由于山西省蔬菜产品季节性过强，组织化程度相对较低，多数加工企业缺少稳定的生产基地，这些在一定程度上制约了山西蔬菜产业的发展。

2. 临汾市农产品市场分析

临汾市位于山西省西南部，农业生产力水平较高，且具有种植蔬菜的传统，非常适宜于发展蔬菜等劳动密集型产业，同时，该区也是我国最佳蔬菜保护地生产区之一。在"十五""十一五"期间，临汾市蔬菜生产呈稳步发展趋势，2008年全市蔬菜播种面积4.6万公顷，比2000年增加1.1万公顷，增长了30.6%，全市蔬菜总产量达到78.43万吨。其中，2008年临汾市设施蔬菜面积为0.87万公顷，占到蔬菜种植面积的18.91%，蔬菜生产水平有了明显提高。

在蔬菜种植形式中，保护地面积为2.1万公顷，占到蔬菜播种面积的46.6%，其中地膜覆盖为1.23万公顷，设施栽培为0.87万公顷。在设施栽培中，日光温室为0.25万公顷，大拱棚为0.3万公顷，小拱棚为0.29万公顷。目前临汾市种植的蔬菜种类有40余种，叶菜、果菜和根茎类蔬菜都有种植，其中面积较大的有白菜、韭菜、萝卜、番茄、黄瓜、辣椒、大葱、大蒜等15个种类，播种面积近3.3万公顷，产量140多万吨，占全市总量的70%以上。

从临汾市的情况看，在提高蔬菜生产组织化程度上，依托基地兴建的产地市场和相关蔬菜协会发挥着重要作用。目前，临汾市蔬菜市场有126个，其中常年市场43个，季节性市场83个，年蔬菜交易量130多万吨。截至2008年，临汾市各类蔬菜协会合作组织有62个，其中在民政和工商部门登记注册的有18个，如曲沃县北董乡的大蒜协会、襄汾县赵康镇的三樱椒协会等。

根据2009年临汾市统计年鉴所得蔬菜人均消费量估算，临汾市露地蔬菜淡季的设施蔬菜产量小于临汾市当季蔬菜需求总量。而临汾市蔬菜市场季节性市场数量较大，所占比重较大，也是因为临汾设施蔬菜在露地蔬菜淡季不能给市场提供稳定的蔬菜来源，市场供应具有季节性。因此，临汾市应扩大设施蔬菜的种植面积，降低蔬菜市场的季节性，实现季节蔬菜的互补。

临汾市也是山西省中南部无公害果菜产业经济区，2008年全市果园面积547050亩（1亩=0.0667公顷），其中苹果园360900亩，梨园49950亩，葡萄园28050亩，水果总产量259606吨。临汾市是国家农业部规划的黄土高原苹果产业优势区域，具有良好的市场基础，把单调的品种调整为早中晚熟品种合理搭配，走品牌化路线，能够促进水果产业的发展。

3. 尧都区农产品市场分析

尧都区位于临汾市西南部，是临汾市农产品生产大区，其蔬菜主要供应本地市场，露地蔬菜旺季为每年5~10月份。2008年，尧都区蔬菜种植总面积为33495亩，总产量为111775吨。其中，非设施蔬菜面积为29760亩，产量为96619吨；设施蔬菜面积为3735亩，占全部蔬菜面积的11.2%，总产量为15156吨，占全区蔬菜总产量的13.5%。尧都区设施蔬菜面积较少，非设施蔬菜产品种类较为集中，市场供应具有较强的季节性，不能满足市场需求。现在设施蔬菜产量较小，调节市场供应能力不足。设施蔬菜受季节性影响较小，扩大设施蔬菜种植面积有利于调节市场供应的季节性，为市场提供稳定的蔬菜来源。根据2009年临汾市统计年鉴可知，2008年尧都区露地蔬菜淡季蔬菜消费总量为43619吨，现有设施蔬菜在露地蔬菜淡季的供应量远远不能满足市场需求。因此，尧都区应大力发展设施蔬菜，减小当地蔬菜市场供应的季节性，提供稳定的蔬菜来源，促进尧都区蔬菜产业的发展。

尧都区也是临汾市果品的重要产区，主要品种有苹果、桃、梨、核桃、葡萄等。2008年果园面积为42225亩，总产量为36402吨，其中，苹果园21450亩，梨园555亩，葡萄园10140亩，销往国内，主要有深圳、海南、北京、上海、新疆、东北等地。水果产品具有较好的市场基础，但产品上市也比较集中，需要对品种结构进行优化，推动水果产业更好的发展。

因此，项目区农业产业立足于本地，优化产业结构，发展优质高效农业，实现量的扩张和质的提升，具有广阔的市场前景。

二、农业旅游市场分析

1. 农业旅游发展现状

随着近年来我国经济平稳高速的发展，人民生活水平逐年提高，居民家庭恩格尔系数逐年降低，居民消费需求结构转换和升级的基本条件成熟，旅游也越来越多地成为人们的生活必需品，而农业旅游正成为渴望在节假日到郊外观光、旅游、度假的城市居民所喜好的休闲旅游形式。

国务院提出要把旅游业培育成国民经济的战略性支柱产业和人民群众更加满意的现代服务业，并指出要培育新的旅游消费热点，大力推进旅游与文化、体育、农业、工业、林业、商业等相关产业和行业的融合发展。

山西省旅游发展规划指出，在以文物观光游为主的传统旅游产品的基础上，加快自然生态旅游产品开发，重点开发右玉、历山、芦芽山、太行山、吕梁山等生态旅游产品。在各地级市城市周边要积极开发农家乐、城郊游、生态游等旅游项目，建设环城休闲度假带。截至2009年11月30日，山西省农业观光旅游点已发展到104家，其中国家级示范点23家，省级示范点44家，省级农业观光点37家。目前已有25家农业观光旅游示范点被组合进旅行社销售的线路产品中，开辟了在旅游市场中一席之地。山西省内具有代表性的农业园区有良源农业生态观光园、昔阳大寨村生态农业园和以葡萄为主题的葡峰山庄生态农业观光旅游区。山西省农业旅游已初具规模，但总体上仍处于休闲农业和乡村旅游的初级阶段，具有很大的发展空间。

临汾市作为山西省西南部的重镇，东临太岳，西靠黄河，拥有悠久的历史和丰富的文化旅游资源，旅游业发展起步较早。但农业旅游刚刚起步。自2000年起，临汾市先后举办了安泽黄花旅游节、贺家庄乡村风情桃花会和中国·古县牡丹文化旅游三个大型农业节会。2009年五一，临汾围绕"绿色临汾，生态旅游"这一主题，推出系列精品观光农业旅游线路。农业旅游发展提上日程，而项目区所在的尧都区暂无农业休闲园区，农家乐零散分布，不成规模。乡村风情桃花会的成功，展示了临汾市农业旅游巨大的潜在市场。

2. 农业旅游市场

项目区位于山西省临汾市尧都区南郊，地处汾河之滨，紧靠尧庙华门景观区。地理区位优越，交通便捷。临汾市"十一五"规划提出了实施蓝天碧水工程，创建省级模范环保城市，加快发展新型服务业，创建中国优秀旅游城市，鼓励煤、焦、铁企业转型投资发展旅游业。旅游业战略地位大大提升。这都为项目区的发展奠定了良好的基础。

山西省总面积156579平方公里，2008年总人口3410万人，2008年全省GDP实现6938.73亿元，按预计人口数计算，人均GDP可达20300元，首次突破两万元大关，按国家统计局核定的2008年平均汇率计算，人均GDP超过2900美元。城镇居民人均可支配收入为11565元，农民人均纯收入达到3665.7元。在消费结构方面，维持基本生存需要的"生存资料"总支出比重在下降，寻求享乐、自我实现需要的"发展资料"总支出比重在增加。2008年，山西省城镇居民恩格尔系数为33.8%，根据联合国粮农组织提出的标准（恩格尔系数在30%～40%为富裕），山西城镇居民生活水平已经步入了小康阶段。临汾市为晋南重镇，GDP总量位于山西省前列。2008年，临汾全市生产总值完成754.6亿元，人均1.8万元；城镇居民人均可支配收入11203元，市区城镇居民人均可支配收入达到22307元，农民人均纯收入4394元。伴随着省内居民生活水平的进一步提高，消费结构的进一步升级，山西省内旅游休闲需求日益增长。相关研究表明，山西休闲旅游目的地选择上，乡土味浓厚的田园乡村和城郊公园占总量的64.4%，因此，项目区将迎来一个广阔的本土市场。

此外，临汾市相对丰富的旅游资源吸引着大量游客，2007年接待旅游总人数达到842万人次。其中，外国人和华侨22177人次，港澳和台湾同胞33353人次，旅游外汇收入达185.75万美元。国内游客以观光度假为主（占33.72%），其次为商务（占18.6%）、探亲访友（占17.44%）、会议和文化交流（各占8.14%）。以本省和邻省的中近距离为主。其他省市占31.9%的比重。国内游客主体来自山西（占36.05%，其中19.77%为太原游客）。其次来自北京（12.79%）、河南（8.14%）、山东（6.98%）、河北（4.65%）等省。在亲临景区景点的观光客中，74%去过壶口瀑布，22%去过克难坡，20%去过尧庙，16%去过广胜寺，8%去过苏三监狱，6%去过大槐树，去过其他目的地的游人在游人总数中所占比重较低。据尧都区农委资料，尧庙旅游区全年旅游人数可达50万人，每年正月初一至二十举办庙会，另外国庆节和五一劳动节也举办短期的展会和文艺活动，平均每天可达1万～2万人，每年的正月庙会至立冬之间为旺季，到尧庙旅游的一般75%为国内外游客，25%为省内游客。按照此数据计算，每年到尧庙的外地旅游人数不足10万。项目区毗邻尧庙华门旅游区，具有地缘优势，项目区内农业休闲、农业科技、农耕文化项目与尧庙形成优势互补，项目区成为尧庙华门旅游区游客休闲观光的后花园。尧庙的外地游客市场将会成为项目区的一个潜在市场，但因其数量不大，不会成为项目区的主体市场。

因此，项目区分为两大市场群体：一是主体市场，山西本土尤其是临汾市区休闲的中高端市场；二是辅助市场，尧庙华门旅游区分流的休闲市场。两大市场群体皆以一日游为主，也可两日或多日游。结合项目区建设的休闲娱乐设施，细分为大众和高端两大市场。无论近期还是远期，两大市场需求都相对稳定，并保持一定比例增长，为项目区发展提供不竭的动力。

3.1.2 市场研究方法

市场研究的方法有多种，为观光农业园区规划设计做准备的市场研究，一般采用文献研究法、专家访谈法、模型测算法、问卷调查法等。

(1) **文献研究法** 文献研究法一般在市场研究的初期使用，主要指通过书籍、网络等知识载体搜集、鉴别、整理文献资料，并通过对文献的深入分析，形成对园区产品（服务）的市场供求情况及发展趋势的基本判断。文献研究的前提条件是要对所搜集资料的内容、对象、范围等有清楚的认识，搜集的文献要客观、全面，确保文献资料的准确性和适应性；其次，分析时要实事求是，客观分析，避免盲目堆砌前人观点；第三，信息来源必须明确标注，避免将分析者的个人思想与文献观点混淆。

(2) **专家访谈法** 专家访谈法指在观光农业园区规划设计之前，通过信函、电话或面访等方式，征求有经验的专家的意见，经过多次询问和客观分析，逐步获得专家对某一市场问题的深层次见解的研究方法。这种方法，可以真实地反映专家们的意见，并能给决策者提供很多事先没有考虑到的丰富的信息。专家访谈法是一种常用的定性研究方法，有着广泛的适用范围。但最好能在一定范围之内，针对疑难问题进行访谈，以免浪费和滥用专家资源。

在专家访谈之前，首先要根据预定目标确定访谈对象名单，要选择真正的业内人士进行访谈，其次要做好功课，如先做好文献研究和访谈提纲，避免在访谈时提问过于肤浅、外行，影响专家的情绪和兴趣。在访谈过程中，要充分尊重受访专家，掌握好访谈时间，做好书面记录或者录音，事后要认真整理。

(3) **模型测算法** 主要是指依据现有的统计数据或其他变量信息，在一定的经济理论指导下，利用数学模型来描述市场行情的发展规律，分析影响市场行情的各种因素及其相互关系，进而对市场的发展趋势进行预测。模型测算法是一种定量研究方法，必须建立在定性分析的基础之上，要求有充分的数据支持，通常用于对市场发展趋势进行预测。

在使用模型测算法时，要确保所使用的数据及信息的真实可靠性；要确保所选用的经济模型或计量模型具有良好的适应性和合理性；要对模型法的测算结果进行验证，以确保测算结果的可靠度。

(4) **问卷调查法** 问卷调查法是研究者用统一、严格设计的问卷，以书面的形式间接地向被调查者了解情况或征询意见，通过对问题答案的回收、整理、分析，获取有关信息的一种研究方法。从被调查的内容看，问卷调查法适用于对当前普遍关心的问题的调查；从被调查的样本看，适用于较大样本的调查；从调查的过程看，适用于较短时期的调查。

问卷调查法的类型是多种多样的，在进行问卷调查之前要根据所调查的内容以及调查对象的不同来选择适当的问卷调查类型。在进行问卷设计时要做到形式规范、结构清晰、语言简洁通俗、问题表达巧妙，易于回答而又有信息含量。调查群体的结构要合理，尤其是不同特征的被调查者的比例要合理，避免造成调查结果说服力不强。在问卷调查结束后，要对收回的问卷进行整理、筛选，排除无效问卷。

3.2 规划前的技术研究

技术研究结果决定在园区规划设计中拟采用的技术种类和水平。观光农业园区在运营过程中必须以先进的技术作为支撑，只有这样，园区才能长久保持自身的核心竞争力，在同行中立于不败之地。另外，园区具备一定的技术实力，才能更好地保护环境，实现经济效益、社会效益、生态效益共同发展的可持续发展目标。所以，在规划前必须要研究园区现有的技术条件，研究园区所应采取的主要技术措施。

3.2.1 可供选择的现代农业高新技术

能够满足观光农业园区发展需求的现代农业技术，大体可以分为以下几大类。

(1) 现代生物技术　现代生物技术是以生命科学为基础，利用生物（或生物组织、细胞及其他组成部分）的特性和功能，设计、构建具有预期性能的新物质或新品系，以及与工程原理相结合，生产和加工某种产品或提供某种服务的综合性技术，现代生物技术涉及以下内容。

基因工程技术——又称基因拼接技术和DNA重组技术，是以分子遗传学为理论基础，以分子生物学和微生物学的现代方法为手段，按预先设计的蓝图，对生物的遗传基因进行改造或重组，获得人类需要的新品种、生产新产品。

细胞工程技术——细胞工程是指以细胞为基本单位，在体外条件下进行培养、繁殖。或人为地使用细胞的某些生物学特性按照人们的意愿发生改变，从而达到改良生物品种和创造新品种，加速繁育生物体，或获得某种有用的物质的过程。

酶工程技术——是指利用酶、细胞器或细胞所具有的特异催化功能或对酶进行修饰改造，并借助生物反应器和工艺过程来生产人类所需产品的技术。

发酵工程技术——利用微生物生长速度快、生长条件简单以及代谢过程特殊等特点，在合适条件下通过现代化工程技术手段，由微生物的某种特定功能生产出人类所需的产品称为发酵工程，也称微生物工程。

生物耦合技术——将生物分子与电子、光学或机械系统连接起来，并把生物分子捕获的信息放大、传递、转换成为光、电或机械信息。

纳米生物技术——在纳米（即百万分之一毫米）尺度上研究生物大分子精细结构及其与功能的关系，并对其结构进行改造，利用它们组装分子设备。

现代农业园区是现代生物技术推广应用的重要平台，也需要现代生物技术的支撑。例如，采用组织培养技术进行优良植物种苗的快速繁殖，在一些草莓采摘园区已经非常普遍。利用发酵技术对农产品进行酿造加工、对农业废弃物进行循环利用等，也可成为一些观光农业园区的特色。

(2) 现代农业信息技术　进入21世纪以来，农业信息化的进程加快，以精确农业和农业物联网工程为特征的信息技术已经进入实用阶段，并成为一些面向高端市场的农业园区不可缺少的组成部分，它包括：① 在农业园区构建资源可持续利用的决策咨询信息系统；② 产地安全检测和调优管理信息系统；③ 农地测土配肥和农作物测叶配肥系统；④ 新农村信息资源服务支撑系统；⑤ 农作物光谱识别与产量预报系统；⑥ 畜禽饲养环境自动化调控系统；⑦ 生物芯片应用技术；⑧农业标准化与物联网管理系统等。观光农业园区，只有在信息化方面先行一步，才能实现创建园区的宗旨，达到预期的目标。

(3) 设施农业技术　设施农业技术是观光农业打破季节限制瓶颈的关键，是人类充分利用工业化的技术成果（见图1-3-1）改造传统农业、充分利用自然、超越自然的现代化农业生产方式。温室也可以用来进行高效养殖，还可以作为观光休闲场所和园艺产品的交易场所。长期以来，一些观光农业园区只将目光停留在温室的豪华外观和新奇装备上，而忽视了其内部各种配套技术的应用。

图1-3-1　温室工厂化育苗技术

温室技术和设备的选择，应是观光农业园区规划设计中的重要内容。先进的温室生产技术选择应包括以下10项内容：

① 温室主体结构：类型、跨度、高度等符合生产要求。
② 辅助用房：既可储存生产资料，又可建设成餐厅、宿舍和景观小品等，具有多功能性。
③ 覆盖材料：薄膜、玻璃、硬质塑料。
④ 幕布系统：保温、遮阳、光周期控制。
⑤ 栽培床、地面与花篮等：槽式、潮汐式、地面栽培、吊挂栽培等。
⑥ 灌溉技术与系统选择：人工灌溉、喷灌、滴灌、潮汐灌、迷雾系统、水培、灌溉施肥等。
⑦ 温室环境控制：通风、降温、加热、补光、二氧化碳控制等。
⑧ 机械化生产：基质混合、填土、播种、自动移栽、视觉分级技术等。
⑨ 室内运输与物流：推车、传送带、铲车、吊车、机器人、条码跟踪等。
⑩ 病虫害防治：防虫网、药品存放与施用设备、劳动安全保护标准。

采用不同的技术，不仅在投资建设成本方面有差异，其生产成本、产品质量和供应周期、管理流程等也往往大不相同。观光农业园区的技术选择要领先于周边农村，保持一定的先进性，但又不能超越所在地区的社会经济环境的支持能力和需求限度，要进行具体的技术经济分析。

3.2.2　观光农业园区技术选择原则

(1) 以产品质量为前提　产品（服务）品质是其内在素质和外在形态的综合，它的优劣将对其价值和市场竞争力产生直接影响，高质量是观光农业园区打造品牌，在激烈的市场竞争中立于不败之地的根基。所以在进行农业园区技术选择时，首先要考虑该项技术是否能够保障并有效提高园区产品（服务）的品质。

(2) 以生态环境保护为条件　生态优先是观光农业园区规划设计中的一项基本原则，将生态效益、经济效益、社会效益统一是观光农业存在和发展的根本之所在。在具体的规划开发过程中务必采取必要的措施和技术，尽量避免且妥善解决在农业园区建设和运营期间可能带来的对环境的不利影响，要打好生态牌，把保护和优化生态环境放在首位。

(3) 先进性与适用性相结合　现代农业技术日新月异，但是任何技术都具有一定的应用条件，最新的并不一定是最适用的。因此，技术的选择在考虑技术本身的先进性之外，还要考虑本土化的问题，园区技术的选用要做到两点：一是该技术在园区是可应用的，并且能够带来较好的效益；二是该技术在当地是能够推广的。

(4) 能够实现可持续发展　农业园区规划是一种比较全面的、长远的发展计划，是在对园区的整体性、长期性、基本性问题进行充分思考的基础上而设计出来的整套行动方案。而任何技术都是有时效性的，观光农业园区的技术选择应立足长远、高瞻远瞩，不仅要考虑当前的技术需求，更要根据园区未来的发展方向，选择生命力强、能够随着园区发展与时俱进的技术。

3.2.3　观光农业园区技术选择的方法

(1) 信息检索与经验借鉴法　信息检索是指根据自身需要，采用一定的检索工具搜集、整理相关信息、资料。信息检索是一种获得知识的捷径，可节省时间，减少盲目性。常用的信息检索方法主要有普通法、追溯法和分段法。普通法是利用书目、文摘、索引等检索工具进行文献资料查找的方法；追溯法是利用已有文献所附的参考文献不断追踪查找的方法；而分段法是追溯法和普通法的综合。

经验借鉴是指学习借鉴其他园区、领域在技术选择方面的成功经验，为我所用，从而更好地促进自身发展。经验借鉴可以在短时间内扩大决策者的视野，提高其分析能力和决策能力，增强园区技术选择的科学性、合理性。

信息检索和经验借鉴是观光农业园区技术选择初期必需的研究过程，也是进行后续研究和最终决策的前提条件，通过信息检索和经验借鉴获得了充分的信息和知识，在进行观光农业园区技术选择时就能考虑更周全、决策更科学。

(2) 价值工程法　价值工程法又称价值分析、价值管理法，是一种降低成本，提高经济效益的有效方法。它的主要思想是通过对选定研究对象进行功能及费用分析，提高其价值。应用价值工程是把提高功能和降低成本体现在最佳方案中的有效方法。

提高价值的基本途径有五种：①提高功能，降低成本，大幅度提高价值；②功能不变，降低成本，提高价值；③功能有所提高，成本不变，提高价值；④功能略有下降，成本大幅度降低，提高价值；⑤适当提高成本，大幅度提高功能，从而提高价值。

在观光农业园区技术选择中，价值工程法的运用主要体现在两个方面。一方面是运用价值工程法防止功能短缺和过剩，在进行园区技术选择时，要充分考虑园区自身的客观条件和真实需求，选择具有相匹配功能的技术，而不是贪多求大，否则将会导致功能过剩。同时，在选择技术时要避免由于忽视实现功能的前置条件而导致功能短缺的问题。另一方面，在成本核算上，价值工程法也起着重要作用。根据该方法的基本原理，在必要的功能不变的情况下，降低引进和运行的成本能够提高技术价值，是解决技术价值短缺的有效途径。

(3) 投入产出比较法　投入产出比较法是一种在投资规划、方案设计、项目选择以及经济决策中都比较常用的方法，是加强综合平衡、改进计划管理的重要工具。这里的"投入"，广义地讲包括经济活动过程中对固定资产、流动资产、自然资源和劳动力等的占用。投入产出比较法中的"产出"主要是指经济活动所取得的成果，包括实物形式与价值形式的综合(如销售收入、利润和税金、提供就业等)，在实际计算中通常只是从实物角度进行计算。

投入产出比较法适合在规划设计选择最优方案时使用，在使用过程中先要对不同方案可能的投入、产出情况进行测算，然后以单位投入的产出量为主要衡量指标，对不同方案进行比较。

3.3　立地条件研究

观光农业园区立地条件主要包括自然环境条件、资源条件和社会经济条件。建园条件直接关系到建园的可行性、项目布局和工程投资大小等。研究这些条件，是贯彻执行"因地制宜"

规划原则的第一步。科学的高水平的规划设计，必须建立在对可利用资源的准确把握、详尽分析、合理利用的基础之上。

3.3.1 立地条件研究的内容

(1) 自然环境条件　自然环境条件包括植被条件、气候条件、水文水质条件、空气质量条件和地形地貌条件等五方面。地形地貌因素决定了农业园区的地表形态，从而影响农业园区的可进入性、项目的立地条件和景观的丰富程度；水文及地表水系(如地下水位和水质、湖泊池塘及河流走向等)一方面是影响园区内生物的生长和分布，另一方面关系园区生活和生产用水的质量和可利用数量，关系水利工程项目设置和景观水体的安排；气候因素包括降水、日照、气温、地温、风力风向等，它直接影响园区的适宜生物类型和分布，从而在一定程度上决定了园区的项目设置和布局。一般来说，具备平原和丘陵相间的地貌、温暖湿润的气候、地下和地表水丰富、植被丰富、空气质量良好的区域适合观光农业园区开发建设。

气候条件的调查研究相对复杂，其内容包括以下几方面。

① 降水与蒸发情况：年平均降水量(mm)及其年际变化幅度；年最大降水量及发生年份；年最小降水量及发生年份；降水集中的月份；年平均蒸发量(mm)；蒸发高峰出现的月份。

② 日照情况：全年日照时数(小时)。

③ 气温：年均气温(℃)；气温年际变化幅度；年平均气温差；各月间气温悬殊情况。

④ 地温：地表20cm处的地温平均值(℃)，全年积温情况。

⑤ 霜期：全年无霜期天数；一般年份的初霜时间，终霜时间(精确到月份及上中下旬)。

⑥ 主导风力和风向：四季主导风向和风力大小，可以用风玫瑰图表达。

(2) 资源条件　观光农业园区的主要资源包括土地资源、生物资源、景观资源。

土地资源是观光农业园区发展的基础，在园区规划设计之前，必须对规划区域内的土地利用现状进行详细的调查研究。土地利用现状可分为农用地(包括耕地、园地、林地、牧草地、水面等)、建设用地(包括居民及工矿用地、交通用地、水利用地等)、未利用土地(如荒草地、滩涂、盐碱地、沼泽地、沙地、石砾地等)。要通过调研明确园区土地现状的类型、面积、农业和非农业用地结构、农业用地的理化性质和肥力状况。

生物资源主要指园区及周边地区的动植物种类，它们的多寡反映了观光农业园区种植业和养殖业可能发展的广度，有利于采用类比的办法设置种植和养殖项目。在调查生物资源的同时，特别要了解园区内及周边现有的农业种植活动和养殖活动的种类及优势农产品资源，如哪些农作物在本地表现较好、农民习惯生产哪些产品、主要农产品的种类和数量、竞争优势等，这有助于对园区生产和加工项目进行规划定位。

景观资源是观光农业园区的重要组成部分，它可以彰显园区特色，增加园区吸引力。景观资源包括自然景观资源和人文景观资源。自然景观资源的多少与质量好坏直接影响建园成本，园区规划设计之前，要系统全面地调查研究自然景观资源的现存数量、种类、空间分布、等级质量、特色、成因、价值和开发条件等要素，为决策提供依据。人文景观资源包括民风民俗、民居、民族歌舞、民间传说、民间工艺等，是观光农业园区的特色和灵魂之所在。

(3) 社会经济条件　社会经济条件主要指建园区域的经济条件、基础设施条件、旅游发展条件和农业基础条件。经济条件涉及经济基础、经济发展水平、资金、技术等方面，研究的重点在于消费能力和投资能力。基础设施包括水、电、能源、交通和通信设施。旅游发展条件主要是指园区所在地区的旅游发展情况，本地区的旅游业发展得好，必然会为观光农业园区带来大量客源，同时也能促进观光农业园区的可持续发展。农业基础条件研究的主要内容是园区所在区域农副产品的种类、数量和保障程度，园区的主要农业项目以结合当地的优势产业发展为好。

3.3.2 立地条件研究方法

(1) 网络查询　利用网络资源是初步研究园区立地条件的最便利途径，从网络上可以获得相应的文字信息、照片和地图等。地方政府网站是了解本地区自然条件、社会经济等基本状况的最佳网站。专业网站（如 Google-Earth）可以看到一般园区规划地块与周边城市、道路、水系之间的关系，甚至可以看清规划地块内部的地形地貌、植被和建筑物，对于理解项目交通区位和地理条件很有帮助。要注意的是网络资源往往不够精细，可靠性也难以保证，只能作为辅助手段，帮助粗略把握和总体上理解，不能作为规划设计的依据。

(2) 图样利用　规划设计前，一般需要规划委托单位提供规划地块的现状勘测图或土地利用总体规划图，一般万亩园区的总体规划，1∶6000 左右的图样基本够用，如果要求详细设计，图样的比例尺应在 1∶10000 左右。结合现场勘查研究图样，是规划设计前进行研究工作的最普遍的方法。研究图样，必须先读图例，对照图例，应能看出所规划地块的水系、道路、地表植被和构筑物、建筑物等。土地利用现状图或规划图中，还会对各种土地利用性质予以明确标注。

(3) 现场踏查　现场踏查是为了进一步明确拟规划园区的地形、地貌、水系、道路、地表植被、土壤性状、农田水利设施及其他构筑物等。进行现场踏查时应带上相机和图样，明确地点方位后拍下照片，以便回来后仔细查看、研究。现场踏查后要及时结合地图对现场照片进行标注和整理，以便发现问题、设计有关方案。现场踏查工作，最好结合对当地社区居民的访谈进行，以加深对图样和现场照片的理解，并感受当地干部群众对现状的态度和对规划方案的期望。

(4) 问询调查　该方法指向观光农业园区所在地相关部门、专家、社区居民或旅游者等有关人士询问了解有关园区的情况。调查者可以采用调查问卷、调查卡片、调查表等，通过面谈、电话、邮寄、留置问卷等形式进行访谈。但结合现场踏查的访谈难以预知访谈对象，准备访谈提纲不现实，在与农民交谈的现场，手拿纸笔还可能会引起一些人的紧张，使其产生戒备的情绪而不愿意深谈，因此，结合现场踏查的访谈，最好对需要了解的问题铭记在心而在现场自然发问，与农民自由讨论，如需要增强记忆，应在讨论时予以总结或强调，在访谈结束后及时补记。

(5) 收集权威资料　权威资料一般包括各级政府统计年鉴、地方志、国民经济发展年度报告、有关政策文件、行业发展规划、相关的法律法规、行业标准等。这些资料是规划设计的重要依据和数据来源，如农村劳动力成本的估计和园区经营目标的设计，就应以当地年鉴中的农民收入情况为重要依据。

(6) SWOT 分析　即分析规划对象的发展优势、劣势、机会与挑战。现通常采用此法对观光农业园区的建园条件进行综合评价，其评价结果，一般是规划成果的组成部分，如以下案例。

> **案例 1-3-2**

山西临汾尧王台现代农业生态观光园项目 SWOT 分析
（山西临汾尧王台现代农业生态观光园总体规划节选）

一、优势与机遇

1. 项目区交通便利，区位优势明显

项目区紧邻大运高速，南面与城市西南环相邻，东边为108国道，紧靠尧庙华门景区，距离临汾市中心直线距离仅4公里，车程只需5～10分钟，优越的地理区位和便捷的交通条件为项目区的发展提供了独特的条件和优势。

2. 自然条件优越，土地利用潜力大

项目区西部以汾河为界，傍水而建，土地平整，气候宜人，良好的自然条件和生态环境适宜农业休闲项目的发展。项目区土地现状仍以传统种植业为主，仅有少部分土地开发了初级的设施农业，休闲农业的开发层级和建设水平较低。较低的土地开发利用程度为都市型现代农业休闲园区的规划设计提供了较大的空间。

3. 农耕文化底蕴深厚，农业资源丰富

项目区地处汾河之滨，尧帝故里，是中华民族农耕文明的发源地，而山西省同时也是中国的农业大省，是全国粮食生产基地之一，农耕文化底蕴深厚，农业资源丰富，为项目区发展"农游合一"交叉性产业奠定基础。

4. 处于中原城市群崛起的战略机遇期

临汾市作为山西省第三大城市，正处于我国新一轮经济快速增长周期，面临着中部崛起和加快中原城市群发展的难得机遇和有利条件。城市经济的发展必将带动休闲旅游业的发展，都市型现代农业园区的发展也将面临一个迅速发展时期。项目区要把握这一战略机遇，积极发展都市休闲农业，促进城乡一体化的建设。

5. 资源优势明显，市场前景广阔

尧都区目前还没有形成农业休闲观光园区的产业，在以后的发展过程中，在市场空间和顾客资源方面没有很激烈的竞争。因此，项目区在规划和发展过程中，突出创新特色，易形成自己独特的竞争优势，加上科学的管理运作，将使项目区保持旺盛的生命力和竞争力。

2008年，尧都区总人口已达765240人，尧都区城镇居民人均可支配收入12926元，其中城镇居民人均消费性支出8919.47元；农民人均纯收入5430元。农村居民人均生活消费性支出2844.22元。且中心城区人口呈快速发展的态势，为休闲农业的发展提供了巨大的消费空间。可紧抓尧都区及周边城市居民物质和精神消费需求结构升级的机遇，为示范区创造本地多元化消费市场、构建休闲农业产业链提供运作空间。

二、劣势与挑战

1. 以传统农业为主，现代农业产业基础薄弱

项目区当地以传统农业为主，现状主要种植小麦、玉米等大田作物，设施农业发展水平和农民的生产技能明显偏低。此外，当地农民的现代种植业观念相对落后，种植结构的单一，以及农业设施化和现代化水平的偏低，对项目区发展具有一定的制约。

2. 农业产业结构单一，农民组织化程度低

项目区与周边城镇的农业旅游与新农村建设等方面相比，产业结构单一，经营方式落后，技术水平低，设施条件相对落后，并且建设资金和人才短缺，土地流转障碍较大，农民组织化程度较低，缺乏大型农业产业龙头企业的带动和支撑。

3. 尚未建立良好的机制与体制，竞争力相对较弱。

单元小结

见图1-3-2。

模块一　规划设计基础

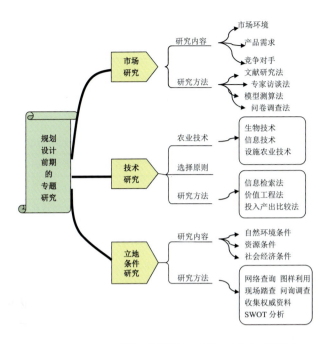

图 1-3-2　"规划设计前期的专题研究"思维导图

单元测试

1. 市场研究的内容有哪些？
2. 如何使用问卷调查法进行市场研究？
3. 现代农业技术都包括哪些内容？
4. 观光农业园区的立地条件有哪些？
5. 试对某观光农业园区的立地条件进行SWOT分析？

基础 4　基础规划设计图绘制

学习目标

- 掌握制图常用工具的使用方法和绘制规范；
- 掌握规划设计平面图、立面图和效果图的绘制方法；
- 锻炼良好的图面表现能力，提高图面设计水准；
- 熟悉各种要素在图面上的表现形式，能够看懂包括平立面、剖面等工程图样。

学习前导

序号	技术单元	主要内容	技能要点
1	基础线形绘制	制图规范和标准	绘制标准线型
		制图工具使用和范例	
2	平面图绘制	手绘平面图方法	把握准确的比例和尺度
			各类设计要素的平面表现形式
		辅助软件绘制平面图	常用辅助设计软件及其绘制平面图的要求
3	效果表现图绘制	手绘效果图	绘制规范和着色技巧
		计算机效果图	了解常用制作效果图工具及其绘制的效果图特点

4.1 制图基础训练

4.1.1 制图基本标准

本节内容以国家颁布的《房屋建筑制图统一标准》（GB/T 50001-2010）为依据。

(1) 图纸幅面　园林设计制图采用国际通用的 A 系列幅面规格图纸，常用图纸规格见表 1-4-1。

表 1-4-1　图幅规格

mm

尺寸代码	幅面代号				
	A0	A1	A2	A3	A4
$b \times l$	841×1189	594×841	420×594	297×420	210×297
c	10			5	
a	25				

从表 1-4-1 可以看出，图纸基本幅面的尺寸关系是：沿大一号幅面的长边对裁，即为小一号幅面的大小。图纸上的标题栏和会签栏格式如图 1-4-1、图 1-4-2 所示。

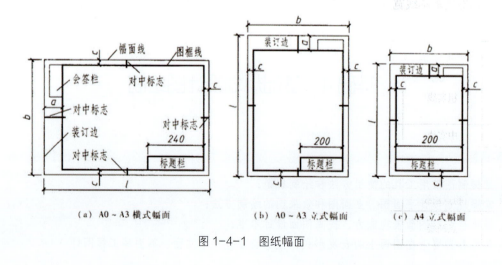

图 1-4-1　图纸幅面

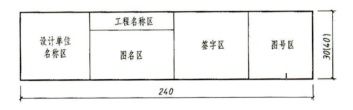

(b)

图 1-4-2　标题栏

在绘制图框、标题栏、会签栏时还要考虑线条的宽度等级，图框线用粗实线，标题栏和会签栏外框线用中粗实线，分隔线用细实线。

(2) 线型　图样中的线条统称为图线。设计图和施工图的图样是用各种不同类型和粗细的图线绘制而成的，国家标准规定了工程建设图应选用的线型。

制图中常用的线型有实线、虚线、点画线和折断线等。每个图样都应根据复杂程度与比例大小，先确定基本线宽 b，见表 1-4-2；再选用适当的线宽组，见表 1-4-3。

表 1-4-2　制图中常用的线型

序号	名称	线型	宽度	使用范围
1	粗实线	——	b	① 立面图外轮廓线、剖切线 ② 平面图、剖面图的截面轮廓 ③ 图框线
2	中实线	——	$b/2$	平、立面图上，门、窗和突出部分的外轮廓线
3	细实线	——	$b/4$	① 尺寸线、尺寸界线以及引出线等 ② 剖面图中的次要线条
4	粗点画线	—·—	b	结构平面图中，梁和木行架的轴线位置线
5	点画线	—·—·—	$b/4$	① 定位轴线 ② 中心线

续表

序号	名称	线型	宽度	使用范围
6	粗虚线	 ▬ ▬ ▬ ▬	b	地下管道
7	虚线	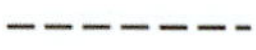 - - - - -	$b/2$	①不可见轮廓线 ②一些图例（如吊车、搁板、阁楼等）
8	折断线	 ⟋⟍	$b/4$	被断开部分的边线
9	波浪线	 ∿∿	$b/4$	表示构造层次的局部界限

表 1-4-3 线宽组

线宽比	线宽组 /mm					
b	2.0	1.4	1.0	0.7	0.5	0.35
$b/2$	1.0	0.7	0.5	0.35	0.25	0.18
$b/4$	0.7	0.5	0.35	0.25	0.18	

在同一张图纸内，相同比例的各图样应选用相同的线宽组，各种线型绘制和交接时应遵循一定的法则。如表 1-4-4 所示。

表 1-4-4 各类图线连接的方法

	正确	不正确
实线相交	 交于一点	 出头　未交于一点
二线相切	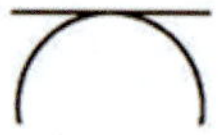 切点线宽 = 单线线宽	 切点线宽 ≠ 单线线宽
中心线与中心线、虚线与虚线相交	 交于线段	 交于点或空隙
实线、虚线、中心线相交	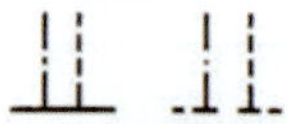 交于线段	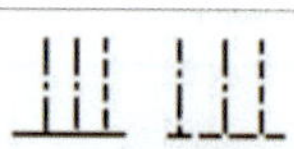 交于点或空隙
中心线与圆相交（直径小于 12mm 时中心线用细实线画）	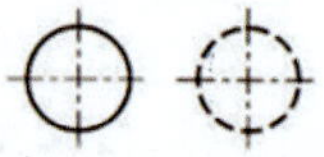 中心线出头　中心线交于线段	 未出头　交于空隙
虚线在实线的延长线上	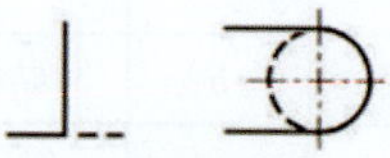 留有空隙	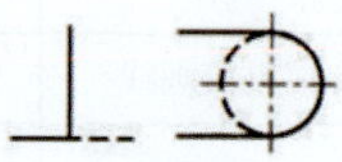 不应相接

(3) 比例　图形与实物相对应的线性尺寸之比称之为比例。比例的大小，是指其比值的大小，如 1∶50 大于 1∶100。比例的符号为"∶"表示。

绘图所用的比例，应根据图样的用途与被绘对象的复杂程度，从表 1-4-5 中选用。一般情况下，一个图样应选用一种比例。根据专业制图需要，同一图样可选用两种比例。特殊情况下也可自选比例，这时除应注写绘图比例外，还必须在适当位置绘制出相应的比例尺。

表 1-4-5　绘图常用的比例

详图	1∶2　1∶3　1∶4　1∶5　1∶10　1∶20　1∶30　1∶40　1∶50
道路绿化图	1∶50　1∶100　1∶200　1∶300　1∶150　1∶250
小游园规划图	1∶50　1∶100　1∶200　1∶300　1∶150　1∶250
居住区规划图	1∶100　1∶200　1∶300　1∶400　1∶500　1∶1000
公园规划图	1∶500　1∶1000　1∶2000

(4) 文字　制图中常用的文字有汉字、阿拉伯数字及拉丁字母、罗马数字和希腊字母等。按国家标准规定：图样上的文字、数字或符号等，均应笔画清晰、字体端正、排列整齐，标点符号清楚正确。

工程制图中常用的汉字有宋体和黑体，文字的字高一般采用 3.5mm、5mm、7mm、10mm、14mm、20 mm 等。文字的宽高比为 0.7。

工程图样中的拉丁字母、阿拉伯数字与罗马数字，可根据需要写成直体或斜体，如图 1-4-3 所示。数字和字母与汉字并列书写时，其字高应略小于汉字。

1 2 3 4 5 6 7 8 9 0

A B C D E F G H I J K L m n o p q r s t u v w x y z

图 1-4-3　字母、数字字例

(5) 尺寸标注　图样上标注的尺寸由尺寸界线、尺寸线、起止符号和尺寸数字四个基本要素所组成，如图 1-4-4 所示。

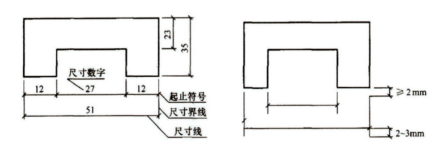

图 1-4-4　尺寸组成要素图

图样上的尺寸单位除标高及总平面图以 m 为单位外，其他必须以 mm 为标准尺寸单位。尺寸数字一般应依据其方向注写在靠近尺寸线的上方中部。如没有足够注写位置，最外边尺寸数字可注写在尺寸界线的外侧。

圆形、弧形、角度等特殊线型标注可参照图 1-4-5。

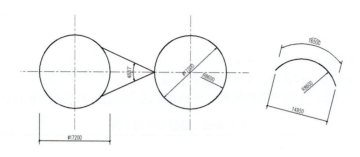

图 1-4-5 直径、半径、角度、弧长的标注

(6) 标高标注　标高标注有两种形式：一种主要用于个体建筑物图样上，标高符号为细实线绘制的倒三角形，其尖端应指至被注的高度，倒三角的水平引伸线为数字标注线，标高数字应以 m 为单位，并保留三位小数，如图 1-4-6（a）所示；第二种以大地水准面或某水准点为起算零点，多用在地形图和总平面图中，标注方法与第一种相同，但标高符号宜用涂黑的三角形表示，并保留两位小数，如图 1-4-6（b）所示。

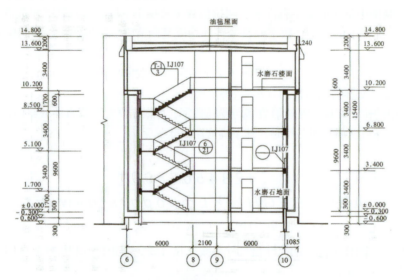

(a) 建筑标高的标注方法

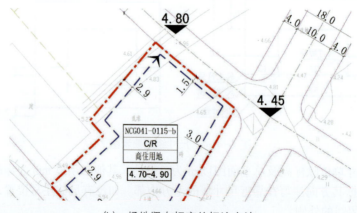

(b) 场地竖向标高的标注方法

图 1-4-6　标高的标注

(7) 定位轴线　定位轴线应用细点画线绘制。定位轴线一般应编号，编号应注写在轴线端部的圆内。圆应用细实线绘制，直径为 8 ～ 10 mm。定位轴线圆的圆心，应在定位轴线的延长线或延长线的折线上。平面图上定位轴线的编号，宜标注在图样的下方与左侧。横向编号应用阿拉伯数字，从左至右顺序编写，竖向编号应用大写拉丁字母，从下至上顺序编写，如图 1-4-7 所示。

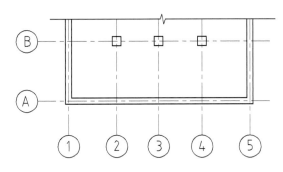

图 1-4-7　定位轴线的编号

(8) 引出线　引出线宜采用水平方向或与水平方向成 30°、45°、60°、90° 的细实线，文字说明的位置如图 1-4-8 所示。同时引出几个相同部分的引出线可互相平行或集中于一点，如图 1-4-9 所示。

路面构造、水池等多层标注的共同引出线应通过被引的诸层，文字说明应从上至下顺序注写，且其顺序应与从左至右被引注的层次一致，如图 1-4-10 所示。

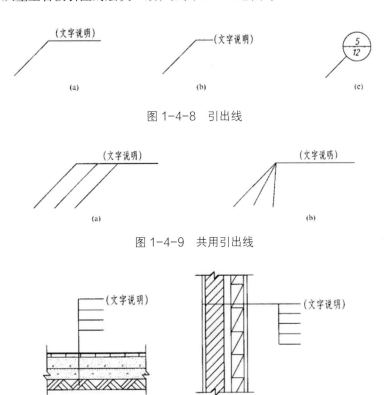

图 1-4-8　引出线

图 1-4-9　共用引出线

图 1-4-10　多层结构引出线

(9) **索引符号与详图符号**　在绘制施工图时,为了便于查阅需要详细绘制和说明的某一局部或构件,应以索引符号索引,如图1-4-11(a)所示。索引符号由直径10mm的细实线的圆及过圆心的水平细实线直径组成。如与被索引的详图同在一张图纸内,应在索引符号的上半圆中用阿拉伯数字注明该详图的编号,并在下半圆中间画一段水平细实线,如图1-4-11(b)所示。索引出的详图,如与被索引的详图不在同一张图内,应在索引符号的上半圆中标注详图编号,下半圆中标注详图所在图纸的编号,如图1-4-11(c)所示。

涉及到标准图集的索引,下半圆中标注详图所在的图集中的页码,上半圆中标注详图的编号,并应在引线上标注该图集的代号,如图1-4-11(d)所示。

图1-4-11　索引符号

如果用索引符号索引剖面详图,应在被剖切的部位绘制剖切位置线,用粗实线标出剖切方向,粗实线所在的一侧即为剖视方向。被索引的详图编号应与索引符号编号一致,如图1-4-12所示。

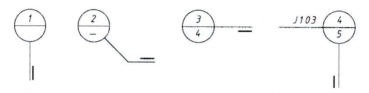

图1-4-12　用于索引剖面详图的索引符号

详图编号常注写在直径为14mm的粗实线圆内。详图与被索引的图样同在一张图纸内时,应在详图符号内用阿拉伯数字注明该详图的编号,如图1-4-13(a)所示。详图与被索引的图样不在同一张图内,应在索引符号的上半圆中标注详图编号,下半圆中标注被索引的图纸编号,如图1-4-13(b)所示。

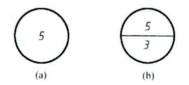

图1-4-13　详图符号

⑩ **其他常用符号**　其他常用符号见表1-4-6。

表1-4-6　其他常用符号

名称	符号	说明
连接符号	![A][A]	连接符号应以折断线表示需连接的部位。两部位相距过远时,折断线两端靠图样一侧应标注大写拉丁字母表示连接编号。两个被连接的图样必须用相同的字母编号

续表

名称	符号	说明
对称符号	超出2～3mm / 间距2～3mm / 细点画线 / 细实线 / 6～10mm	对称符号由对称线和两端的两对平行线组成。对称线用细点画线绘制；平行线用细实线绘制，其长度为6～10mm，每对的间距为2～3mm；对称线垂直平分于两对平行线，两端超出平行线宜为2～3mm
指北针	N	指北针的形状宜如左图所示，其圆的直径宜为24mm，用细实线绘制；指针尾部的宽度宜为3mm，指针头部应注"北"或"N"字。需用较大直径绘制指北针时，指针尾部宽度宜为直径的1/8
风玫瑰图	N（全年、夏季）	根据当地多年平均统计的十六个方向吹风次数的百分数值以同一比例而绘成的折线图形叫风向频率玫瑰图。图上所表示的风的吹向，是指从外面吹向地区中心的。图中粗实折线距中心点最远的顶点表示该方向吹风频率最高，成为常年主导风向。图中细虚折线表示当地夏季6、7、8三个月的风向频率，称为夏季主导方向

4.1.2 绘图工具及使用方法

（1）图板　绘图板用来固定图纸，一般用胶合板制成，板面要平整。短边为工作边要平直。图板有几种规格，其尺寸比同号图纸尺寸略大。

（2）丁字尺　丁字尺由尺头和尺身组成，尺头与尺身固定成90°，多是用有机玻璃制成的，按长度分1200mm、900mm、600mm三种规格。丁字尺的尺身上有刻度的一侧称为工作边，是用来画水平线、长斜线或配合三角板画铅垂线。图板和丁字尺的使用方法如图1-4-14所示。

（3）圆规、分规　圆规是画圆和圆弧的工具，经过熟练练习之后画圆或圆弧都应一次完成。

分规是等分线段和量取线段的工具，两腿端部均装有固定钢针。

（4）三角板　一副三角板有45°和30°、60°各一块，一般用有机玻璃制成，使用时宜选用板面略厚、两直角边斜坡、边上有刻度或有量角刻线的三角板。三角板与丁字尺配合使用，可画垂直线及15°、30°、45°、60°、75°等各种斜线。三角板的使用非常灵活，可以帮助设计师完成多个角度绘制，如图1-4-15所示。

（5）建筑模板、曲线板和比例尺（见图1-4-16）　建筑模板上刻有多种方形孔、圆形孔、建筑图例、轴线号、详图索引号等。可用来直接绘出模板上的各种图样的符号。

曲线板是画非圆曲线的专用工具之一，有复式曲线板和单式曲线板两种。

比例尺又称三棱尺，尺上刻有几种不同比例的刻度，可直接用它在图纸上按实际尺寸绘出物体，不需换算。常用的比例尺一般刻有6种不同的比例刻度，可根据需要选用。

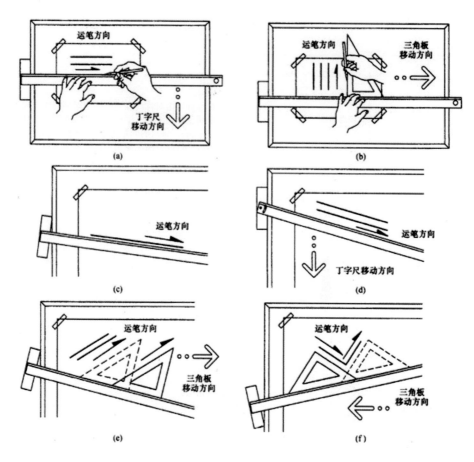

图 1-4-14　图板和丁字尺的使用方法

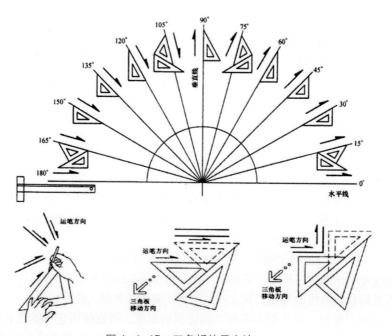

图 1-4-15　三角板使用方法

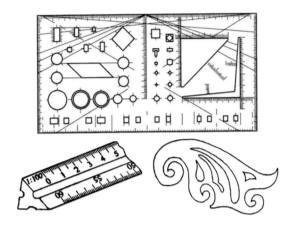

图 1-4-16　建筑模板、曲线板和比例尺

除用各种工具进行绘制设计工程图以外，在初步方案阶段采用手绘模式是非常方便快捷的，许多构思需要用最简练的线条勾勒在图纸上，方便后期讨论和细化，所以设计人员应首先练习徒手画图，包括各类线形，如图 1-4-17 所示。

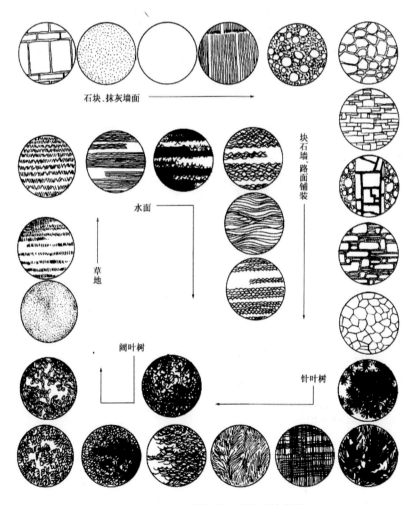

图 1-4-17　各类设计元素的手绘表现

4.2 阶段性成果平面图绘制

场地规划和设计平面图根据各个阶段的表现内容不同，绘制图样的形式和深度也不同，一般包括设计现状图、现状分析图、规划总平面图、功能分析图、植物种植设计图、竖向设计图等。

4.2.1 现状分析图绘制

现状分析图是进行方案设计的依据，此类图样是将收集的资料和现场状况相结合进行项目分析，分析的结果用图样、表格或图解的方式表示。在场地规划中图样是最直接的表现方式。

现状分析图图面应简洁、醒目、说明问题，常用徒手线条勾绘。设计场地的用地范围红线用双点画线绘制，基地分析得到的各种结果如光照、风向、道路交通、基地内外的景观要素和周围环境对基地的影响等常用各种标记符号，并配以简单的文字说明或解释，为下一步的方案设计做好准备并提供依据，如图1-4-18所示。

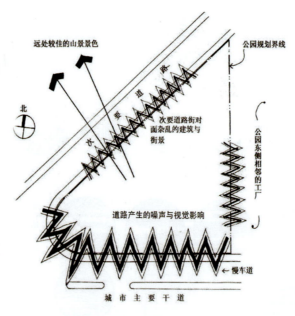

图1-4-18 城市小公园现状分析图

4.2.2 初步方案构思草图绘制

方案构思图的绘制一般采用手绘草图的表现形式，只需把设计风格、主体景观、道路交通、地形设计、植物栽植以及水体表现明白即可。可以配以简单的文字加以解释说明，为设计方案的分析和选择基础材料提供依据。案例中的公园手绘草图如图1-4-19所示。

4.2.3 规划总平面图绘制

场地设计总平面图表示根据工程任务书和城市规划的要求，在征用地区域范围内对原有的自然状况的改造和新规划的总体综合设计意图。总平面图标明一个征用地区域范围的总体综合设计的内容，反映组成园林各部分之间的平面关系与长宽尺寸，是表现工程总体布局的图样，也是工程施工防线、土方工程及编制施工规划的依据。

总平面图应表现出规划范围内的各种主要设计要素，如地形、山石、水体、建筑、植物及园路等布局意向。由于园林设计总平面图的比例较小,设计者不可能将构思中的各种造园要素以其真实形状表达于图样上,而是采用一些经国家统一制定的"图例"概括表达其设计意图。如图 1-4-20 所示。

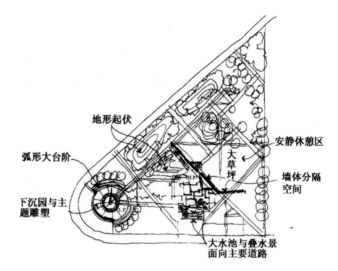

图 1-4-19　城市小公园手绘方案草图

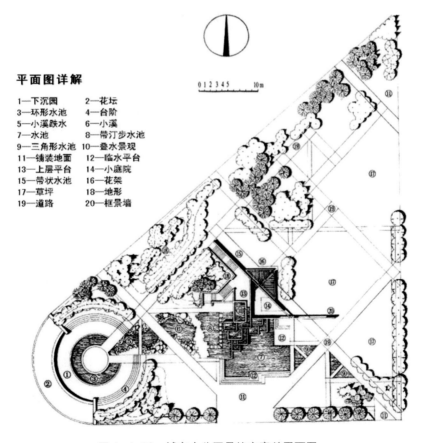

图 1-4-20　城市小公园最终方案总平面图

在总平面图的绘制过程中,使用准确的绘图比例非常必要。某些设计要素的数据可以通过已发布的规定获得，比如道路规划可参考相关的道路设计规范，水体设计可以参考水景喷泉工程技术规程等等。

4.2.4 系统分析图绘制

初步方案完成后，通常会进行项目道路系统分析、景观视线分析、局部效果分析、绿化系统分析、设施布局分析、给排水设计分析等。分析结果会结合总平面展示出来。场地系统分析对于明确功能、改进方案有非常重要的意义。以城市广场为例，简单的流线分析会让人清晰地看懂入口、人流密度、人流交叉和方向的要素，对于更好地组织交通提供了图面依据，如图1-4-21所示。

图 1-4-21　城市小公园交通流线分析

4.2.5 功能分区图绘制

在任何场地规划中都会涉及相关的功能区域划分。功能分区其实就是针对参与者不同的活动而进行的空间性质区分。不同的活动需要不同性质的空间承载，这些功能空间应相对独立同时又相互联系，这些不同功能空间之间的界定就是功能分区。比如在一个生态休闲园里可能就存在这样一些功能性场地：入口区、休闲观光区、文化娱乐区、儿童活动区、园艺示范区、花卉展示区、管理区及服务区等。

功能分区图一般用泡泡图的形式来表现，即将每个气泡当成一个功能分区，并根据流线关系将各个功能分区串在一起，使场地划分的各类空间关系清晰直观地表达出来。简单地说就是在平面图上绘制很多气泡，在气泡中标注相对应位置的空间就可以了。图1-4-22所示的就是一个居住区景观设计方案的功能分区泡泡图。

图 1-4-22 功能分区泡泡图

4.2.6 竖向设计图绘制

竖向设计图主要表达竖向设计所确定的各种造园要素地坡度和各点高程。如园路主要交叉点的标高；各景点的主要控制标高；主建筑群室内控制标高等。主要为工程土方和调配预算、地形改造的施工要求、做法提供依据。

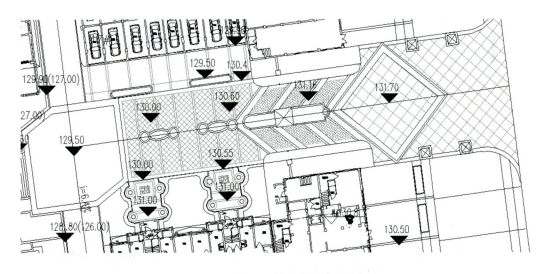

图 1-4-23 某场地竖向设计平面图

竖向标高的表示方法在绘图基础部分已经介绍，具体数据必须通过公式计算得到。需要注意的是在图面上除了标注某点标高外，还需要标注沿某个方向两点之间的距离和坡度。如图 1-4-23 就是某场地的竖向设计平面图和标高设计。

4.2.7 植物种植设计图绘制

园林植物种植设计图是表示植物位置、种类、数量、规格及种植形式的平面图,是组织种植施工和养护管理、编制预算的重要依据。在种植设计平面图上,也应绘出建筑、水体、道路及地下管线等位置。

植物种类不同绘制方法也不一样,乔木和灌木用一个圆圈和中心点的形式表示,中心点代表树木的种植点,代表树冠的圆直径按树木成龄后冠幅绘制,一般大乔木直径4000~5000mm,小乔木直径2500~3500mm,大灌木直径1800~2200mm,小灌木1200~1500mm。为了便于区别树种,计算株数,应将不同树种统一编号,标注在树冠图例内或用折曲线将相同树种的种植点连起加引出线表明树木编号。

对蔓生和成片种植的植物,用细实线绘出种植范围,可以在范围内编号或者填充图案来表示不同种类的植物。种植平面图如图1-4-24所示。

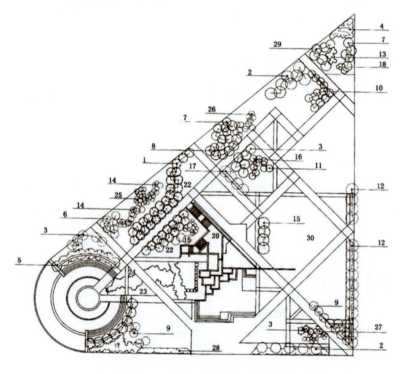

图 1-4-24 种植设计平面图

4.3 立面图绘制

设计立面图是表现设计环境空间竖向垂直面的正投形图,要反映空间造型轮廓线,设计区域各方向的宽度,建筑物或者构筑物的尺寸、地形的起伏变化,植物的立面造型高矮,公共设施的空间造型、位置等。绘制景观立面图常用的比例有1:50、1:100、1:200。

4.3.1 局部场地立面图绘制

场地立面一般用来表现某延长线上景观立面结构,包括地形、建筑、植物等各个要素的构成关系。绘制立面图时应该注意三点:一是绘制的立面要与平面相对应;二是把握好立面的尺寸和比例；三是处理好配景与主景的关系。而且在比例比较小的详图中也应该把立面的材料表现出来。在手稿初期黑白图就可以很好地将立面关系表现出来，如图1-4-25所示。

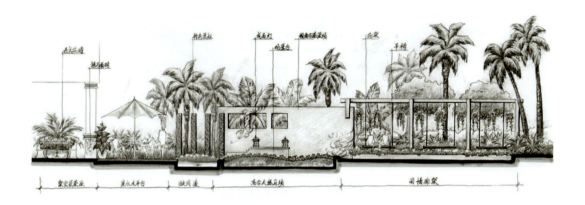

图1-4-25　某广场立面图1

立面图能表达的内容很多，层次丰富，所以也常用色彩渲染各部分，基本不用表达太多的细节，所以场地景观立面的表达关键还是画笔的应用色彩的搭配。在地形变化丰富、或者地面设施小品比较多时一定要将最主要的竖向变化体现出来。如图1-4-26所示。

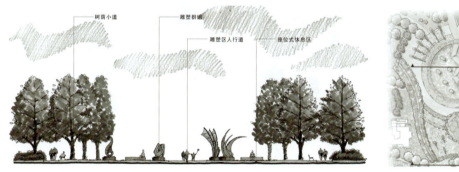

图1-4-26　某广场立面图2

4.3.2　建筑立面图绘制

在规划图中涉及的设施建筑、景观建筑在详细设计阶段都应提出相应的设计方案，包括平面布局图、单体设计立面图等。

对于景观建筑，规划师可以直接确定其风格、样式、尺寸、材料等。景观建筑立面图绘制需要注意以下四点：第一要注意建筑风格与规划场地风格一致；第二需要确定合理的尺度和造型；第三需要初步表现建筑的材质和色彩；第四要注意建筑各个立面与平面的对应关系。如图1-4-27所示的景观桥立面。

设施建筑或者具有特殊功能的建筑等需要专业人员设计，比如温室、联栋温室、酒庄、动物养殖建筑等。图1-4-28表现的就是某农业园酒庄建筑设计立面图。

图 1-4-27　景观建筑立面

酒庄设计南立面图

酒庄设计北立面图

图 1-4-28　酒庄建筑设计立面图

4.3.3　植物立面效果图绘制

　　植物立面图的表现首先要分清植物类别，包括乔木、灌木、地被、花卉和草坪。每个类别的植物特点各异，所以平立面图上也有所区别。

　　乔木的立面效果表现要抓住三个主要特征：树干、树形、树冠。树干是整株树的骨架，树种不同主干和支干的生长方式、角度、层次各有不同；树形是树种外在的表现，大概有圆形、尖塔形、圆柱形、半圆形、卵圆形等形状；树冠通常用树叶组合来表示，树叶的组合存在疏密、显隐、明暗的关系。把握好这三个特征会带来良好的视觉和识图效果。如图 1-4-29 所示。

　　自然生长的灌木无主干，表现时主要就是它的树冠，从形状、高度上着手，并使用不同的线条排列，刻画时特别注意明暗变化。绿篱是灌木的特殊形式，主要划分园林空间和衬托其他景观小品，体现一种节奏美和秩序美，在表现效果时应着重体现其光影的变换。如图 1-4-30 所示。

图 1-4-29　乔木组合立面效果图（图片来源《风景园林设计》，王晓俊，江苏科学技术出版社）

图 1-4-30　灌木立面效果图

花卉、藤本、地被等在详细立面图或者效果图中会有所体现，在比例较大的图中可以忽略不画；草坪在立面图中是不用表现的。通常绘制黑白手稿后植物立面图会用彩铅、马克笔等工具上色。色彩风格因人而异，因图而异，在这里不再赘述上色过程，但是要注意无论哪种表现方式都应保持画面主体突出、尺度适宜，整体画面干净整洁，如有需要在立面图下方可配合平面图例，以便更直观地说明立面与平面的关系。如图 1-4-31 所示。

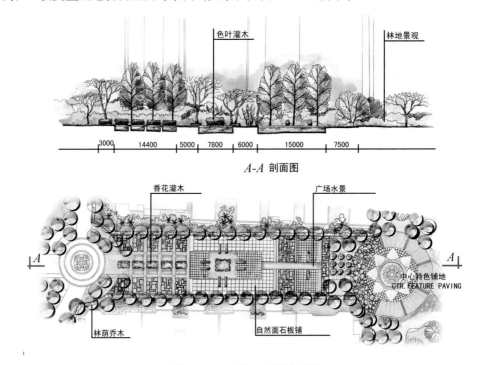

图 1-4-31　灌木立面效果图

4.3.4 水体立面图绘制

水体在规划设计中灵活多变，有自然式的溪、河、湖，有规则式的泉、池、渠。在绘制立面效果时主体都在于表现好水的状态。有些动水比如喷泉、壁泉、涌泉可以通过立面很好地表现出来，而有些静水必须通过剖立面才能说明形式结构。

在立面上绘制水体形态时可采用线条法（如图1-4-32所示）、留白法、光影法等表现。剖面效果图则需要绘制更详细的结构，在方案阶段设计师可以用简单的图面表现水体内部结构，并标注文字加以说明。如图1-4-33所示。

图 1-4-32　线条法绘制水体立面效果

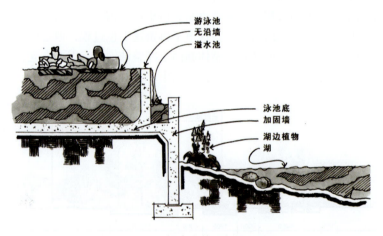

图 1-4-33　组合水体的剖面示意图

4.4　效果图绘制

4.4.1　透视效果图

"透视"是一种绘画活动中的观察方法和研究视觉画面空间的专业术语，是用笔准确地将三度空间的景物描绘到二度空间的平面上，得到的具有立体特征的画面空间就是"透视图"。简单地说，透视图就是通过人的角度描绘场地空间设计效果，能让人产生身临其境的感觉。投影知识是透视图绘制的基础，可通过建筑制图课程或自学掌握关键要点，勤加练习。

透视图常用的种类有一点透视、两点透视、三点透视。不同的空间、要表现内容的多少和尺度、画面的深度和广度都是选择合适透视角度的因素。

一点透视又称平行透视，就是说立方体放在一个水平面上，前方的面（正面）的四边形分别与画纸四边平行时，上部朝纵深的平行直线与眼睛的高度一致，消失成为一点，而正面则为正方形。如图1-4-34所示。

图1-4-34　道路景观的一点透视效果图

两点透视又叫成角透视，就是把立方体画到画面上，立方体的四个面相对于画面倾斜成一定角度时，往纵深平行的直线产生了两个消失点。在这平行情况下，与上下两个水平面相垂直的平行线也产生了长度的缩小，但是不带有消失点。如图1-4-35所示。

图1-4-35　两点透视效果图

4.4.2　鸟瞰效果图

鸟瞰效果图，指用高视点透视法从高处某一点俯视地面起伏绘制成的立体图。从高处鸟瞰制图区，比平面图更有真实感。视线与水平线有一俯角，图上各要素一般都根据透视投影规则来描绘，其特点为近大远小，近明远暗。体现一个或多个物体的形状、结构、空间、材质、色彩、环境以及物体间各种关系的图片。

用手绘的方法绘制大型鸟瞰效果图费时费力，现在流行的制作效果图的软件有3Dmax、SketchUP 等，如有需要，设计者应该多学习和接触效果图的制作，对于检验方案和理性、指导施工都很重要。图 1-4-36 就是用工具软件绘制的某场地鸟瞰效果图。

图 1-4-36　某生态农业园效果图

单元小结

本单元着重介绍了设计图样的绘制基础知识、在规划设计中涉及的图样类型、不同阶段需要绘制的主要内容，许多绘图技巧需要学习者课后多多练习。重点掌握的有以下几点：
- 常用绘图工具和正确的使用方法；
- 相关制图标准；
- 各类图样需要表达的内容和画法。

单元测试

徒手绘线条图包括徒手绘直线条图、徒手绘曲线条图，分别见图 1-4-37、图 1-4-38，徒手绘线条图的能力是景观手绘表现的基础，在方案构思阶段景观设计师需要借助于这种能力快速勾勒草案和进行修改，同时也是搜集素材、深度推敲的一种重要方法。

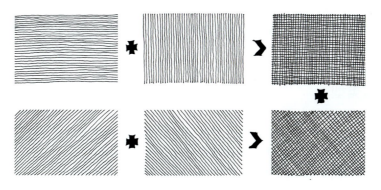

图 1-4-37　徒手绘直线条图能力考核

图 1-4-38　徒手绘曲线条图能力考核

基础 5　规划设计要素

学习目标

- 了解观光农业园区的设计要素类型；
- 掌握各类要素的设计要点和原则；
- 能结合绘图基础知识，绘制简单的规划图。

学习前导

无论从观光农业园的功能层面或者景观层面来规划，观光园区可能囊括的元素都有其生产性和景观性，以便满足市场和游客对观光性越来越高的要求。观光农业园的规划要素应从以下三层进行逐级剖析和设计，才能达到双重效果。

① 环境层：包括园区内的自然和人工的资源环境，例如地形地貌、气候水体、林原特产和动植物特色等。

② 文化层：包括园区所在地的农耕文化、历史文化、民俗文化等。

③ 感受层：园区内所有自然和人工设施带给游客的审美特征和视觉感受。

这三层面的要素在实现功能基础上应相互结合，创造出既实用又美观，既符合场地又别具地方特色的园区观赏特色来。

5.1 设计要素类型

随着人们要求的增多，观光农业园类型发展得越来越多，越来越细。但不管是哪种类型都是由各种设计要素按生产要求和休闲观光需求组合而成的。设计要素的类型、数量、形式也因农业园的功能定位和侧重点不同有很大的区别。比如生产型观光园需要重点规划建设生产性动植物及产业发展的配套设施等；休闲娱乐型农业园需要配备更齐全的服务性设施、小品等。

根据观光农业园基本类型，并结合农业园景观休闲特征的发展，可以将观光农业园设计要素进行逐级细分。如表1-5-1所示。

表1-5-1 观光农业园设计要素类型

一级分类	二级分类	设计要素主体
物质要素	自然要素	地形地貌、植物、水体、动物
	人工要素	道路与广场、建筑、设施、景观小品
精神要素（文化要素）	民俗民风	婚丧嫁娶、衣食住行、宗教信仰等
	乡土文化	建筑沿革、生活方式、民间技艺等

如果将规划场地比喻为一个生物体，那么决定场地特点的自然要素和人工要素之间就可以通过合理的布局和形式组成一个具有生命力和感染力的作品。图1-5-1所示为某农业园局部平面。

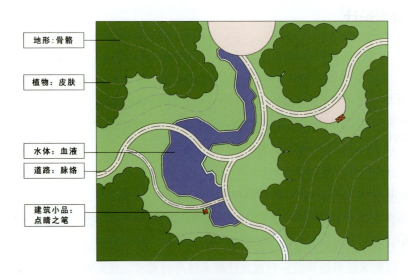

图1-5-1 各类型要素的构成与关系

观光农业园独特的生产性、参与性和观赏性使园区的本身就区别于一般的休闲旅游产品，各类设计要素也成为不同类别的观光农业展现独特风貌的载体。表1-5-2展现的就是不同定位和服务目标的观光农业园对于设计要素的具体实施和应用。

表 1-5-2　国内部分观光农业园设计要素应用表

农业园区	功能分区	主要设计要素
北京小汤山现代农业科技示范园	休闲度假区、园林园艺区、果品采摘区、水产养殖区、农产品加工区、精准农业示范区、林木种苗示范区、籽种农业园	兰花温室、特种动物养殖、牡丹园、榕树盆景、葡萄长廊等
深圳青青观光农场	旅游服务区、农业游览区、休闲别墅区	会员俱乐部、垂钓俱乐部、木屋、餐厅、民艺广场、森林游乐场、表演场、烧烤露营区、陶艺馆、健康中心等
青岛石老人观光园	农业观光区、民俗村、渔业示范区	茶园、养生厅、逍遥谷、农珍棚、花溪、文武阁、隐逸山庄等
江西昌南生态园	高产示范桑园、生态旅游果园、景观花卉苗木基地、白浪湖景区	农田、垂钓平台、温室大棚、楼亭餐饮建筑、绿化植物、经济作物等
北京观光南瓜园	南瓜生产基地、南瓜万圣广场、南瓜雕塑广场、蔬菜科谱种植、梦幻科技馆	客房住宿、儿童游乐场、活动健身场地、生态餐厅、南瓜展示长廊
北戴河集发观光园	四季花园、四季菜园、热带植物园、四季果园、四季瓜园、滑雪场	大宅院、温室、住宿客房、餐饮服务建筑、娱乐设施、娃娃鱼、农家小动物

5.2　自然要素设计

自然要素主要包括地形地貌、植物和水体，是形成观光农业园区景观的基础和背景。这些要素在规划设计时的要点如下：

（1）尊重场地，充分发挥自然优势。地形、水体、植被等作为构成场地景观的重要因素，本身就具有多样化的生产和造景功能，在规划时一定要充分发挥它们各自的特点。

（2）因地制宜，建设良好的生产环境。观光农业园区还是要以农业生产为基础的，在规划经济性果蔬栽培时要善于利用当地的优势资源，适当改良驯化引进的植物资源。

（3）重在参与，营建各种休闲活动场地，满足多功能需求。比如利用复杂的地形开展各种拓展训练，利用水体开展垂钓、观赏水生植物和鱼类等。

（4）塑造形象，展现良好的园区文化和风貌。许多建筑和小品要素是体现园区景观特色的重点，设计时需结合主题文化进行创新设计，给游人留下深刻的印象。

5.2.1　地形地貌

地形地貌是观光农业园区设计的重要基础，不同的地形地貌决定了园区内土地利用的形式。分析、研究地形，充分利用和改造地形是规划设计农业园的第一步。

地形地貌各有其空间特点和景观特色，所以与农业园规划目标相结合时也应该有其对应的功能特点和景观特征。如表 1-5-3 所示。

表 1-5-3 地形类型和相应的功能特征

地形类型	适合的功能定向	景观、休闲特征
平地	生产示范、花卉栽培与展览、水景区、水产养殖、户外休闲活动区、餐饮区、儿童娱乐等（如图 1-5-2 所示）	坡度 < 3%，较平坦的地形 便于开展各种室外活动 空间开敞性强 适于大尺度开放景观
缓坡	果树生产、森林氧吧、休闲建筑、梯田、茶园、狩猎区等（如图 1-5-3 所示）	坡度 3% ~ 12% 的缓坡、微地形 结合植物和建筑能够营造变化丰富的竖向景观 便于开展坡地休闲活动 适合设计缓坡植物景观带
陡坡	梯田、观赏林地、主景建筑、观景平台、滑雪场等（如图 1-5-4 所示）	坡度 > 12% 的倾斜地，便于营建景观制高点 一般不能做活动场地 便于欣赏风景 上坡道路宜设计成梯道
谷地	池塘、水库、特色动物养殖、森林谷等（如图 1-5-5 所示）	开发清幽空间和私密空间 开展特色活动
山地	锻炼山道、观景平台、天池、密林等	可登临山体能创造幽闭空间 适于营建高视点景观、标志性建筑 不可登临的山体，其本身即为风景

5.2.1.1 地形利用和设计的基本原则

(1) 功能优先，造景并重。首先地形的塑造要符合各功能设施的需要。建筑、生产等多需平地地形；水体用地要调整好水底标高、水面标高和岸边标高；园路用地，则依山随势，灵活掌握，控制好最大纵坡、最小排水坡度等关键的地形要素。其次注重地形的造景作用，地形变化要适合造景需要。

(2) 利用为主，改造为辅。尽量利用原有的自然地形、地貌，不破坏原有地形与现状植被。如需改造，就进行局部小范围的修正，可就地取材，节约开支。

(3) 填挖结合，土方平衡。地形塑造应因地制宜，如果有改造，建议挖湖堆山同时进行，尽量使挖方工程量和填方工程量基本相等，即达到土方平衡。

(4) 注重安全，科学营造。利用现有地形也要受到一定的限制，在有安全风险的地段尽量不安排人流聚集景点；建设时要考虑土壤的自然安息角，否则会出现坍塌或滑坡现象。各类土壤的自然安息角为：乱石为 25°~ 45°、砾石为 35°~ 40°、粗砂为 27°~ 32°、中砂为 25°~ 35°、细砂为 20°~ 30°、黏砂为 15°~ 45°、壤土为 30°~ 50°、腐殖土为 25°~ 40°。

(5) 生态保护，善于管理。对于改造的地形或者新建的地形，后期的生态维护很重要，合理安排维护措施才能保持稳定性，比如采用植草皮、种灌木等形式防止水土流失等。

图 1-5-2　平地提供生产场地和活动场地

图 1-5-3　缓坡上的植物景观带

图 1-5-4　陡坡观光梯道和梯田

图 1-5-5　山谷中的农家院和水潭

5.2.1.2　地形设计表现的方法

地形设计的方法有多种：等高线法、断面法、模型法等。

等高线法在园林设计中使用最多，一般地形测绘图都是用等高线或点标高表示的。等高线是一组垂直间距相等、平行于水平面的假想面，与自然地貌相交切所得到的交线在平面上的投影。在同一条等高线上的所有的点，其高程都相等。而且每一条等高线都是闭合的，由于园界或图框的限制，在图样上不一定每根等高线都能闭合，但实际上它们还是闭合的。如图1-5-6所示的就是等高线与其对应的地形。

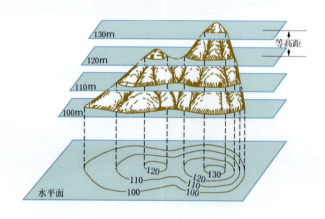

图1-5-6　地形与等高线

等高线的水平间距的大小，表示地形的缓或陡，如疏则缓，密则陡。等高线在平面表现时一般都是用标高表现的，在绘有原地形等高线的底图上用设计等高线进行地形改造或创作，在同一张图样上便可表达原有地形、设计地形状况及公园的平面布置、各部分的高程关系。如图1-5-7所示为原地形和重新设计后的等高线。

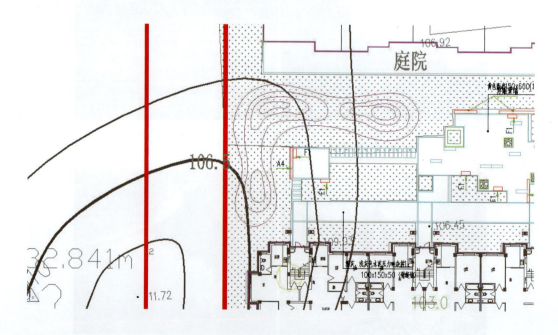

图1-5-7　原始地形线（灰色线）与设计地形线（粉色线）

5.2.2 植物

观光园农业的植物种植包含了农产品生产栽培和园林绿化配置两方面。农业观光园是以农业生产为基础，其景观的展示也是以农业生产为依托，鉴于农业观光园所具有的生产特性，园内植物种植的主要作用是服务于生产类植物的栽培。但是限于农业生产植物的季节性和大密度栽培特点，可观赏性和参与度都不能很好地满足游客的需求，这就需要在农业园设计的时候考虑生产类植物的种类、种植方式，同时兼顾观赏性园林植物的合理配置。

5.2.2.1 植物材料的基本类型

(1) 依据生产用途可将观光农业园植物大致分为：粮食作物、经济作物（油料作物、蔬菜作物、果树）、工业原料作物、嗜好作物，药用作物等。

① 粮食作物以水稻、豆类、薯类、青稞、蚕豆、小麦为主。
② 油料作物以油籽、蔓青、大芥、胡麻、向日葵等为主。
③ 蔬菜作物主要有萝卜、白菜、芹菜、韭菜、蒜、葱、胡萝卜、菜瓜、莲花菜、菊芋、刀豆、芫荽、莴笋、黄花、辣椒、黄瓜、西红柿等。
④ 果类有梨、苹果、桃、杏、核桃、李子、樱桃、草莓等品种，野生果类有酸梨、野杏、毛桃、山樱桃、沙棘、草莓等。
⑤ 饲料作物有玉米、绿肥、紫云英、苜蓿等。
⑥ 嗜好作物有烟草、咖啡等。
⑦ 药用作物有人参、当归、金银花、薄荷、艾蒿等。
⑧ 工业原料作物有剑麻、橡胶树等。

(2) 根据景观用途可将园林植物材料分为：遮阴树类、园景树类、花灌木类、垂直绿化树类、绿篱类、地被植物类、盆栽切花类、防护类。如图 1-5-8 所示。

① 遮阴树类（庭荫树、行道树）：香樟、银杏、无患子、悬铃木、广玉兰、银杏、刺槐、白蜡、臭椿等。
② 园景树类（独赏树、对植树）：雪松、桂花、五角枫、合欢、文冠果、海棠、灯台树、暴马丁香、枫杨等。
③ 花灌木类：茶梅、桃花、决明、金钟花、连翘、榆叶梅、锦带、刺玫、牡丹、迎春、月季、木槿等。
④ 垂直绿化树类（藤木）：紫藤、凌霄、藤本月季、爬山虎等。
⑤ 绿篱类（绿雕塑）：黄杨、小蜡、椤木石楠、凤尾竹、珊瑚树、火棘、石楠、海桐等。
⑥ 地被植物类：菲白竹、紫金牛、小叶蚊母树、扶芳藤、络石、玉簪、景天、萱草、酢浆草、杜鹃、麦冬等。
⑦ 盆栽切花类（桩景、切花、室内木本植物）：榔榆、雀梅、五针松、银芽柳、苏铁、鹅掌柴等。
⑧ 防护类：杨树、柳树、槐树等。

(3) 根据观赏特性可将园林植物分为：观形类、观叶类、观花类、观果类、观枝干类、观根类。
① 观形类（形木类）：雪松、龙爪槐、海枣、槭树、合欢、龙柏、水杉、华山松等以及其他造型植物、盆景类植物。
② 观叶类（叶木类）：红枫、红叶石楠、鹅掌楸、银杏、七叶树、厚朴、彩叶草、黄栌、散尾葵、棕榈等。
③ 观花类（花木类）：玉兰、海棠、梅花、紫荆、栀子、紫薇、月季、牡丹、芍药、菊花、矮牵牛、三角梅、美人蕉等。

图 1-5-8 几种常用庭荫树、园景树和花灌木

④ 观果类（果木类）：火棘、柿树、香橼、猕猴桃、石榴、山茱萸、金银花（忍冬）、葡萄等。

⑤ 观枝干类（干枝类）：榔榆、白皮松、竹子、法桐、白桦、红瑞木、金枝国槐等。如图 1-5-9 所示。

⑥ 观根类（根木类）：榕树、池杉、水培花卉、提根式盆景、何首乌、酒瓶兰、滴水观音等。

5.2.2.2 植物设计原则

植物在农业观光园中是主要的风景构成要素，从某种程度上来讲，植物材料是构成农业观光园的基础，农业观光园自身的功能属性决定了植物材料的类型。总体来看，植物景观从功能需求、科学技术、主题特色、观赏休闲等几个方面均有不同的配置方式和景观特色。因此在进行植物设计时应综合考虑以下四点原则：

图 1-5-9 常用观枝干、观果树种

(1) 综合考虑植物在生产、生态和景观上的综合效应,满足生产和观光双重要求。

(2) 根据园区定位和功能区块的要求,合理安排生产栽培植物和生态景观植物的比例。如以生产为主的农业园应多栽植果蔬等植物材料;以休闲度假为主的农园应适当增多景观树种比例。

(3) 生产性植物材料尽量选择市场前景好、见效快、景观特点突出的品种。

(4) 景观性植物材料应以乡土树种为主,在适度范围内增加植物种类,以创造丰富多变的植物空间和景观。

5.2.2.3 植物配置形式

植物配置就是按植物生态习性和园林布局要求,合理配置园林中各种植物(乔木、灌木、花卉、草皮和地被植物等),以发挥它们的园林功能和观赏特性。合理的配置是展现园区景观特色的重要环节。

(1) 生产类植物种植模式

① 果树类:一般以果园的形式出现,多为行列种植。在休闲区域内果树可以自然形式出现,而且需要注意与其他植物的搭配。

② 蔬菜类:常以圃、菜畦的形式出现,便于种植、浇灌和收获等管理操作。

③ 嗜好类与药用类:常以专类园的形式展示给游客,集中种植各个品种,除生产收益外,还可以作为展示、科普基地。

④ 饲料类:这类植物植株低矮,常常单一片植或者与果树类间植。

在果蔬生产中还会利用大棚、温室、连栋大棚或连栋温室等设施提高产量，因此在种植区域选择和布局时要充分考虑这些植物的生产特点，实现生产观光两大收益。如图 1-5-10 所示为常见的果蔬露地栽培和设施栽培模式。

图 1-5-10　果蔬露地栽培和设施栽培模式

（2）园林类植物种植形式　景观植物种植设计应结合园区整体规划布局，其基本形式分为三种：规则式、自然式、混合式。

① 规则式　规则式又称整形式、几何式、图案式等。植物成行成列等距离排列种植，或做有规则的简单重复。比如行道树、树阵、植篱、整形树、模纹景观、图案式花坛等。规则式常用在主入口、广场、主路两侧、建筑出入口等。规则式种植平面和效果如图 1-5-11 所示。

（a）行列式　　　　　　　　　（b）图案式　　　　　　　　　（c）模纹式

图 1-5-11　规则式种植

② 自然式　自然式又称风景式、不规则式。植物景观的布置没有明显的轴线，各种植物分布自由变化，充分发挥树木自然生长的姿态，创造生动活泼、清幽典雅的自然植被景观。如自然式丛林、疏林草地、自然式花境等。自然式种植设计常用于自然式的园林景观设计环境中，如自然式庭院、综合性公园安静休息区、自然式小游园、居住区绿地等。自然式种植平面和效果如图1-5-12所示。

③ 混合式　是规则式与自然式相结合的形式，既有整洁清新、色彩明快的整体效果，又有丰富多彩、变化无穷的自然景色。混合式植物造景根据规则式和自然式各占比例的不同，又分三种情形，即自然式为主结合规则式、规则式为主点缀自然式、规则式与自然式并重。

图1-5-12　自然式种植

生态园设计要想做得出色，就应该在绿化设计上多花心思。好的绿化规划，都应该以不影响园内生态农业运作和园内区域功能需求出发来考虑，结合植物造景、游人活动、全园景观布局等要求进行合理规划。全园内建筑周围平地及山坡（农业种植区域除外）绿化均采用多年生花卉和草坪；主要干道和生态公园等辅助性场所（餐厅、科普馆等）周围绿化则采用观花、观叶树为主，这样可以保证园内四季常青。总之，全园内植物布局目的，既达到各景区农业作物与绿化植物的协调统一，又要避免产生消极影响。

5.2.3　水体

水作为任何形式园林不可或缺的元素有着很多特性。第一是生产参与性，水作为排灌系统的组成部分必须纳入到观光农业园区的生产系统中，这样既满足生产生活需要，又可造景；第二是水体的可塑性，通过设计可以呈现出各具特色的水体景观；第三是视听兼容性，动水的声音因形态不同而表现各异，从心理层面上影响游人的愉悦情绪；第四是大水面的影像多样性，真实和虚幻的景物在水面上一动一静，创造亦真亦幻的倒影景观。

5.2.3.1　水体类型

从形状上水体可以分为规则式和自然式（如图1-5-13所示）。规则式水体基本都为几何形式，如矩形、圆形；自然式水体规模都比较大，形状模拟自然中的湖泊、池沼、溪涧等。

从形态上水体可以分为静水和动水。观光农业园中大型的水体以静水为主，如湖面、池塘等，这类水体不但具有一定的景观特点而且可以参与生产；小型的水体往往以动水为主，如喷泉、涌泉、溪流等，这些水体主要构建场地景观，给环境带来亲切感和动感。

图 1-5-13　规则式水体和自然式水体

从功能上水体可以分为生产用水、生活用水、养护用水和景观用水。生产用水包括人工或天然池沼、水渠、鱼塘等；景观用水主要是以景观性为主的瀑布、喷泉、湖泊等，如图 1-5-14 所示。

图 1-5-14　鱼塘和湖面

5.2.3.2　水体的规划设计要点

(1) 满足功能性要求　水体的规划必须要满足园区建设，所以要从功能上满足生产和景观需要。生产用水形式、面积、位置的设计应符合园区分区规划；景观用水应满足欣赏、动静适宜的基础上尽量开发亲水项目，让更多的游客参与其中。

(2) 与农业园环境协调统一　水景是工程技术与艺术设计结合的产品，在特殊环境中规划水体时必须要根据它所处的环境氛围、建筑功能要求进行。观光农业园最大的特点就是以农业生产为主，兼顾园林景观，因此水体设计也应符合农业园氛围，作出充满乐趣和特色的水景观设计。

(3) 重视水景营建可行性与经济性　水景不是仅靠艺术设计就能实现的，它必须依靠每个专业具体的工程技术来保障，地域不同技术要求也不一样，比如北方地区就必须考虑冬天最低温度对水池安全的影响。而且在大范围内打造水景投入与产出是一个很关键的问题，因此在总体设计中，不仅要考虑最佳效果，同时也要考虑系统运行的经济性。

(4) 发掘新文化、新亮点　水体景观在融合了一定文化之后才更有亲和力，而设计新颖亮点突出的水体形式就是新文化的载体。

5.2.4 动物

动物可以给观光农业园区增添生趣，在条件优越的地区甚至可以达到某种生态平衡。观光园中的动物可以分为人工饲养和野生两种类型，人工饲养又有笼养、圈养和散养不同的方式。

(1) 人工饲养的动物　人工饲养的动物种类繁多：水产类有鱼、虾、蟹等；家禽类如鸡、鸭、鹅、乌鸡等；家畜类如猪、牛、羊、马等。农业园区是按照产业发展需要来确定养殖种类、饲养方式和养殖区域的，目的是供游客观赏、驾驭或者品尝。

(2) 野生动物　野生动物的种类是根据当地生态环境和园区需要确定的。在北方农业园中常见到的野生动物如野猪、梅花鹿、孔雀等，这些元素会让整个园区充满活跃的气氛。

5.3 人工要素设计

5.3.1 建筑

5.3.1.1 观光园建筑分类

建筑是最具艺术性、功能性的设计要素。观光农业园中的建筑可以分为生产性建筑、服务性建筑、游览性建筑三种。

生产性建筑包括温室、大棚、禽舍、仓库等，如图 1-5-15 所示。这类建筑虽然以生产为主，也应考虑将其纳入景观系统，从建筑的材料、形象和技术入手展现特色。

图 1-5-15　孔雀养殖舍和蔬菜温室

服务性建筑包括售票处、服务中心、管理用房、卫生建筑、餐厅、售卖中心等，如图 1-5-16 所示。

图 1-5-16　蓟县黑峪神秘谷游客中心和青岛永滨生态园生态餐厅

游览性建筑包括亭、廊、桥、花架、观景台、台阶蹬道等，如图1-5-17所示。

图1-5-17　拱桥与水车作为水景的视觉中心

其中服务性建筑和游览性建筑是景观塑造中的重点建筑，它们都可以通过统一的风格和特别的形象成为游客的视觉重点，一般作为某个特定场地的中心标志。

5.3.1.2　观光园建筑设计要点

(1) 注重文化传承与创新性　建筑是地方传统与民间文化的综合体现，通过建筑材料和形象等要素反映当地的居住习俗，如客家土楼、草原蒙古包、陕北窑洞、傣族竹楼等都在述说各自地区特有的民族文化。因此园区中的服务性和游览性建筑要尊重与重现当地的传统，充分体现地域特色。与此同时更应该在继承基础上发扬创新精神，用现代的眼光对传统建筑进行新型诠释，提升整个园区精神气质。

(2) 提倡风格和形式多样性　观光农业园区一般可以规划为生产区、示范区、休闲观赏区、销售区等，这些区域因功能要求不同，其建筑形象设计也各有特色，在详细设计中也应注意在风格统一的基础上进行多样造型的尝试，如有些建筑可以体现浓郁的地方特色，有些建筑可增加更多的时尚元素，而有些建筑可更加注重自身的景观性。

(3) 布局灵活性　观光园的氛围应该是轻松活泼的，除了用于集中生产的建筑有场地、规模、方向的要求外，服务性和游览性建筑均可以根据场地和景观要求灵活布局。比如可以规划成一条街、一个院落、一个景观点等。图1-5-18中展示了建筑不同的平面布局形式。

图1-5-18　分散布局和集中布局的建筑

5.3.2 道路与广场

5.3.2.1 道路

道路是所有类型场地规划的骨架和脉络，基本作用是组织交通、引导游览。农业园区的道路按功能可以分为生产性道路和游览性道路；按级别可以分为主要车行道路、主要人行道路、次要人行道路、游步道；按位置可以分为陆地交通道路和水上交通道路。主要道路连接园区内主要功能区域，次要道路引导游客进入各个景区，游步道则分布在各个景区中联络各个景点。图 1-5-19 是某园区道路分析图，图中说明了各级别道路的布局关系。

图 1-5-19　娄底仙女寨生态旅游公园道路布局分析图

道路布局的基本方式可以归纳为四种类型：方格式路网、环状路网、自然式路网和链条式路网。方格网式一般用于规则布局园区，或者园区中的种植区；基本方式简图、特点如图 1-5-20 所示。

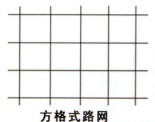
适合地势平坦的园区
道路划分规整
交叉口太多

方格式路网

适合面积较大的园区
分区与中心联系紧密
中心交通压力大

放射环状路网

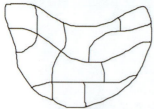
适合地形复杂的园区
秩序性差
景观点多

自然式路网

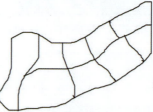
适合带状园区
多中心可分散交通流
纵向交通压力大

链式路网

图1-5-20 道路布局形式和特点

无论哪种布局形式，都有主次级别之分。不同级别的道路功能、宽度、材料、结构都是不同的。表1-5-4列出了道路的分级和相关参数。

表 1-5-4　道路分级

园路级别与类型	功能	宽度 / m	主要面材
车行主道	运输、生产、救护、消防	5～8	沥青、水泥
人行主道	通行、游赏	3～5	水泥、石材、铺地砖
人行次道	通行、游赏	2～3	石材、铺地砖
游步道	游赏、嬉戏	0.9～2	卵石、石材、木材

5.3.2.2　广场

广场是道路的一种特殊形式,是一个或连续多个广阔、平坦的露天空间,可以容纳一定数量的人通行、聚会、休息等。如果道路是脉络,那广场就是枢纽,在广场中通常会设有一些铜像、雕塑、纪念碑或喷泉等装饰,其周围一般布置着重要建筑物,往往能集中表现该场地的艺术面貌和特点。如图 1-5-21 所示。

按功能分,观光农业园区的广场有集散广场、休闲娱乐广场、文化广场、儿童游戏广场、停车场和作用于产品的晾晒场等。广场的形式根据功能可设计为规则式或者自然式,如停车场、晾晒场和集散广场通常为规

图 1-5-21　浙江漩门湾观光农业园的休闲广场

则式,游戏广场、休闲广场为自然式。当然具体情况必须根据所规划的园区性质确定。

集散广场一般位于园区的出入口、各个大型建筑入口处,此处人流集结,交通流量大,容易造成拥堵,所以要放大场地尺度,以便人流可以及时疏散。

休闲娱乐广场是供游客休憩、游玩、演出或举行各种娱乐活动的场所,是园区人气最旺盛的场地。此类广场布局灵活,可以设置在道路的交叉场地、可以深入百花丛林,也可以成为某些建筑的向外延伸空间。休闲广场的形式也可以是丰富多变的,比如平地广场、上升广场、下沉广场等。通常会在广场边缘或中间设置一些必要的休闲娱乐设施。

文化广场是富有特色文化氛围的广场,它包含有美学趣味的广场建筑、雕塑以及配套设施,为各类组织或俱乐部进行艺术性表演或展示提供场所。同时,文化广场可以举办对外的展销活动,通过博览会、展销节的模式推广自己的特色农产品或旅游产品。在一些综合性强的园区文化广场也会和休闲广场二合一,提高场地的利用率。

儿童游戏广场为各个年龄段儿童设计,可以随着游览路线和景区景点的变化分区设置。在农业园区中的此类广场一定会与常规的儿童游戏广场有所区别,它的游戏内容和类型应该更符合农业这个主题,设计一些涉农的造型和游乐项目。如图 1-5-22 所示,游戏广场内的设施都是农作物的卡通造型,可以充分吸引孩子们的注意力,并有一定的教育意义。

停车场按车辆性质可分为机动车停车场和非机动车停车场,按使用对象可分为专用停车场和公用停车场,按设置地点可分为路外停车场和路上停车场。一般旅游区域的机动车停车场地都是露天的,规模也比较大,为了避免夏季高温对人和车的影响,基本都设计为利用草地树木进行遮挡、降温、减尘的现代生态停车场。它除了具有高绿化、高承载的特点之外,使用寿命也较传统的生态停车场长。需要注意的是小型园区采用集中停车的方式,即停车场设在入口处的公共停车场内,大型园区入口比较多,场地大,可以采取分散停车的方式,但一般仅限于车

行主干道附近，休闲区域是禁止车辆通行的。

　　晾晒场通常都设置在生产区，分产品类型分散布局。因为没有景观性，还要保证作业要求，一般都比较隐蔽，不予开放。

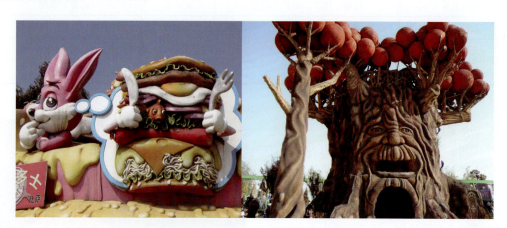

图 1-5-22　石景山儿童乐园的卡通蘑菇

5.3.2.3　道路与广场的设计原则

(1) 在总体规划的基础上形成路网规划。
(2) 因地制宜地规划各级道路，包括出入口、道路线形、宽度、坡度等。
(3) 满足基本功能上的要求，主干道必须在车辆通行的基础上保证人流安全，游览路尽可能沿景点布局等。
(4) 道路铺装设计兼顾景观上的要求。
(5) 达到技术上可行，经济上合理。

5.3.3　农业设施

　　农业设施主要有生产设施、温室、大棚、棚架、围栏、篱笆等。生产设施包括灌溉设施、施肥设施、收割设施、养殖设施；温室按材料有玻璃温室、薄膜温室、PC板温室，按栽植种类分为蔬菜温室、花卉温室、养殖温室等；棚架围栏等是生产辅助设施，很多植物可以依附棚架栽植，比如南瓜架、丝瓜架、葡萄架等。温室大棚等设施需要综合考虑场地、面积、种植种类等由专业人员设计，而棚架等应结合景观性进行造型设计，既满足功能又有观赏亮点。

5.3.4　小品

　　园区小品可以分为三种基本类型，即艺术性小品、服务性小品和休闲娱乐性小品。如表1-5-5所示。

表 1-5-5　小品分类及主要形式

类别	特点	主要形式
艺术性小品	具有文化内涵、装饰性强	雕塑、景石、景观装饰品
服务性小品	提供休闲服务和基本活动服务	园林建筑、园椅等休闲设施、垃圾桶等卫生服务小品、指示导向牌等标识小品等。如图1-5-23所示
休闲娱乐性小品	能体现场地特点	儿童游戏设施、成人健身设施、专类游乐场地设施

| 坐凳 | 指示牌 |
| 洗手池 | 垃圾桶 |

图 1-5-23　服务性小品

5.4　文化要素设计

文化是在一定的自然、经济、政治、社会条件下而产生的物质文化和精神文化的总和，包括文物古迹、民俗风情、节庆祭典、文化艺术等，具有历史性、民族性和地域性。随着旅游产业的深入发展和人们对旅游需求的不断提升，文化在旅游活动中的地位越来越重要，地位也越来越突出。更简明地说，哪类旅游产品最终的基石其实都是在做文化旅游。比如有些观光园区设计了民俗一条街，展现的是当地的风土人情和土特产品；有些园区则用具象雕塑的形式传达园区的精神源泉；还有那些文化厚重的景点命名、农林历史的追忆和再现都是园区文化特色的具体展现。

5.4.1　民风民俗

民俗文化作为一个地区、一个民族悠久历史文化发展的结晶，蕴含着极其丰富的社会内容，由于地方特色和民俗特色是旅游资源开发的灵魂，具有独特性与不可替代性，因而，从某种意思上来讲，民俗旅游属于高层次的旅游。

各类观光农业园区应本着发掘、利用的原则对本地的民俗进行整理重现。旅游者通过开展民俗旅游活动，亲身体验当地民众生活事项，实现自我完善的旅游目的，从而达到良好的游玩境界。目前民俗旅游的内容主要包括生活文化、婚姻家庭和人生礼仪文化、口头传承文化、民间歌舞娱乐文化、节日文化、信仰文化、饮食文化等。民俗旅游已经成为文化旅游的一大特色，它不但让游客感觉新鲜,而且还达到了潜移默化的补充地理历史知识的作用。

5.4.2 乡土文化

观光农业园通过乡土文化的整理和重塑让游客了解当地的农村文化、生活方式、建筑特色、传说故事、古建遗存、名人传记、村规民约、家族族谱、传统技艺、古树名木等诸多方面。各种富有地方和民族特色的文化景观是吸引游客的亮点,比如复古装饰的蒙古包、具有浓厚陕北风的窑洞、粉墙黛瓦的徽派民居、优雅宁静的老四合院、千变万化的吹糖人等。如图1-5-24中的旅游蒙古包和复古四合院。

图1-5-24　蒙古包和四合院的风情再现

民风民俗、乡土文化在观光农业园的表现形式有以下两种。

(1) 集锦荟萃式:指将散布于一定地域范围内的典型民俗集中表现出来。例如有些园区规划的民俗一条街、民俗大院等。这一模式的优点是可以让游客用很短的时间、走很少的路程就领略到原本需花很长时间、很长路程才能了解到的民俗文化,但需要注重保护好原有的民俗文化信息内涵,避免歪曲。

(2) 复古再现式:它是对现已消失的民俗文化通过信息搜集、整理、建设、再现,让游客了解过去的民俗文化。如很多农业观光园都设计了农业文化馆,向游客展示原始农具耕作、独轮车、脱坯打炕等古老的传统习俗。这种模式的优点是可以令时光"倒流",满足游客原本不能实现的愿望,但再现的主题内容需要谨慎选择。

5.5　设计要素的整合

观光农业园区的规划设计过程就是将各类自然要素和人工要素的整合过程,即通过某一主线让所有要素在形式上重现、创新、组合,在内涵上则挖掘更深层次的文化精髓,让游客从精神层面到物质层面得到多重感受和享受。

要素设计已深入到分区规划层面,要求更准确、更精练。所有要素不但要根据园区类型、主题风格和各个区域功能进行筛选创新、重组定位,而且要素的安排也有前有后。先自然后人工,先地形后水体、先主路后支路、先场地后建筑,简单的理解就是先从大处着手,照顾整体布局,然后进行分区细节设计。要素之间的整合和先后顺序可以用一个简表来表示,如图1-5-25所示。

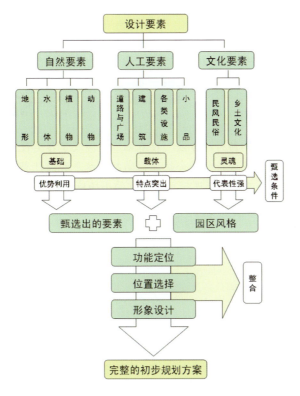

图 1-5-25 观光农业园设计要素的甄选整合步骤

单元小结

本单元介绍了观光农业园规划设计要素，各类要素的分类、特点、设计原则等，重点在于理解各个要素的外在形式和内在涵义。如图 1-5-26 所示。

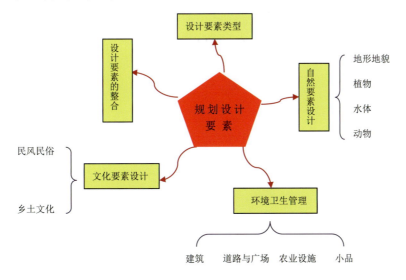

图 1-5-26 "规划设计要素"思维导图

单元测试

临摹是学习规划最简单易行的方法。在基础5中涉及了各类设计要素，它们最终的表现形式还是在图样上，多进行临摹会快速提高制图水平和设计思路。临摹的要点：第一是选择合适的类型，第二是初期选择元素稍少的小场地，第三是按照绘图标准去绘制。三个要点各占考核分数的30%，态度占10%。

模块二　项目实施

项目1　综合型观光农业园区规划设计
项目2　观光采摘园规划设计
项目3　休闲体验园规划设计
项目4　教育农园规划设计

项目1 综合型观光农业园区规划设计

综合型休闲观光园一般规模较大，农业生产功能和观光休闲功能兼顾。园区规划设计时要充分利用原有的多种自然景观资源，如溪流、山坡、水塘，以及植物、动物等，引进一些游乐项目，开发为休闲度假农庄，把市民的观赏游览、果实采摘、耕作体验、餐饮住宿和娱乐等多种活动结合在一起，适应他们度假游乐的需要。在规划设计此类观光园区时，第一要依据生产特点和原环境特色，合理布局生产区、休闲区、观光区，有效利用地形地貌设计适宜的游览、娱乐、体验项目。第二要实现各个项目之间在空间上的联系，形成一条或若干条清晰的观光路线。第三要在详细设计时注重主体建筑、小品、服务和休闲设施的风格和形象，使之能与园区文化风貌协调统一。以下以马耳山乐农庄园规划设计、葫芦岛葫芦山庄规划设计和北戴河集发观光园的规划为例进行阐解。

项目名称： 马耳山乐农庄园规划设计
项目来源： 沈阳尚景华泽景观规划公司
　　　　　　HBA城市和区域规划咨询公司
项目概况：

沈阳马耳山乐农庄园位于苏家屯区姚千户街道马耳山村秋月湖的西部，从旅游经济区位来看，项目用地位于马耳山生态旅游区内的核心区——怡养天堂养生度假区内，周边旅游资源丰富，北部为牧场风情区、生态农业创业园区，西部为魅力山乡休闲园区，东部为生态环境保育区，如图2-1-1所示。该项目总用地面积42.95公顷，其中包括林地、耕地和水域，设计地块西侧及南侧均毗邻山地。经过现场踏勘，山林多为松树，耕地多为玉米种植，也有少量苹果、山楂和苹果梨的种植。甲方提供的现状用地统计见表2-1-1，现场环境如图2-1-2所示。

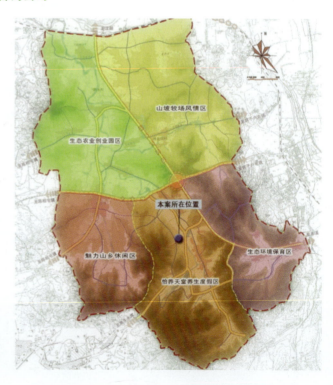

图2-1-1　马耳山乐农庄园的周边用地情况

表 2-1-1　项目现状用地统计表

用地类型	面积/公顷	面积/亩
耕地	22.36	335.40
林地	19.66	294.90
水域	0.93	13.95
总面积	42.95	644.25

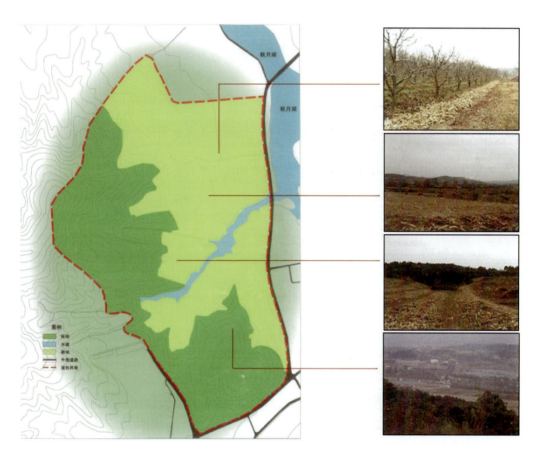

图 2-1-2　项目范围内实地情况调查

任务1.1　场地优劣势分析

【任务目标】

① 准确界定规划范围；
② 调研地域特色，为立意提供主题线索；
③ 为功能确定提供依据；
④ 分析环境特点为植物设计提供参考；
⑤ 为保护、利用景观资源提供可能。

【任务实施】

1.1.1 优势分析

(1) 交通优势：马耳山村地处沈阳市苏家屯区姚千户街道东南部，与本溪、辽阳两市接壤。项目用地距离街道建成区2公里，距"沈丹"高速杨千出口5公里，新建的"沈本产业大道"、"沈丹高速铁路"均经过该村，交通十分便利。

(2) 自然景观优势：项目范围内和附近的山上有石人、石马、石碾、老虎洞、狼洞、泉眼、百年黑松等自然景观及苹果梨、南果梨、阳梨、寒富苹果、山楂、山里红等水果200余公顷，是难得的健康休闲圣地和水果采摘基地。

(3) 地形优势：项目规划用地由东到西依次为水域、平原、山地，可以说是依山傍水，植被丰茂，具有难得的地理优势。

(4) 种植优势：用地范围内的耕地面积占有绝对优势，为观光园的果蔬种植提供了良好的土壤条件。

1.1.2 劣势分析及改造措施

(1) 由秋月湖延伸到项目用地内的水域为较窄的线形，无大水面提供水上活动和景观，需要局部改造拓宽。水域形态如图2-1-2所示。

(2) 西部虽然为山地，但山势比较缓和，除现有的点状景观外再无其他人文景观，需增建高视点景观控制全园。

任务1.2　建设可行性分析

【任务目标】
① 分析当前国家关于观光农业休闲农业的政策利好；
② 分析观光农业的发展前景；
③ 分析地理优势，确定项目重点服务范围和主要客源地。

【任务实施】

1.2.1 政策导向分析

2011年3月1日，全国休闲农业与乡村旅游经验交流会在浙江召开。会上提出了发展休闲农业要重点实施的六大工程：
① 示范基地创建工程；
② 乡土文化挖掘工程；
③ 从业人员培训工程；
④ 知名品牌创建工程；
⑤ 支撑体系建设工程；
⑥ 基础设施建设工程。

这标志着我国休闲农业与乡村旅游进入了一个新的发展时期，"十二五"期间，国家出台了《全国休闲农业发展"十二五"规划》，有力保障和促进了过去5年来我国休闲农业的快速发展。《国家"十三五"规划纲要》指出，要"积极发展农产品加工业和农业生产性服务业。拓展农业多种功能，推进农业与旅游休闲、教育文化、健康养生等深度融合，发展观光农业、体验农业、创意农业等新业态。"休闲农业发展将是我国未来农业发展的重要方向。

休闲农业发展方向已经由农民自发发展向各级政府规划引导转变，经营规模已由零星分布、分散经营向集群分布、集约经营转变，功能定位已由单一功能向休闲、教育、体验等多产业一体化经营转变，空间布局已由景区周边向大城市郊区转变，经营主体已由农户经营为主向农民合作组织和社会资本共同投资经营发展转变。

1.2.2 休闲特征分析

我们赖以生存的环境遭到严重破坏，我们生活的空间越来越窄，我们工作的节奏越来越快，这些都让我们的健康面临环境生态危机和社会压力的多重威胁，各种健康警讯正在人们外围响起，休闲、养生和保健已成为目前社会关心的议题，回归自然，还我本真，让生态旅游和观光农业旅游遇到前所未有的契机。据不完全统计，2015年全国休闲农业与乡村旅游接待游客超过22亿人次，营业收入超过4400亿元，从业人员790万，其中农民从业人员630万，带动550万户农民受益。"十二五"时期游客接待数和营业收入年均增速均超10%。建设一个具有绝对地域优势和旅游特色的农业园会让各类人群从中受益。

1.2.3 地域优势分析

沈阳和毗邻的城市构成了一个面域极大的旅游消费集中地，2小时车程覆盖沈阳、铁岭、辽阳、鞍山、抚顺、本溪、盘锦等辽中地区多个城市。虽然这些地区不乏农业园，但规模都不是很大，旅游项目比较单一，层次参差不齐。类似马耳山这样依山傍水的项目就更少了。

任务1.3 总体规划

【任务目标】

在场地分析的基础上结合甲方意见进行功能分区，即合理安排种植、休闲、采摘、体验、住宿、养生等项目场地。

【任务实施】

1.3.1 确定建设目标

以发展休闲农业、生态农业、观光农业、创意农业为特色，以满足全国休闲农业与乡村旅游五星级园区的要求为导向，将乐农庄园打造成为全国知名的五星级休闲农业园区、东北地区重要的休闲农业示范点、辽宁地区领先的休闲农业度假村、沈阳市首要的生态特色农趣庄园。

乐农庄园将是集绿色餐饮、商务会议、田园住宿、生态观光、农事体验、休闲娱乐、科普教育、健康养生等多功能于一体的国家五星级综合性休闲观光农业旅游度假胜地。如图2-1-3所示。

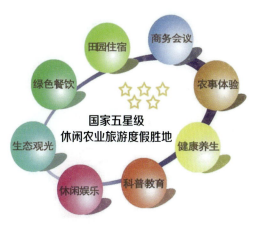

图2-1-3　项目目标

1.3.2 制定规划原则

(1) 规划超前，适度先行　在规划和待规划的项目在设施设备、品种选择、栽培管理、策划营销等方面都具有一定的超前性和独特性，才能在短期内吸引大量客源，并通过后期适度完善和更新，逐渐扩大影响力，做一个有立意、善创意的休闲品牌园区。比如引进先进的果蔬花卉培育设备、修建高效节能的现代温室、倡导并实施生态健康的有机蔬菜和立体栽培等。

(2) 一次规划，分步实施　由于整个项目规划涉及范围广，投入资金庞大，需要合理安排实施进程，以解决项目建设过程中的融资及土地不可能一次性开发利用等问题。从先后顺序上先建设基础设施再建设生产设施；先建设农业生产区，再完善园区休闲区。

(3) 尊重环境，挖掘潜力　该项目周边地理条件优越，有可以利用的水系和山林，因此一定要保护好原有资源，另一方面必须研究分析现有资源与园区功能的相互影响，尽量将环境特点发挥到最大。比如深入到用地红线内的水线过细，就可以适当改变形态拓宽水面，以便进行水上观景和进行娱乐活动的要求。

(4) 功能多样，服务多元　按照园区的建设目标，将场地划分为多个功能区，每个功能区又有不同的功能性节点和景观节点，那么配套的设施和服务必须满足游客的需要，甚至增加一些更贴心、更人性化的服务内容，让游客看好、玩好、感受好。

1.3.3 确定规划理念

理念是设计师在空间作品构思过程中所确立的主导思想，它赋予作品文化内涵和风格特点。好的设计理念至关重要，它不仅是设计的精髓所在，而且能令作品具有个性化、专业化和与众不同的效果。

整理理念的过程是整个规划过程真正的核心所在。理念就相当于园林里的立意，就像在写一篇主题作文，贯穿在作文或景观里的中心思想才是展现给游客的最高端亮点。本方案的理念就是实现"六位一体"，"六位"即食、住、行、游、购、娱。如图 2-1-4 所示。

图 2-1-4　项目理念

1.3.4 基于产业结构分析的分区规划

功能分区是观光园功能结构在地域空间上的反映，它是根据结构组织的要求，将观光农业园区用地按不同性质和功能进行空间区划。这种区划是突出主体，合理安排生产、灵活布局休闲项目、协调区域联系的重要手段，也是下一步进行详细场地规划的基础。

在本方案中将规划用地分为入口景观区、生产区、采摘区、休闲区、度假区、生态观光区等6大区域，如图2-1-5所示。在初步方案完成后，需要结合具体的生产、旅游、休闲项目进行更详尽的功能分区。

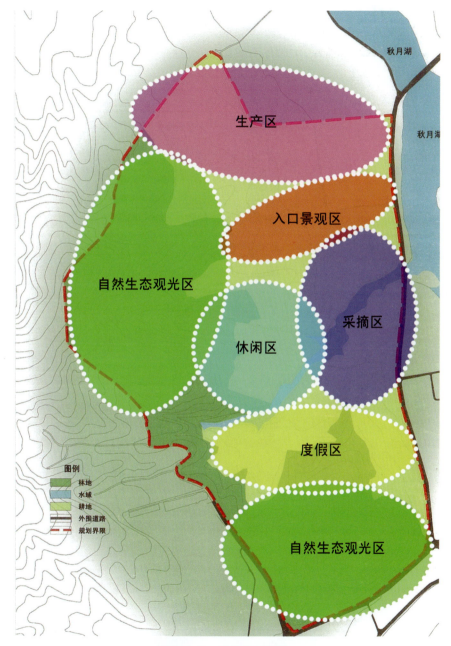

图 2-1-5　总体分区规划

1.3.5　总平面规划

根据园区的规划定位、理念、总体分区规划的基础进行场地设计，即对每个大区域的功能、内容、形式进行总体景观布局。乐农庄园的总平面如图 2-1-6 所示。

图 2-1-6 乐农庄园总平面

整个场地的用地经济技术指标见表 2-1-2 和表 2-1-3。

表 2-1-2　用地经济技术指标 1

用地类型	面积 /m²	备注
农业科普观光园	4000	—
花卉观光园	1080	—
农史馆	1080	—
绿色食品生产区	880（每栋）	6 栋
农产品加工区	4640	—

表 2-1-3　用地经济技术指标 2

用地类型	面积 /m²	备注
会议休闲度假区	22780	
老年养生公寓	214（每栋）	21 栋
VIP 会所	370（每栋）	5 栋
小木屋	63（每栋）	7 栋
公厕	32（每栋）	7 栋

1.3.6　基于总平面的功能分区

入口区细化分区：停车区、入口景观区、会议休闲度假区、农产品销售区、租赁区。

生产区细化分区：温室景观区、绿色食品生产区、农史文化区、农产品加工区、农产品种植体验区、绿色家禽养殖区。

休闲区细分：温泉养生区、娱乐活动景观区。

度假区细分：老年养生度假区、VIP 会所区、休闲活动区。

表 2-1-4　各功能区面积统计

名称	面积 / 亩	名称	面积 / 亩
农产品种植区	28.5	入口景观区	2.70
农产品加工区	10.65	农产品销售区	1.80
绿色食品生产区	17.85	采摘区	69.45
停车区	3.90	温泉养生区	5.85
温室景观区	14.85	娱乐活动景观区	27.75
农史文化区	4.05	露营区	12.45
租赁区	2.70	老年养生度假区	23.70
接待中心	1.65	VIP 会所区	13.80
绿色家禽养殖区	29.40	休闲活动区	12.90
会议休闲度假区	34.50	自然生态景观区	325.80
总用地面积 / 亩	644.25		

自然生态景观区细分：自然生态景观区、露营区。

采摘区未细分，但是布局分布更灵活，在主入口南北侧、娱乐活动景观区南北均有分布。各个功能区域的面积见表2-1-4，分区总平面图见图2-1-7，场地鸟瞰效果见图2-1-8。

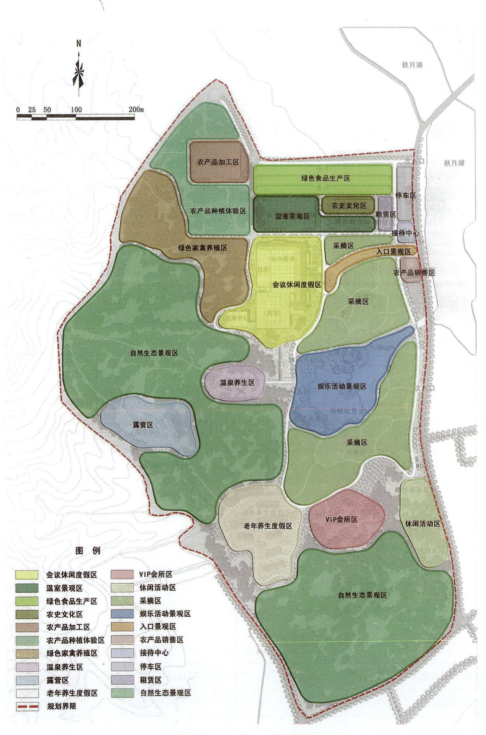

图2-1-7　功能分区总图

图 2-1-8　乐农庄园鸟瞰效果图

下面对于主要分区进行详细介绍。

(1) 农产品种植体验区　主要设置开心农场、市民菜园和农业科普教育等项目，让游客真正去体验耕作、播种、灌溉、打药、采摘等多种农事生产活动，去真正感受收获后的快感，同时让儿童及青少年也参与到农事活动中，科学知识教育与趣味活动相结合，使他们对农业知识有更深刻认识，对建立环保节约的观念也有所裨益。

此区域平面和意向如图 2-1-9 所示。

图 2-1-9　农产品种植体验区

(2) 农产品加工区　主要对园区内种植的绿色瓜果蔬菜进行加工和包装，为游人购买提供方便快捷的服务。

(3) 绿色食品生产区　主要利用温室大棚培育绿色有机无公害蔬菜，以保证游客一年四季都能品尝到庄园的特色美味。

(4) 停车区和接待中心　设置在园区外部，主入口的北侧，停车区共规划大客车车位12个，中小型停车位27个；接待中心兼顾售票和导游服务等相关功能，为前来观光的游客提供方便快捷的服务。

(5) 入口景观区　主要包括主入口建筑和入口内外的广场和道路景观。在设计上主入口建筑外观朴素但不失美观，与接待中心和农产品销售中心恰当地融为一体。三大建筑成为乐农庄园的第一道风景。

(6) 会议休闲度假区　与入口景观区相结合，成为游人进入园区后最具特色的人文建筑景观。它是园区的综合活动核心区，提供宾馆住宿、餐饮服务、大中小型会议、室内健身等功能。入口景观和会议休闲区的平面布局如图2-1-10所示，效果如图2-1-11所示。

图 2-1-10　入口景观区与会议休闲度假区平面布局

图 2-1-11　入口景观区与会议休闲度假区鸟瞰效果

这里需要对设计者重点强调一点，就是建筑风格和功能的确定：此类园区的建筑分为生产性建筑、服务性建筑、游览性建筑三种。此庄园的会议休闲度假区的主体建筑是服务性建筑和游览性建筑的融合，从功能上要满足规划的基本内容，即会议、餐饮、住宿、健身休闲等；从形象设计上要与其他服务休闲类建筑保持一致的风格；从规模上一定要分清主次，作为全园最亮点的建筑，应把握好尺度，设计好外观。在后期的分区介绍中最好要单独介绍重点建筑，这样甲方或者学习者就能更深入地了解设计的亮点。

(7) 温室景观区　主要为农业科普观光园和花卉观光园。农业科普观光园是采取有机农业栽培种植模式进行绿色蔬菜生产，体现农业高科技的应用前景。园区主要以番茄为主题，打造"番茄联合国"。同时兼种一些彩椒、五彩甘蓝、西瓜等辅助特色品种；花卉观光园主要以玫瑰花为主题进行展示和观赏。

(8) 农史文化区　主题建筑为农史文化馆，展示农业的发展历史，农业工具以及农村过去居住的相关生活设施等，让生活在现代繁华都市的市民对农业知识有更深刻的认识。

(9) 租赁区　为保证环境少受污染和保障游客安全，园区建成后禁止机动车穿行。租赁区设置在接待中心西侧，游客可以租赁自行单车、双人或三人自行车、电瓶车等在园区游览观光。

(10) 绿色家禽养殖区　利用园区西北部山地地形及树林的空间散养鸡、鸭、鹅、猪等，为生态餐厅提供最原始食材，丰富游客们的绿色餐桌。同时，游客们也可以参与养殖过程，感受农家乐趣。

(11) 温泉养生区　主要目标是营造一个养生保健的健康场所，温泉养生是现代旅游产业的一个热点，提供温泉理疗、专业医护、对症浸浴、温泉保健、桑拿蒸浴等相关服务。

(12) 娱乐活动景观区　设置在园区的中部，位于采摘园西侧，是园区主要的世外娱乐活动场地，设有垂钓、儿童活动场地、儿童摸鱼池、荷花观赏、锦鲤观赏、室外烧烤、茶吧等娱乐活动项目。

以上两个区域的平面布局如图 2-1-12 所示。

图 2-1-12　温泉养生区和娱乐活动景观区的平面布局

(13) 露营区　设置在山体西南角，利用高低起伏的地形，构建基础露营场地，为喜欢户外休息的游客创造具有野趣的场所。

(14) 老年养生度假区和 VIP 会所区　老年养生度假区主要采用连排别墅的方式布置，为老年人提供一处养生、度假、休闲、交友的宜居场所；VIP 会所区主要为高档消费人群提供私密性强、设备齐全的单体休假别墅。

(15) **休闲活动区** 设置在园区的南部，主要包括婚纱摄影基地和情侣木屋，一方面可以为新人创造淳朴乡村的情景场所，一方面可以满足情侣在假期周末出门旅游可以享受二人世界的要求。

老年养生度假区、VIP会所区和休闲活动区的平面布局如图2-1-13所示。可以看到通过道路的设计老年养生区自成一个小循环体系，这样容易营造静逸的空间氛围；而会所采用枝状的道路布局，空间联系简单容易出入。还有婚纱摄影基地等空间利用了原有森林绿地作为背景。这三个场地都巧妙地融入了南侧的自然生态景观区内，无论哪个角度景观都十分优美。

图2-1-13 老年养生度假区、VIP会所区和休闲活动区的平面布局

(16) **自然生态景观区** 位于庄园的西部和南部，此区域主要地形地貌特点为山地和森林，空气清新，满眼叠翠，这一优势让此区域成为天然的绿色氧吧。计划西部制高点处修建一瞭望亭，成为整个园区的控制高点，游客们可以通过山下的栈道、台阶蹬道拾级而上，直到满园景色尽收眼底。同时利用地形变化在山林深处修建一处酒窖，让游客有机会品尝琼浆玉液。

1.3.7 道路交通系统规划

道路是园林绿地中的重要组成部分，它像人体的脉络一样，贯穿于主园各景区的景点之间，它不仅导引人流，疏导交通，并且将园林绿地空间划成了不同形状，不同大小，不同功能的一系列空间。因此，道路的规划直接影响到园区各功能空间划分的合理与否、车流、人流交通是否通畅、景观组织是否合理，对园区的整体规划的合理性起着举足轻重的作用。

1.3.7.1 出入口的设置

园区共设置了一个主出入口和两个次出入口。

主出入口结合了集散广场、停车场和产品销售中心，位于入口景观带的东端，是所有游客的必经之路。所以要在满足大量游客通行无阻的情况下打造景观气质和建筑特色。

次入口（1）是专为北部温室景观区设置的服务性出入口，游客不允许随意出入，只有工作人员和特定车辆才能通行。

次入口（2）为VIP会所设计，方便高端客户进出，同时兼顾老年养生区和休闲区的日常物品输入输出功能。

1.3.7.2　道路规划

整个园区都采用自然式道路布局，结合本身的山林凹地，可以营造出亲切自由、天然灵动的游赏感觉。这样的道路设计不但可以延长游览路线，并且可以沿线设置更多的景观功能节点。园区道路等级分为主路、支路、游园路。主路宽度 5m，用于电瓶车、马车和游人使用行走；支路宽 3~4m，主要用于功能空间的衔接；游园小路宽 0.9~2.0m，主要用来沟通各个功能区内的景观节点和作为上山小径。

在本案中还对场地内不同的道路类型和路段进行了立面分析，以利于后期道路景观的营造和标高的控制。这里列举 4 个路段的断面供学习者参考。如图 2-1-14 所示。

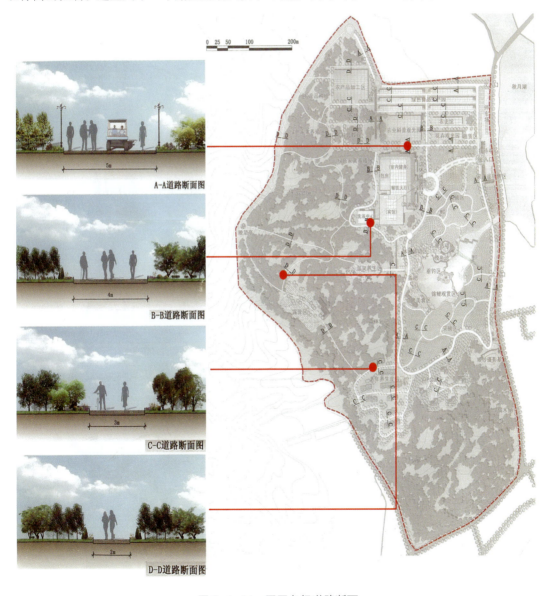

图 2-1-14　园区各级道路断面

园区道路的规划特点为禁止机动车通行，但有消防特殊要求除外。游客可以选择租赁自行车等其他交通工具游园。园区道路布局如图 2-1-15 所示。

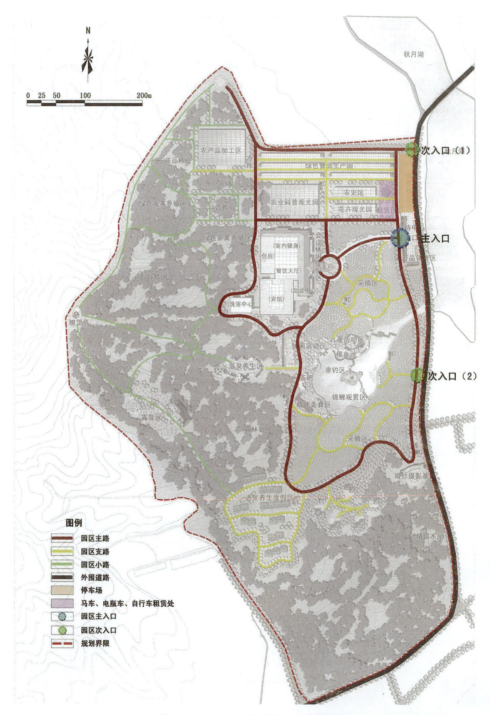

图 2-1-15　园区道路布局分析图

1.3.8　景观系统规划

观光农业园区规划有两大基础规划方向，即生产性规划和景观性规划。生产性规划的一部分内容也必须考虑到景观性，因为随时随地有景可观才是一个优秀园区对游客的良好表现。

因此，我们可以将景观系统分为若干的区域，这些区域与使用功能相结合形成开始介绍的各类休闲观光区，每个区域内还会有若干个景观性突出的节点成为区域重点。景观区域和区域节点就实现了景观从面到点，从普通到精华的转变，而合理安排这些区域和点就是景观布局。对于地形地貌变化很复杂的地域还可以考虑高视点景观区，即营建一个或多个位于最佳高地的景观区，景观区内可以修建亭廊等景观建筑或其他服务性小品。

在本案中，西侧山地主峰为入口景观和会议休闲景观区的背景，此点同园区东侧用地高差达到7m，在地势上也有绝对的优势，因而在此地设计瞭望亭，使之成为园区的制高点。从此俯瞰全园，可形成多条景观视线。如图2-1-16所示为景观制高点和其他景观节点的关系。

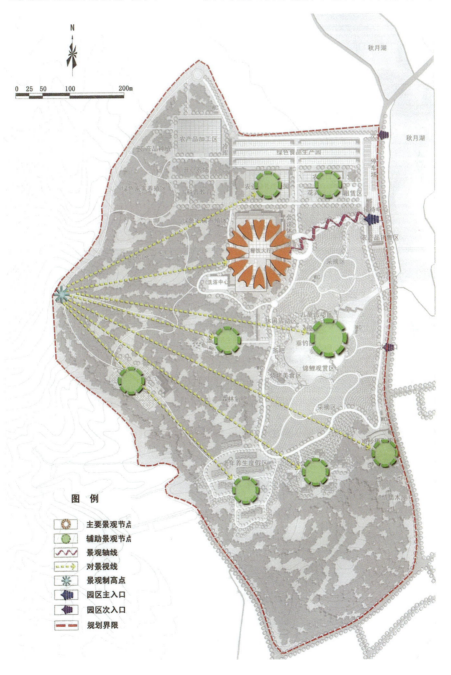

图2-1-16　景观制高点和其他景观节点的关系

全园的景观节点和对应的功能如图 2-1-17 所示。

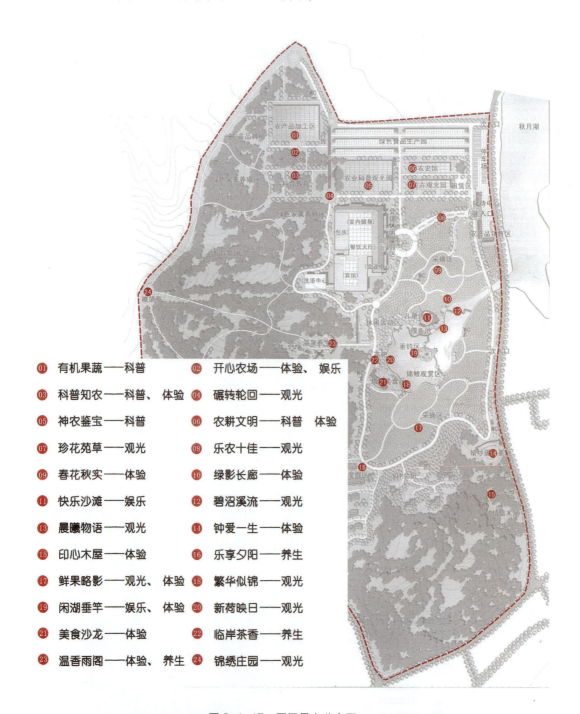

① 有机果蔬——科普　　② 开心农场——体验、娱乐
③ 科普知农——科普、体验　　④ 碾转轮回——观光
⑤ 神农鉴宝——科普　　⑥ 农耕文明——科普、体验
⑦ 珍花苑草——观光　　⑧ 乐农十佳——观光
⑨ 春花秋实——体验　　⑩ 绿影长廊——体验
⑪ 快乐沙滩——娱乐　　⑫ 碧沼溪流——观光
⑬ 晨曦物语——观光　　⑭ 钟爱一生——体验
⑮ 印心木屋——体验　　⑯ 乐享夕阳——养生
⑰ 鲜果略影——观光、体验　　⑱ 繁华似锦——观光
⑲ 闲湖垂竿——娱乐、体验　　⑳ 新荷映日——观光
㉑ 美食沙龙——体验　　㉒ 临岸茶香——养生
㉓ 温香雨阁——体验、养生　　㉔ 锦绣庄园——观光

图 2-1-17　园区景点分布图

下面将主要的景点设计简要介绍如下。

(1) 有机果蔬：这里集聚有机农业技术，比如新技术、新实践、新产品，将成为新时代的绿色加工厂。

(2) 开心农场：这里将游戏中的"种菜"和"偷菜"变为现实，游客在这耕种自己的菜地，体验农耕的喜悦，收获自己的有机蔬菜，如果邻居允许，可以明目张胆地偷一下别家的果菜。这里最终的目的是开心劳动，开心收获。

(3) 辗转轮回和农耕文明：这两个节点分别展出了农业生产的重要工具，它们将游客的思路带回到上古的农业耕作时代，见证伟大的中国农民为世界生产做出的多项发明创造。包括石碾、犁、耙、耢、辇篚、辘轳等。

(4) 快乐沙滩和碧沼溪流：位于娱乐休闲景观区，有沙丘、沙坑、小溪和依水而建的各种儿童游戏场地，成为孩子们的天然乐园。

(5) 晨曦物语：位于娱乐休闲景观区，展示我国传统农业的一项重要的水利发明——水车。在这里将水车和荷塘景观结合在一起，成为有宽度有高度的景点。

(6) 钟爱一生与印心木屋：钟爱一生是乐农庄园专为情侣打造的户外婚纱摄影的外景场地，南侧即为情侣小木屋，温馨浪漫尽在于此。

(7) 乐享夕阳：是位于老年养生区的一个景点，在这里布置了老年人喜欢的户外健身设施，种植了芳香四溢的时令花卉，到处洋溢着活力和乐观。

(8) 繁花似锦和新荷映日：位于娱乐休闲景观区的水域，打造水中锦鲤畅游，水上荷花飘香的美景。

(9) 美食沙龙和临岸茶香：位于水域西岸，这两点为户外餐饮区，精心准备的宣传资料和加工好的膳食料理，告诉游客如何膳食养生，以茶养神。

(10) 锦绣庄园：锦绣庄园位于景观制高点，登临山峰处，尽览乐农园。

1.3.9 游览路线规划

游览路线的规划和完善是基于道路交通系统规划之上的，结合各个景区景点的设置安排各具特色的旅游路线。规划线路需要注重以下几点。

(1) 处理好游赏空间和过渡空间的关系。游览线路是连接旅游点的纽带，一般由两部分组成：游赏空间和过渡空间。过渡空间应保持一定的长度，不宜过长或过短。

(2) 给游客带来最大信息量。游览线路的组织应尽可能把景区内最具风景特征的景点连接起来，使游客空间观赏信息感受量最强、最大、构成系列，烘托旅游线路的总体特色。

(3) 景物欣赏应有层次感和变化感。游览线路上，反映主题的景物，要安排多处观景点，从不同角度、不同高度、不同层次重复加强。

(4) 富有节奏和韵律，动静皆宜，同时减弱游线对环境的干扰。游览线路的组织既要避免平铺直叙，又要避免精华景点过于集中，景点安排要体现游览过程有入景、展开、高潮、尾声等段落。同时要考虑到将来步道建设及游客对资源环境的影响，可以考虑避开一些环境敏感地带，如湿地、沼泽地等，采取如栈道、高架廊道等形式减少游线对旅游区资源与环境的破坏。

本案中的游览路线分为 5 条，如图 2-1-18 所示的线路布局图。

(1) 科普文化游：途径景点有有机蔬菜、科普知农、神农鉴宝、农耕文明。

(2) 农乐观光游：辗转轮回、珍花苑草、乐农十佳、碧沼溪流、晨曦物语、鲜果掠影、繁花似锦、新荷映日、锦绣庄园。

(3) 休闲体验游：开心农场、科普知农、农耕文明、春华秋实、绿影长廊、钟爱一生、印心木屋、鲜果掠影、闲湖垂竿、美食沙龙、温香雨阁。

(4) 娱乐活动游：开心农场、快乐沙滩、闲湖垂竿。

(5) 养生度假游：乐享夕阳、临岸茶香、温香雨阁。

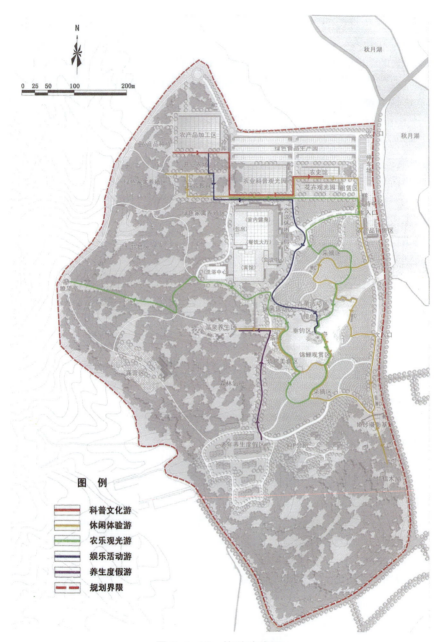

图 2-1-18　旅游路线图

1.3.10　四季景观亮点规划

在观光园区设计要素中最具变化性的就是植物了，利用植物的季相变化使园区四季各具特色是所有景区最常用的手法。但是每个项目地点不一样，每个项目的定位也不一样，所采用的植物也会有所差异，因此，大量掌握当地常用生产性植物和观赏性植物种类和特点是设计师的一项重要技能。

在乐农庄园的规划中同样用植物来打造园区四季变化。沈阳地处温带，常绿阔叶树和开花乔木种类特别少，那么应用花灌木和花卉来凸显色彩景观就很重要了。春夏秋冬四季采用的主要乔木和灌木种类见表 2-1-5。四季景观布局如图 2-1-19 所示。

表 2-1-5　春夏秋冬四季采用的主要乔木和灌木种类

季节	主要造景乔木	主要造景灌木
春	落叶松、冷杉、云杉、东北杏、秋子梨、火炬树、稠李、白蜡	金钟连翘、珍珠绣线菊、东北山梅花、京山梅花、榆叶梅、金叶风箱果
夏	梓树、油松、栾树、臭椿、沈阳桧柏、垂柳、刺槐	千屈菜、黄菖蒲、黄刺玫、红王子锦带、荷花
秋	银杏、元宝枫、火炬树、黄菠萝、白桦、栎树、冷杉	茶条槭、山楂、接骨木、东陵八仙花、金银忍冬、绯牡丹
冬	油松、白桦、加杨、红皮云杉、圆柏、沈阳桧柏、西安桧	桃色忍冬、紫叶小檗、沙地柏、金银花（忍冬）

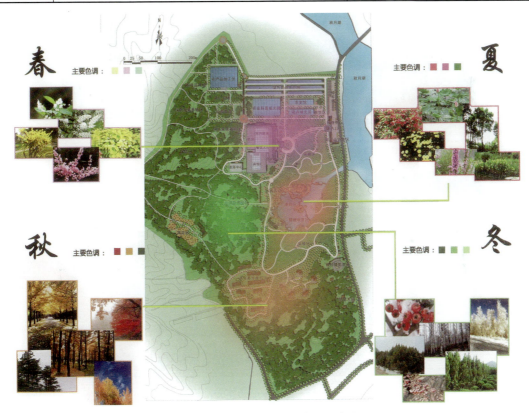

图 2-1-19　四季景观分布主题色调

任务1.4　分区设计和节点设计

【任务目标】

① 入口区设计；

② 科普教育区设计；

③ 会议休闲度假区设计；

④ 会议中心建筑设计；

⑤ 围墙设计。

【任务实施】

1.4.1 入口区设计

入口区是观光园区的第一道风景，它是一个人流集结的区域，基本要求就是交通流畅、售票、停车，或者有特殊功能的建筑。

本案中的主入口设置在花卉观光园的南侧，入口设计简洁大方，和周围建筑有较好的融合性，同时在北部设有门卫、接待中心、农产品销售中心、入口门前及园区内均设有人流集散广场。沿主路进入大门后就是入口与会议休闲区中间的入口景观区。各类建筑和广场效果如图2-1-20～图2-1-24所示。

图 2-1-20　入口建筑和景观设计

图 2-1-21　接待中心建筑外观设计

图 2-1-22　农产品售卖中心建筑外观设计

图 2-1-23　公共卫生间外观设计

图 2-1-24　生态停车场设计

　　所有入口建筑在风格形式上应该协调统一，材料上也应选择和风格能相互搭配的色彩和质感。并且在游客进入入口前，眼前应该是一系列的立体景观。如图 2-1-25 所示的就是入口的立面效果。

图 2-1-25　入口的立面效果

1.4.2　农业科普观光园设计

　　科普观光一般都兼顾科普和观光功能，在某些休闲类园区中还设置了休闲娱乐功能。科普功能是通过品种展示、种植方法展示、现代农业科技展示等方法向游客展示农业的过去和现在。

　　乐农庄园农业科普观光园位于农产品种植体验区，功能为果蔬采摘、植物观赏、科普学习和休闲体验等。设计上突破常规温室大棚规整的布局形式，通过景观廊道的划分与系列景点的布置，丰富了有限场地的景观，曲径通幽的园路也有效联系了分散的景观节点，达到步移景异的效果。在采摘区域中，规划预留了采摘活动场地和小径，以保障采摘活动的顺利进行，避免了采摘活动对植物的影响和伤害。

图 2-1-26 是科普观光园功能简图，科普观光园平面布局如图 2-1-27 所示。

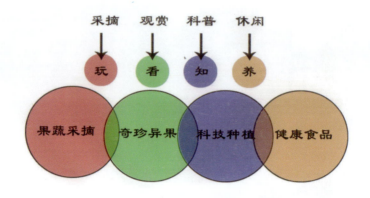

图 2-1-26　科普观光园功能简图

图 2-1-27　科普观光园平面布局图

在科普观光园的蔬菜种植区，选择了这个地区常见的种类，但是每个种类种植区都展示了本地能够栽植的优质品种。经过仔细的研究和空间效果搭配后形成如图 2-1-28 所示的种植分布图。主要的蔬菜种类有番茄、彩椒、甘蓝，攀爬在廊架上的有南瓜、丝瓜、葡萄、葫芦、蛇瓜。

各类蔬菜结合藤本廊架将整个区域划分成了开敞空间和半开敞观赏空间，如图 2-1-29（a）所示，每个空间有设计在蔬菜种植地块中的活动场地，如图 2-1-29（b）所示。

1.4.3　会议休闲度假区设计

会议休闲度假区在入口景观带的尽头，建有全园规模最大的功能综合性建筑。度假区的功能主要体现在这个主题建筑中，是一座以身心愉悦、精神放松为特征的田园会所。

图 2-1-28 种植布局图

（a） （b）

图 2-1-29 科普观光园空间和活动节点布局

  主题建筑的风格和入口建筑、老年养生区建筑是保持一致的，都是采用欧式田园风格，并且结合我国北方建筑稳重牢固的特征，使整座建筑显得精致、淳朴，但又透出高端大气。

  主题建筑外观上借鉴传统屋顶，延续北方建筑文化，突出中西合璧的特色。饰面材料大量选用生态环保材料。主题建筑立面设计如图 2-1-30 所示。

  建筑功能空间布局紧凑，采用绿色环保的高新技术，降低建筑运行的能源消耗。例如建筑的屋顶部分采用了玻璃材料，透光性良好，室内植物就可以见得到阳光，这样做还减少了不必要的灯源，节约用电（屋顶形式如图 2-1-31 所示）。建筑空间以生态餐厅为核心，会议中心、休闲运动中心、主题住宿中心实现空间和功能上的联动。主题建筑首层平面空间布局如图 2-1-32 所示。

（a）主题建筑东立面图

（b）主题建筑北立面图

图 2-1-30　主题建筑立面设计

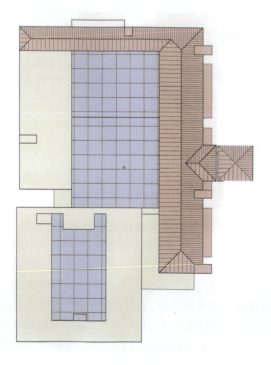

图 2-1-31　主题建筑屋顶形式

图 2-1-32　主题建筑首层平面空间布局

主题建筑的透视效果如图 2-1-33、图 2-1-34 所示。

图 2-1-33　主题建筑整体透视效果

图 2-1-34 主题建筑各个角度透视效果

主题建筑内部主要功能空间的建筑面积统计见表 2-1-6。

表 2-1-6 经济技术指标

功能区名称	面积／m²	备注
餐饮中心	6030	包房 23 间，大厅 2110 m²
会议中心	2280	中小会议室 10 个，会议礼堂 1250 m²
健身中心	1400	羽毛球、台球
康乐中心	1120	棋牌室 16 间
住宿中心	9200	客房 260 间
室内商业街	370	

1.4.4 观光采摘区设计

观光采摘区是吸引游客的一个亮点，人们可以在休闲的时候来采摘应季或是反季的水果或蔬菜。采摘使人们通过劳动获得自己想要的果实，可以锻炼身体，陶冶情操，同时园区都远离城市喧嚣，可以呼吸新鲜空气，修身养性。

表 2-1-7 各个月份采摘的水果种类

月份	水果种类
五月份	红五月李、朝早霸油桃、风味玫瑰

续表

月份	水果种类
六月份	早香蜜杏、美国金杏、苹果白杏、美国蓝莓、黑莓、树莓、巨蜜王杏
七月份	矮布林李、红布林蛇李、供佛杏、晚香蜜杏、龙迁蜜杏、美国黑王李
八月份	桃形李、红西梅李、大花重瓣蜜桃、蜂蜜罐枣
九月份	高密李、晚香李
十月份	金丝新4号、特大蜜枣王

乐农庄园提倡自然养生的理念，在采摘区没有种植反季节果蔬，都是应季水果。园区按照水果成熟的月份进行了划分，各个月份采摘的种类见表2-1-7。这些水果的种植区分布如图2-1-35所示。

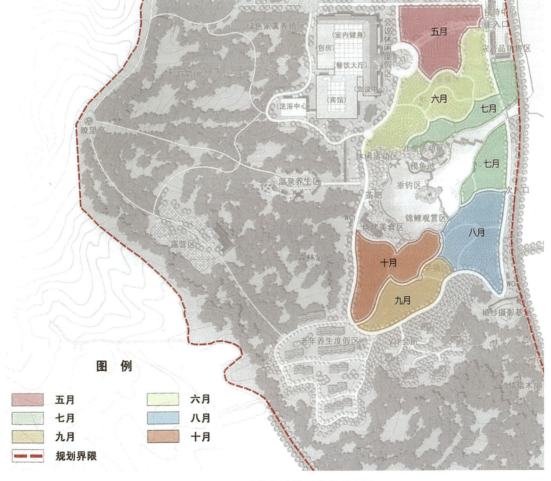

图 2-1-35 采摘园水果采摘季分布图

任务1.5　服务系统设计

【任务目标】
① 围墙设计；
② 休闲座椅设计；
③ 指示导向牌设计；
④ 景观照明设计。

【任务实施】

1.5.1　围墙设计

围墙是封闭式院落、园区必有的一种垂直的空间隔断结构，用来围合、分割或保护某一区域，在许多项目中围墙还要兼顾一定的景观功能。

本案中的围墙设计成栅栏式，主要材料选用竹子，生态环保，建设费用低廉。围栏的样式如图2-1-36所示。这种材料和款式与乐农庄园的特点非常契合，具有浓厚的庄园气息。在竹栅栏下面种植花期很长的草本花卉和灌木让立面效果更加丰富。

图2-1-36　两款围栏设计效果图

1.5.2　休闲设施设计

户外休闲座椅是户外供路人休息的一种产品，多用于公园、小区、大型游乐场、购物广场等公共场合，为人们随时休息带来了便利。座椅的形式随着景观的发展也成为城市的一道亮丽风景线，新颖的材料和意想不到的造型，让景观环境更加亲切和谐。

本庄园的休闲设施主要包括休闲座椅、木亭、长廊、花架。休闲座椅造型丰富，为园区增添趣味性。另外，在设计时还要考虑容纳多人同时休息的大型座椅或坐凳。乐农庄园的椅子分两类：一类以简约古朴为主；另一类以现代时尚为主。图 2-1-37 所示的就是在本案中参考的造型新奇、以木材为主的几款户外休闲座椅。

图 2-1-37　趣味性休闲座椅意向图

1.5.3　指示导向系统设计

指示牌也叫做广告牌、标识牌，比如厕所指向牌、路牌之类的都可以叫做指示牌。酒店宾馆用品的大堂指示牌、导向牌、房号牌、咨询台牌、收银台牌，停车用的塑料牌、公园提示牌等都属于指示牌的范畴。在日常生活中习惯将指示"此处是哪里"的牌子称为指示牌，而把那些标注了箭头并注明方向的称为导向牌。

观光农业园的指示牌形式最好简单明了，材料选择与其他服务设施类似，而且整个园区内的指示牌、导向牌、说明牌、警示牌、提示牌等需要统一设计，在材质和形象上达到相互协调，最好具有鲜明的农场特色，如图 2-1-38 所示的就是庄园指示系统意向图。

（a）指示牌、导向牌

图 2-1-38

(b) 说明提示牌

图 2-1-38　各类指示导向牌意向图

1.5.4　景观照明系统设计

景观照明是通过对人们在城市景观各空间中的行为、心理状态的分析，结合景观特性和周边环境，把景观特有的形态和空间内涵在夜晚用灯光的形式表现出来，重塑景观的白日风范，以及在夜间独具的美的视觉效果。对于夜间开放的园区来说，夜间景观很大程度依赖良好的景观照明设计。

景观照明大致可分为道路景观照明、园林广场景观照明和建筑景观照明。

道路景观照明按功能和等级还可以分为车行道、人行步道、阶梯、桥梁等照明。车行道常用灯具有杆灯、庭院灯；人行步道常用灯具有庭院灯、草坪灯；阶梯常用灯有地埋灯、壁灯；道路设施上常用管灯、投射灯等装饰和映射外部形状。

园林广场景观照明重点在于建立自然、和谐、安全、景色优美的夜间灯光环境。用光类型有下射光、上射光、泛光照明，道路照明、装饰照明、杆灯、墙体灯、区域照明灯，广场灯等。

在设计场地照明时需要遵循以下原则：

(1) 设计中应充分考虑景观照明与环境艺术的协调性：灯具的造型、布局、色调都应该与场地性质和使用人群相互协调。特别是灯具的造型必须要与其所在的场所性质相统一。

(2) 设计过程中应有强烈的安全意识：在布置管线、安装过程中一定注意防止漏电，应保证防水、防尘性能；在幽暗的场地中避免照明死角的出现。

(3) 设计过程要有以人为本的指导思想：控制好照度，减少光污染，防止刺眼眩光。

(4) 照明系统要适应"绿色照明工程"的需要：选择高效低耗的节能光源灯具产品；设计经济合理的照明配电系统；进行照度设计时应根据照明对象自身的材质属性、文化属性及周围物体的明亮程度来确定。

在乐农庄园的景观照明设计方案中，使用的灯具类型见表 2-1-8。

表 2-1-8　景观照明场地和灯具

场地名称	灯具种类	参数
主要车行道	路灯	高 8～12m
主要人行道	庭院灯	高 4～4.5m
人行支路	庭院灯	高 3～4m
游园路	草坪灯	0.6～0.9m
入口广场	广场灯、景观灯、埋地灯	广场灯高 15~18m，景观灯根据现场定制
休闲广场	景观灯、埋地灯	景观灯根据现场定制
建筑立面照明	LED 灯、LED 灯带、投光灯	灯带色彩为黄色

续表

场地名称	灯具种类	参数
停车场	高杆灯、埋地灯	高 15～18m
景观建筑和植物	LED 灯带、壁灯、投光灯	灯带为黄色和绿色，壁灯造型同庭院灯
水景照明	LED 水下射灯	

1.5.5 卫生设施设计

（a）仿生垃圾桶

（b）饮水处、洗手处

（c）生态卫生间意向 1

（d）生态卫生间意向 2

图 2-1-39　各类卫生设施意向

在园林景观环境中的卫生设施不同于一般城市卫生设施，园林中的卫生设施都兼具功能性和艺术性，甚至有些设施造型和功能的改进超出常规。卫生设施虽然是最普通的服务设施种类，但却是最不可缺少的。如能将最常见的卫生设施设计得出人意料，一定会为园区景观增色不少。乐农庄园选用的卫生设施意向如图 2-1-39 所示。

1.5.6 形象标识设计

马耳山乐农庄园的地形地貌优势在前期分析的部分已经介绍过了，充分利用这里的环境就是旅游产品设计的一个关键点。在形象设计中也要充分展示这里的山水资源，然后采用最简洁的方式表达乐农庄园最为深刻的内涵。经过几轮平面设计筛选，形象标识终稿如图 2-1-40 所示。

（1）标识构成　形象标识的名称定为："山水浓情"，总体分两个部分。上部为图像标识，下部为文字信息标识。图像信息由山、水和主题建筑组成。在乐农庄园项目中，应始终秉承尊重自然山水，合理利用生态资源的原则，因此在园区内的主题建筑应顺应山势，依山傍水。文字信息采用双语方式，欢迎中外游客的到来。

(2) 色彩方案　形象标识使用了三个色彩，绿山代表生态，蓝水表现天然和自由，白色的建筑好像主题的剪影，代表淳朴、活力的庄园气质。

(3) 隐含寓意　"山水相依，景逸农情"，是乐农庄园不变的主题，整个标识紧凑简洁，表达了庄园严谨、求实、尊重环境的宗旨，同时主题建筑与山水的融合表现了人文与自然的交融，达到天人合一的境界。

图2-1-40　乐农庄园的形象标识终稿

任务1.6　工程概预算

【任务目标】

对园区建设项目分建设工程类型进行概预算。

【任务实施】

建设工程概算可采取概算定额法、概算指标法和类似工程预算法等。本项目进行的是建设费用的概算，采用的是分区概算的方法，即根据功能分区的面积乘以当时的单位面积造价最后得到区域概算，最后总计费用。在概算时可将分区进行逐级细化，这样概算的结果更真实可靠。表2-1-9就是本项目的概算简表。

表2-1-9　基础设施建设费用概算表

功能分区	分区细化	用地面积/公顷	概算/万元
六大分区	接待中心	0.11	—
	农产品销售区	0.12	—
入口景观区	停车区	0.26	—
	租赁区	0.18	—
	会议休闲度假区	2.30	—
	绿色食品生产区	1.19	—
	农史文化区	0.27	—
农业生产示范区	温室景观区	0.99	—
	农产品加工区	0.71	—
	农产品种植体验区	1.90	—
	绿色家禽养殖区	1.96	—
采摘区	采摘区	4.63	—

续表

功能分区		分区细化	用地面积/公顷	概算/万元
六大分区	休闲区	娱乐活动景观区	1.85	—
		温泉养生区	0.39	—
	度假区	老年养生度假区	1.58	—
		VIP会所区	0.92	—
		休闲活动区	0.86	—
	自然生态观光区	生态景观区	21.72	—
		露营区	0.83	—
基础建设		道路建设	5.50	—
		水域扩建		—
		地形整理		—
		水电管网配套		—
		附属设施		—
		其他		—
总计				—

在项目概算中还可以根据建设类别进行，例如一个项目包括基础建设，生产项目建设，旅游餐饮和文化建筑、运输设施建设，景观建设，娱乐健身设施建设，公共服务设施建设等，可以按照这些建设项目类别进行概算。

任务1.7 经典案例赏析

1.7.1 辽宁葫芦岛葫芦山庄的规划设计

图2-1-41 葫芦山庄全貌

1.7.1.1 葫芦山庄简介

葫芦山庄景区位于关外第一市葫芦岛市东北部渤海岸边的天角山下，与锦州笔架山景区陆地相连，海水相映，并且两景区是辽西地区首家联合景区。距市区仅 6 公里，与著名景区笔架山隔海相望，为国家 AAAA 级旅游景区，是全国农业旅游示范点、休闲农业与乡村旅游五星级园区、辽宁省十佳旅游景区。其全貌如图 2-1-41 所示。

1.7.1.2 景区特色

【主题定位】葫芦文化

葫芦山庄景区以葫芦文化为主线，以民俗文化为特点，依托渤海湾畔自然风光，致力于营造中国葫芦文化之乡和关东民俗第一村，是全国唯一一处以博大精深的葫芦文化和原生态关东民俗文化为主体内容的旅游景区。其葫芦景观如图 2-1-42 所示。

图 2-1-42　葫芦景观

【旅游特色】文化游、休闲游、民俗游、美食游

图 2-1-43　中国葫芦文化博物馆及馆内展品

葫芦山庄建有"中国葫芦文化博物馆"、"中国关东民俗博物馆"以及拥有葫芦岛市唯一一座城市历史馆，所有展品达 4000 余件，向游客展现民国时期关东人的日常服饰、商埠、农耕、文化生活。"中国葫芦文化博物馆"、"中国关东民俗博物馆"是两座国家级专题性博物馆，馆藏文物展品丰富，文化影响深远，展陈规模居全国第一。如图 2-1-43、图 2-1-44 所示。

图 2-1-44　中国关东民俗博物馆及馆内展品

葫芦山庄现有景观景点 60 多处，包括影视拍摄基地、仙岛博览园、匠人街、葫芦大观园、葫芦仙女雕像、现代游乐场、民俗村、圣水湖、生态农业采摘观光园、明代烽火台遗址、笊笠岛等。在这些区域游客可以感受攀岩、水上浮萍、CS 野战、划船等娱乐项目的快乐与刺激，也可以欣赏到二人转、葫芦技艺、抛绣球（如图 2-1-45 所示）、民间绝技绝活等表演。

图 2-1-45　葫芦坊和招亲楼

葫芦山庄打造了浓厚的关东风情，全方位的旅游服务也让景区倍增温馨。景区内建有舒适的别墅式客房和关东"过大年"特色餐厅。葫芦山庄酒店能够一次性接待 350 人就餐、住宿，并承接各种大型商务会议，细致周到的服务让顾客真正体会到回归自然、宾至如归的乐趣和感受，被誉为葫芦岛市的"会客厅"。

【分区规划】

葫芦山庄由辽宁宏业实业集团于 2001 年投资兴建，园区总占地面积 900 公顷，由入口区、餐饮住宿区、文化娱乐休闲区、拓展训练区、水产养殖区、设施农业区、农产品加工区组成，是省农科院科技成果转换基地，省作家协会创作基地，葫芦岛市中小学素质教育基地。

【景区景点】

(1) 入口景区　葫芦山庄的每个入口各具特色，但基本都是以葫芦为形象代言，配合民居建筑元素、仿生木门、石头石景形成具有鲜明特征的标识入口。图 2-1-46 就是葫芦山庄的入口实景。

(2) 生态种植采摘园　生态种植采摘园由十三栋全天候式温室大棚组成，每个大棚面积为 480 m^2。包括花卉园、葫芦园、蔬菜园、葡萄园等，还有一个韩国园。生态种植采摘园的主要功能是为山庄酒店生产新鲜的蔬菜瓜果，并且供游人参观农作物和采摘。所有的蔬菜瓜果都严格按照无公害标准培育种植，是纯天然绿色食品。如图 2-1-47 所示的实景。

图 2-1-46　葫芦山庄的主要入口景观

图 2-1-47　葫芦山庄的生态种植采摘园

(3) 野鸭塘　野鸭塘是人工模仿自然生态打造出的类似于原生态的游览区。园区内湖波荡漾、禽鸟啼鸣，水中栖息着美国绿头野鸭。野鸭岛和几条古朴木制的小渔船，已成为绿头野鸭繁衍生息的巢穴，是葫芦山庄一道美丽的风景线。

山庄美国绿头野麻鸭的数量约有三万只，山庄的特产之一就是"神泥野鸭蛋"，它是经过特殊工艺腌制而成，鲜蛋表层的矿泉泥是五大连池天然矿泉泥，经国家地质部门的分析，富含钙、铁、锌、碘等二十多种对人体有益的宏量和微量元素，煮熟即食，营养丰富，味道鲜美独特，为纯正绿色的无污染保健食品。

(4) 欢乐园　欢乐园始建于 2003 年底，占地四万多平方米，拥有各种大型游乐设施 30 多个（组），其中以水上游乐项目居多，包括独木桥、水上步行球、水上梅花桩、滑索飞渡等。可以满足葫芦岛市中小学素质教育基地的学生进行拓展训练之用。

(5) 葫芦大观园　葫芦大观园内种植了几十种葫芦，有亚腰葫芦、鹤首葫芦、佛手葫芦、棒捶葫芦、青皮葫芦、苹果葫芦、特型葫芦。葫芦大观园内还有许多与葫芦有关的历史人物雕像，比如酒圣杜康、诗仙李白、酒仙刘伶都悠闲地坐卧在葫芦架下，手持酒葫芦，互道珍重。大观园实景如图 2-1-48 所示。

(6) 葫芦岛历史馆　葫芦岛历史馆是葫芦岛建城史上第一座全面盘点葫芦岛历史的专题展馆。展馆位于葫芦山庄仙岛博览园，占地 600 余平方米，包括序厅、古代史展区、近现代史展区、名人名士展区，展出文物 2000 多件（套），大型展板 81 块，文图并茂、史料翔实，脉络清晰，叙事明了。按照"存史、资政、育人"的办馆宗旨，葫芦岛历史馆坚持社会效益优先原则，免费对公众开放，葫芦岛市中小学生综合实践基地、葫芦岛市全民国防教育委员会都把这里作为开展活动的课堂，以史为鉴、以史育人。

图 2-1-48　葫芦大观园和各种葫芦品种

(7) 葫芦文化博物馆　葫芦文化博物馆占地面积 800 余平方米，主体建筑由青砖砌筑，白灰勾缝，仿古式垂花门廊，大红门板上扣着铜制门环，整体风格及建筑细节古朴大方，充满浓郁的文化气息。2009 年 7 月被中国民间文艺家协会命名"中国葫芦文化博物馆"，中国民间文艺家协会分党组书记罗杨为博物馆题写馆名，国内研究葫芦文化的知名学者——南开大学文学院孟昭连教授为博物馆撰写了前言。

博物馆分序厅和"葫芦艺苑""葫芦与文化""葫芦与艺术""葫芦与自然""葫芦与生活"等多个板块，展出展品包括十六个类别，一千一百多件，既有产自国内新疆、甘肃、山东、山西、江西、云南、河北、北京、天津、辽宁等地区不同风格的葫芦工艺品，也有美国、巴西、秘鲁、韩国、日本、南非等国家带有典型异域风情的葫芦艺术品。这些作品用不同形式和风格表现源远流长的葫芦文化，构思巧妙，主题鲜明，名家名作荟萃，具有很高的文化品位和艺术水平。

中国葫芦文化博物馆通过实物展陈，并结合文字图片，全面系统地展示和介绍葫芦文化在中华民族传统文化中的渊源、地位及作用，让人们走近和了解葫芦文化，喜爱葫芦文化，弘扬葫芦文化，推进葫芦文化的传承与发展。展藏品的种类、数量、展藏规模都堪称国内之最，是名副其实的葫芦文化艺术殿堂。

(8) 关东民俗博物馆　关东民俗博物馆占地 2000 多平方米，收藏展陈民俗文物 4000 多件，这些实物集中展示了源远流长、淳朴厚重的关东民俗、民风，已经成为东北地区规模最大的以收藏、展示、传播东北地区即老关东民俗文化为主的专题性博物馆。

关东民俗博物馆的展示分生活用品展示、民间匠作展示、四季风情展示、男耕女织展示、服装绣品展示、居家家具展示、岁月之痕展示、匾额流金展示等八大板块，展品充实、内容丰富、自成体系。还包括民居老屋、乡村私塾、民间女红、菱花镜影、马蹄声声、旧四大件、时光如水等十六个单元主题。其中"岁月之痕"展区中的"关东十大怪"、"民间契券"以及"方言俚语"单元的展示在全国独树一帜。众多展品当中，以生产、生活用品用具为主，有传统的农业、手工业生产工具，如木制播种机、纺线车、织布机、锄、耙、石磨、升、斗等，还有家具、旧灯具及民居老屋、乡村私塾场景复原等。通过这些表面斑驳、色彩陈旧的展品，可以了解人类不断向前发展，摆脱沉重体力劳动的足迹。

(9) 各类民俗、民风文化大院　各类文化大院让人回忆起 20 世纪新中国成立后中国农村文化和面貌。实景见图 2-1-49。

(10) 关东民俗街　关东民俗街收集整理许多失传的民间技艺，将关东传统民间匠人的生产、生活及招亲楼等原生态旧景再现，如图 2-1-50 所示。

图 2-1-49 各类民俗、民风文化大院

图 2-1-50 关东民俗街

【旅游产品特色】

吃：品农家饭菜，尝渔家海味，山庄特色葫芦宴。

住：关东风格的别墅式小院独门独院，乡味浓郁，体味田园风情，享受家庭温馨。

行：在陆地上骑马、坐轿，乘驴、马观光车等，在水上乘各式游船。

娱：欣赏地道东北二人转等精彩表演，晚上有丰富多彩的烟花篝火晚会。

购：葫芦仙岛超市是葫芦岛最大的土特产品及旅游工艺品中心，辽西特色工艺品、土特产尽在展售中。

会议业务：葫芦山庄拥有大、中、小会议室四个，可同时接待 500 人举办各种会议，在此举办会议和团体活动兼享山庄美景。

小南海船钓：乘渔船出海打鱼、捉蟹，找一回渔夫的感觉，享一份自己的收获。

民俗婚礼：举行传统的民俗婚礼热闹非凡，骑马、坐轿，感受传统的服饰与礼仪等。

1.7.2 北戴河集发观光园的规划

1.7.2.1 集发观光园简介

集发观光园坐落在国家名胜风景区北戴河，建于 2000 年，占地 100 公顷，是全国首家生态农业 AAAA 级景区、全国农业旅游示范点、全国旅游标准化试点企业、河北省最美 30 景区和百姓最喜爱的景区。

景区沿着北戴河下游两岸分布，充分依托北戴河的区位优势和资源优势，瞄准旅游市场需要，从引进、种植特色蔬菜、瓜果入手，不断应用无土栽培、植物组培等高新技术成果，大力发展特色农业、观光农业。为迎合生态休闲旅游的趋势，在原来的基础上又通过加大投入，规范管理，包装设计，以"绿色文化、花园农业"为宗旨，不断充实生态农业内容，提高观赏性和娱乐性，最终形成了看、玩、吃、购、娱一条龙的生态农业观光园。园区正门和规划平面如图 2-1-51 所示。

图 2-1-51　集发农业观光园正门和规划平面

1.7.2.2 市场定位

以秦皇岛市为核心目标市场，以京津冀为延伸市场，以北方其他城市以及俄罗斯等国外客源为拓展市场。

1.7.2.3 旅游特色

【高科技农业】

集发观光园依靠高科技农业，突出农业特色，通过了 ISO 9001 和 ISO 14001 国际质量和环境管理体系双认证。

【观光农业】

观光园利用北戴河特有的旅游资源优势，将现代农业和旅游市场结合起来，发展观光农业。先后开发了空中花园、百菜园、戴河漂流、飞越戴河、戏水摸鱼等 30 个景点，具有较强的观赏性、参与性、娱乐性、趣味性，为城乡居民营造回归自然、返璞归真的休闲场所。

1.7.2.4 功能分区

根据功能特点观光园分为特种蔬菜种植示范区、名贵花卉种植示范区、特种畜禽养殖示范区和休闲餐饮娱乐区四大区域，突出体现"市场供应、示范推广、旅游观光、素质教育"四个主要功能。在主要功能区基础上细分出的观光点有综合活动区、民俗展示区、吃住休闲区、观赏采摘区、娱乐项目区、动物表演区、四季花园、热带植物园、四季菜园、四季果园、四季瓜园、娃娃鱼、农家小动物、休闲娱乐、集发大宅院、集发生态滑雪场、葡萄长廊、丝瓜长廊、花卉温室、采摘区、绿色饭庄等。

(1) 热带植物园（见图2-1-52） 集发观光园在2007年4月20日落成了全国规模最大的两栋现代化自动智能温室，高9m，占地1930m²，种植着来自热带、亚热带的大型植物近三十种，四百多株，现代化的温控地暖，使土壤即使在寒冷的冬季也能保持在15℃以上，室内28℃以上，不但保证热带植物的安全越冬，而且可以结出累累硕果。在这两栋温室内，可以看到已开花的槟榔树和造型别致、满缚盔甲的美丽异木棉，有荔枝般美味的红毛丹等。那突如其来的人工降雨，不仅给这些热带植物加湿，而且可以让大家在北方地区充分呼吸热带雨林里的湿润空气，让游客在有限的空间内充分享受热带风光，体验异域的无限魅力。

图2-1-52　热带植物园

图2-1-53　四季花园

(2) 四季花园（见图2-1-53） 由热带雨林植物、热带沙漠植物和南国花卉三个观赏区组成，共种植有150多个珍贵品种的观赏植物，让游客置身于花的世界、花的海洋，充分领略异域风光。游客还可以在小山下的水池旁，亲自参与有趣的钓鱼活动。

(3) 四季菜园（见图2-1-54） 采用基质和水培等先进的栽培技术，以及立柱式、墙壁式、牵引式等立体种植方法种植各种蔬菜，形成"蔬菜树"、"水上菜"等奇特景观，让游客在欣赏菜园风光的同时，又能体会到高科技带给我们生活的乐趣。

图2-1-54　四季菜园

(4) 四季果园 聚集了从热带到温带的各种果树500多株，近50个品种，其中热带果树有百香果、龙眼、荔枝、莲雾果、枇杷、香蕉、菠萝蜜、蒲桃、芭乐、杨桃等二十几个优良品种，形成了北半球百果大聚会的奇观。

(5) 四季瓜园（见图2-1-55） 采用先进的箱式、槽式等基质无土栽培方法、水上种植技术，种植有数十种世界著名瓜果，其中培育出的大南瓜最重达150多千克，堪称南瓜之王；五彩斑斓的奇瓜长廊，像置身于奇特瓜果的王国。

图 2-1-55　四季瓜园

(6) 娃娃鱼、农家小动物　华北和东北地区首家娃娃鱼展馆，展出规模在 30 条左右的大型展馆，其中包括了娃娃鱼成长过程中的各个生长期状态，从最小的 1cm 的幼苗，到成活了将近 50 年、体长 1.3m、重达 40 斤的超级娃娃鱼。集发农家小动物园是全国首家以农家动物驯养与观赏为主体，集科普教育、生态养殖、旅游观光于一体的综合性生态动物园。

(7) 集发大宅院　观光园内供游人休闲度假的住宿设施也别具特色。绿色客房、集发大宅院、戴河别墅村、桃园木屋等，共有标准间 59 个，不同规格的套间 15 个，可供 160 多人住宿。所有客房或坐落于一片绿色之中，或依河临水而建。在这里住宿，给人一种异常清净、格外温馨的感觉，在梦乡中感受到的也会是一片美丽的绿色世界。

大宅院中还设有传统工艺表演，比如传统酿酒、磨豆腐、磨淀粉、碾子磨面等。

(8) 生态滑雪场（见图 2-1-56）　集发生态滑雪场是一家集休闲、娱乐、健身、滑雪、农业生态观光为一体的综合性滑雪场，雪道面积近 3 万平方米，雪道总长度近千米，同时容纳 1000 人进行滑雪。集发生态滑雪场从美国、加拿大、日本等国家引进的世界一流的造雪机、世界著名品牌滑雪器具、魔毯传送索道和高位架空索道为给游客提供最优良的雪质，最安全、舒心的滑雪环境进行滑雪打下了坚实的基础。

图 2-1-56　生态滑雪场

(9) **休闲娱乐**　在游览观光园优美的景色之余，游客还可以参与观光园配套的娱乐项目，例如蹦极、高空滑索、滑草（冬季滑雪）、攀岩等，感受惊险刺激的同时充分放松身心，目前园区提供多达几十种的娱乐项目，让游客收获与众不同的休闲旅游。

(10) **农家动物园**　农家动物园展示给游人的，主要是农村传统饲养的家畜、家禽。农家动物园引进的各类动物有30多个品种，共计700多只（头）。其中，有许多是从世界各地引进的特种畜禽，如世界一流的纯种荷斯坦奶牛，具有驯良和吃苦耐劳性格、而且是世界最古老马种之一的阿尔登大洋马，原产于丹麦、体重达650千克的长白猪，著称世的法国灰天鹅，以好斗闻名于世的中华斗鸡，以奔跑迅速著名的世界最大鸟类——鸵鸟，其他还有乌鸡、莱茵鹅、力克斯兔、圣伯纳犬、东北梅花鹿、珍珠鸡、虎皮丹、蓝孔雀、矮马、小尾寒羊、关中驴、乌苏里貉、狐、弥丁猴、新西兰兔、比利时兔、绒山羊、波尔山羊、皮特兰猪、美国的杜洛克猪、英国的约克夏猪、比利时兰牛、皮埃蒙特牛、火鸡等。

在农家动物园里，一些比较温顺的畜禽，实行放养或半放养。孩子们可以观看和亲近像梅花鹿、蓝孔雀、小羊羔、小兔子、小鸡崽等那些温驯可爱的动物，这对培训他们热爱自然、崇尚科学的意识和善良的童心，是非常有益的。

动物表演是农家动物园引人入胜的观光亮点。在这里，除了观赏、亲近动物之外，还能观看别具特色的小动物表演。表演的项目有过独木桥、跨断桥、钻火圈、跳高台、打滑梯、过荡桥、钻木洞、拉黄包车，还有猴子坐缆车、走钢丝、登高望日、翻筋斗等。如图 2-1-57 所示。

图 2-1-57　动物表演

(11) **游客中心**　这里免费提供报刊、饮用水、休息用床、婴儿床、婴儿车、残疾人轮椅、各种棋类等服务项目。在游客中心内集发观光园的宣传简介片循环播放，占地1500亩的观光园，1∶400 的全景示意图充分诠释各景点的所在，在这里还可购买到巴西产的各种水晶饰品及本地特色工艺品、儿童玩具。

【项目总结】

对于综合性很强的观光农业园规划设计过程思路清晰很重要。从园区功能定位、园区文化精炼到一系列的旅游产品设计，每个步骤都需要认真分析，敲定重点。对于新建园区来说总体规划定位更加重要，其步骤如图 2-1-58 所示。

模块二 项目实施 129

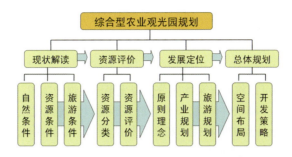

图 2-1-58　观光园总体规划过程

【项目测试】

下面是一个××小型观光园的规划项目，场地图如图 2-1-59 所示。现状条件和规划要求如下。

(1) 现状条件：项目位于某城郊，场地面积 5.2 公顷，周围均为农田。

(2) 地形地势：用地范围内地势平缓，无河流水域。

(3) 功能分区要求：入口景观区、花卉观赏区（包括 2000m^2 花卉连栋温室和露地花卉观赏区）、水果采摘区、特色蔬菜种植区（至少 6 栋常规温室）、休闲区（农事体验区、典型农家大院、家禽养殖区、水上娱乐区）。

(4) 其他要求：根据场地选择主入口和次入口；停车场地的容量根据计算确定。

(5) 制图要求：绘制总体规划平面图、道路分析图、功能空间分区图。

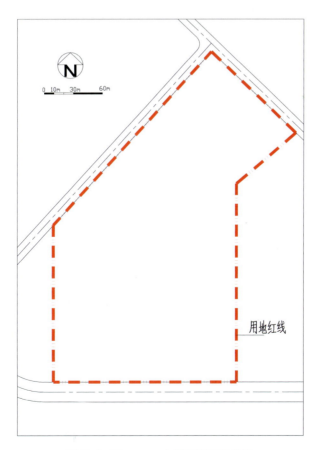

图 2-1-59　××小型观光园场地图

项目2　观光采摘园规划设计

按照种植植物种类，可以将观光采摘园分为观光果园、观光菜园、观光花园、观光茶园等。观光果园着重强调果园的基础条件建设，其良好的果园建设管理和优质的果品是开发旅游、观光、采摘的前提和保证。观光菜园注重新技术和新品种的展示，以科普观光的形式出现，同时可以开发游客直接参与的种植、管理和采摘，让此类观光采摘园更有活力。观光花园和茶园则注重整体效果的打造，从规模、视觉、体验上创新吸引游客。下面以鲅鱼圈某观光采摘园、北京小汤山百果采摘园、青岛山色峪樱桃谷的规划设计为例进行讲解。

项目名称： 鲅鱼圈某观光采摘园规划设计
项目来源： 营口市鲅鱼圈经济开发区
　　　　　　营口市西林美道景观设计工作室
项目概况：

该项目地点位于营口市鲅鱼圈开发区芦屯镇，设计地块北侧紧邻刚建好的乡道，道路以北则是周家巍子村和树木茂密的山地，南侧就是沙河和安平村。周边村落面貌为北方最常见的农村，规模都很小。

该项目总用地面积12.65公顷，其中包括树林、沙场、果园和荒地。经过现场踏勘，东端现场的树林为树龄4~5年的杨树，西南部的果园为规模一般的杏林，在地块中央有一个挖沙场和建筑物，其他就是因为建设沙河遗留的荒地了，砂石成片。甲方提供的现状用地统计见表2-2-1。

表2-2-1　项目现状用地统计表

用地类型	面积/公顷	面积/亩
树林	0.65	9.75
荒地	8.4	126.12
沙场	1.72	25.82
果园	1.88	28.22
总面积	12.65	189.91

规划地块的地势比较平坦，总体高差走势是北高南低、西高东低。在东端有挖沙后遗留的大坑，与北侧公路高差达到2.2m。规划用地界线、周边地势与现场踏勘照片如图2-2-1所示。

任务2.1　场地优势分析

【任务目标】
① 了解地块现状；
② 调查周边资源；
③ 找到改造重点，提出相应措施；
④ 根据地形地势分清脉络。

【任务实施】
(1) 交通优势：项目地段距离鲅鱼圈区10公里，距离盖州市区20公里。地块西侧紧挨望儿山大街，距离沈大高速熊岳入口也只有10公里左右。周边城镇居民到达这里都非常便捷，道路路况良好。

(2) 自然环境优势：项目范围周边山地资源丰富，可以做项目良好的背景。项目用地南侧紧挨此地最长的一条河流——沙河，雨季沙河的水位可以达到 2～3m。此处的沙河段已经在近期进行了河道修复和拦河坝的修建，也算是依山傍水的风水之地。地块内的轻度起伏也有利于不同场地的营造。

(3) 资源优势：地块西段有生长良好的杏林，可以继续开发使用。

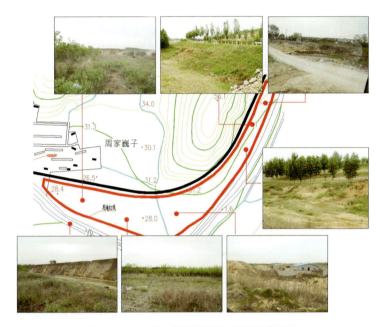

图 2-2-1　项目范围平面和场地现状照片

任务2.2　总体规划

【任务目标】

以场地现状为基础，以现有资源为重点，引进新种类，建设新设施，增添新景观，在项目地块内安排种植、休闲、采摘、体验、住宿等功能性场地。

【任务实施】

2.2.1　提出建设目标与原则

在此项目中，甲方提出三点规划意见：第一，一定要有足够的水面进行少量的水产养殖和荷花观赏；第二，要设计主题建筑，服务内容包括会议、生态餐饮、小型住宿；第三，考虑拦河大坝面对园区一侧的坡面景观。

结合甲方对此地块的定位和要求，此项目的规划目标是建设一个以生产功能为主、以特色景观为辅的，集果蔬生产、水体养殖、绿色餐饮、商务会议、农事体验、休闲娱乐、科普教育等功能于一体的绿色生态观光采摘园。规划原则如下：

(1) 生态保护原则：建设中避免对自身和周边产生不良的影响，特别是对沙河环境的保护，在经济允许的条件下应对其沿岸进行保护性建设。对于园区内的环境设计也应本着自然、生态的原则进行。

(2)多样性原则:此园区的面积为中小型规模,因此合理有序的布局、灵活多变的景观、种类多样的体验活动就显得非常重要,要让游客尝试体验丰富多彩的农事生活,感受收获带来的愉悦心情。

(3)参与性原则:亲身直接参与体验、自娱自乐已成为当前的旅游时尚。城市观光采摘者只有广泛参与到休闲果园生产、生活的方方面面,才能更多层面地体验到果品采摘及农村生活的情趣,才能使观光采摘者享受到原汁原味的乡村文化氛围。

(4)特色性原则:特色是旅游发展的生命之所在,愈有特色其竞争力和发展潜力就会愈强,因而规划设计要与休闲观光采摘园的实际相结合,明确资源特色,选准突破口,使整个果园的特色更加鲜明,使园林规划更直接地为旅游服务,为园区服务。

(5)文化性原则:这是所有观光园区的灵魂所在,除了可以利用的当地土特文化以外,应精心设计瓜果等农产品自身的精神特色、农事文化的历史特色等,例如用雕塑、壁画、剪纸等形式体现农家收获的场景等。

2.2.2 提出规划理念

规划理念和实现形式如图2-2-2所示。

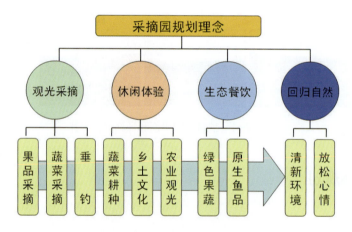

图2-2-2 规划理念和实现形式

2.2.3 总体规划

2.2.3.1 规划风格定位

在对上述项目规划时,设计师可考虑现代简约的主题风格,然后根据场地细化,将自然风格、时尚风格和怀旧风格混搭。不同的功能区域采用相应的规划布局和风格,这样能更好地将乡土文化、建筑艺术、农业生产、休闲体验等项目融合在适宜的区域中。如图2-2-3所示。

2.2.3.2 功能空间布局

上述观光采摘园的整体规划应在生产和景观两个层次进行。规划基本布局为"一轴、两片、多点",如图2-2-4所示。规划总平面图如图2-2-5所示。

"一轴",指的是从主入口进入园区的视觉轴线,为综合服务区,先后贯穿了主入口、停车场、主景观广场、主题建筑、桃花林。

模块二 项目实施 **133**

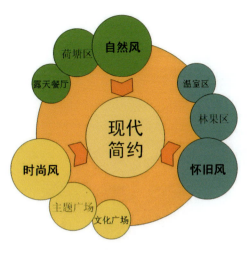

图 2-2-3 规划风格示意图

"两片",指的是生产区片和景观区片。将生产区定位在园区的西侧,包括蔬菜生产、果树栽培、露地蔬菜种植体验、杏子林、苹果林;景观区定位在园区东侧,包括荷花塘、葡萄长廊、文艺广场、露天餐厅、水上钓鱼台、临水休闲场地等。

"多点",指的是将园区的主要景观节点分散在两个片区之间,通过游园道路相互联系,成为场地互动的一个关键要素。

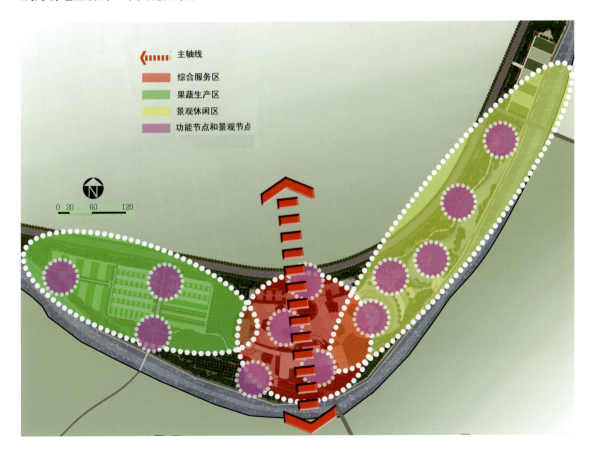

图 2-2-4 采摘园"一轴、两片、多点"的布局图

图 2-2-5 采摘园规划总平面图

任务2.3 分区规划

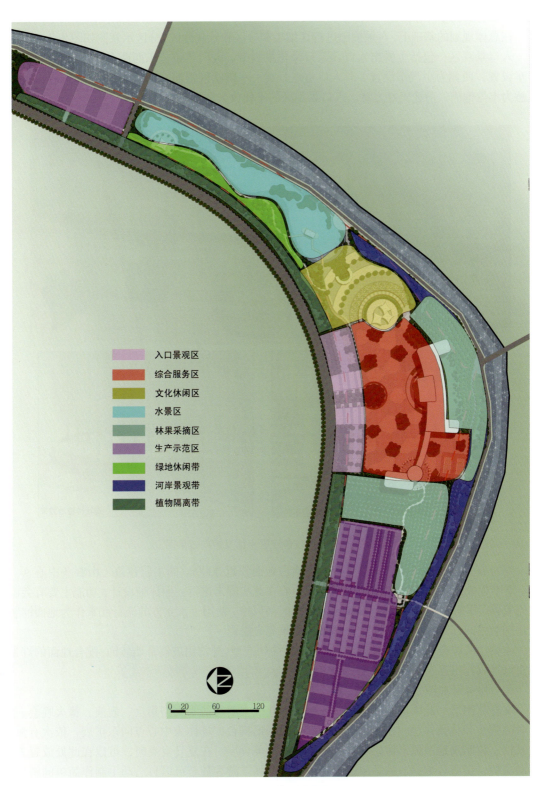

图 2-2-6 功能分区图

【任务目标】
进行场地详细功能分区和景观分区。

【任务实施】
在总体规划的基础上，对采摘园进行详细生产分区和景观分区，分区示意图如图2-2-6所示。

入口景观区：包括主要出入口、入口绿化景观带、大门建筑、东西两个停车场（东侧为大客车设置，西侧为小汽车设置）、入口重点景观——碗状种植池，种植池内为银杏树丛，设计寓意为丰盈饱满，前途美好之意。入口景观区的平面放大图例见图2-2-7。

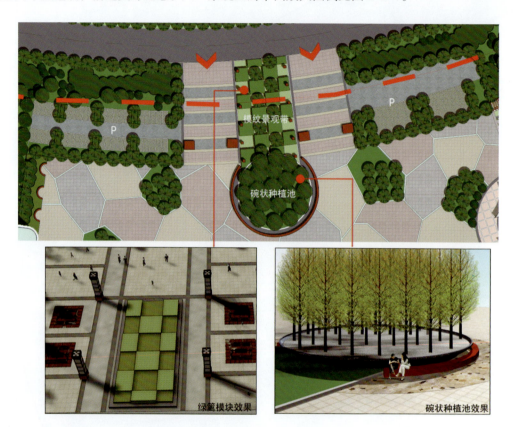

图2-2-7　入口景观区平面及意向效果图

综合服务区：正对主入口景观带，包括占地面积近3000m²的主题建筑（由服务中心A、B座，空中观景连廊组成）、主题广场。服务中心在此步骤未进行立面详细设计，功能主要有会议、生态餐饮、住宿、展览；主题广场风格为现代时尚风格，使用了水立方的流行元素作为地面铺装，大块铺装之间都镶嵌了蓝色的LED灯带，夜景流光溢彩。

本案中的综合服务区的建筑样式采用现代简约造型，外部用玻璃幕墙装饰，配合地面的灯带，能更好地烘托出建筑本身的特点。

综合服务区如图2-2-8所示。

文化休闲区：此区域紧邻综合服务区，承载的主要功能为大型集会、表演、篝火晚会、特色食品售卖和林荫休憩。在景观塑造上以一个圆形舞台广场作为中心点向东扩展，依次有弧形的长椅、树荫满地的弧形休憩场地、玻璃结构的美食屋。在夏日炎炎时，可以在此处放置多套沙滩桌椅，供游客纳凉，品尝园区和当地特色食品。游客甚至可以自己动手制作简单的解暑水果营养餐，在娱乐的同时学会一样厨艺带回家。文化休闲区的平面布局如图2-2-9所示。

模块二　项目实施

图 2-2-8　综合服务区平面布局图

图 2-2-9　文化休闲区平面布局图

文化广场中的拉模结构由三部分组成，一大两小，覆盖广场三分之二的面积，提供必要的遮阳功能，白色的拉模在绿地大树和蓝色幕墙的背景中特别突出。美食屋呈弧形面向整个树荫广场,其造型本身就可以作为一道景观欣赏。拉模和美食屋的意向图如图 2-2-10 所示。长椅则采用中国红色,配合边缘绿地,极具视觉冲击力。红色长椅和沙滩椅的意向图如图 2-2-11 所示。

图 2-2-10　拉模和美食屋的意向图

图 2-2-11　沙滩椅和红色长椅意向图

图 2-2-12　葡萄长廊意向图

在文化休闲区的北侧设计一个葡萄长廊,栽植当地3种久负盛名的葡萄品种,作为展示及采摘的项目之一。葡萄长廊内净宽度达到3m,可以满足游客穿行和休息的要求。廊架的设计意向图如图2-2-12所示。

水景区和绿地休闲区:水景区域原来的地形就是一个被挖沙破坏的土地,地势低洼,比北侧公路路面最深处落差为2.2m左右,所以规划成池塘是非常适合的。需要改进的就是池底的土壤,如果后期栽植荷花,漏水问题和土质问题都得靠施工防水结合客土解决。水景区北岸即为绿地休闲区,由各类果树打造的疏林草地和沿线的草花绿带提供游客树下休憩的场所。水景区和绿地休闲区平面布局图如图2-2-13所示。

图2-2-13 水景区和绿色休闲区平面布局图

此区域主要由水域、水上曲桥和两个亲水景观平台组成。在运营时垂钓是收费的,所以,设计师通过水上唯一一条水上交通流线组织垂钓过程。具体地点就是曲桥中部的垂钓平台和玻璃亭,游客通过曲桥时,可以进入玻璃亭子的二层租赁钓鱼工具,然后回到一层在平台上进行垂钓。

其他的两处景观平台主要提供户外休闲桌椅和就地鱼类烧烤服务。游客可以选择购买或者租赁烧烤工具。观赏了娇艳的荷花,用自己的战利品来一顿烤鱼大餐,非常适合夏季休闲时节,秋季的莲藕也是游客必须带回家的绿色果蔬之一。亲水平台和烧烤平台的意向图如图2-2-14所示。

水果采摘区:位于综合服务中心的南侧和西侧。西侧为苹果,南侧为当地品质优良的桃。水果采摘区规划时一定要保证花期和果期分别有一定的观赏性,进而提高其经济价值。并通过科学的搭配避免果树之间的病虫害相互侵染。

水果采摘这样的活动避免不了的就是少数游客不尊重劳动果实,浪费的和无意破坏的果实会比较多,因此要将这些浪费计入成本之中,不能用普通水果的亩产估计采摘园的产量。

图 2-2-14 亲水平台和烧烤平台的意向效果图

生产示范区：位于场地的西段，主要包括四个部分，果树温室栽培示范温室、蔬菜温室栽培示范温室、园林彩叶苗木展示苗圃、露地蔬菜采摘园和游客可以直接参与的开心菜园。生产示范区的平面规划图如图 2-2-15 所示。

图 2-2-15 生产示范区平面规划图

现代蔬菜的生产逐渐趋于科技化，大面积的连栋温室或者科技含量高的单栋温室越来越多。在示范区内一定是代表当地比较前端的生产技术和栽培品种。在本采摘园内果蔬温室共计8栋（4栋果树，4栋蔬菜）。温室采摘既对游客进行了农业科技普及教育，又弥补了农业闲置季节的旅游项目。温室果树和蔬菜的栽培示意图如图2-2-16所示。

图 2-2-16　温室果树和蔬菜栽培示意图

露地蔬菜采摘园和开心菜园让游客直接参与种植和收获，体验参与的乐趣。在此类园区中经常出现。本项目可规划一个果树展示和售卖的小广场，满足新鲜果蔬当场买卖和品尝的需求。如图2-2-17所示。

图 2-2-17　开心菜园和产品展示区示意图

河岸景观带和道路绿化隔离带：河岸景观带位于采摘园与河道之间，最宽处为18m，采用自然式绿化栽植形式，景观乔木为空间主体，中层配以春季开花果树，少量的灌木位于林缘和路边，林下采用通透视线，避免园区与河道过于闭塞。道路绿化隔离带位于采摘园与公路之间，宽度为6m，为行列式种植，行道树为国槐，靠近园区一侧密植云杉，起到绿色视线屏障作用。

任务2.4　道路规划

【任务目标】

进行场地主要道路和次要道路设计；确定主入口和次入口；确定主要建筑周围交通性和景观性广场；规划水上交通。

【任务实施】

在本采摘园的规划中，道路设计应相对简单，过于狭长的地段只能设计两条并行路线。可以通过沿线可参与的活动和景观来吸引游客的目光。每个节点的采摘活动、游弋活动、观赏活动和参与生产的活动通过有效的路径连接即可。

如图 2-2-18 所示，仔细设计一条贯穿园区东西的主干道，虽然显得冗长，但它自主入口起穿越了景观广场、文化广场、餐饮广场、亲水平台、果蔬生产示范区等。每隔 40～50m 就会转换空间和内容。

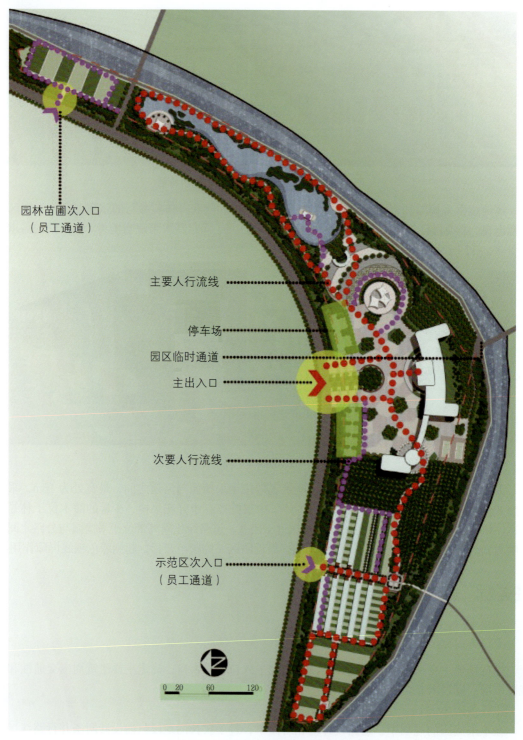

图 2-2-18　采摘园道路规划总平面图

任务2.5 采摘产品规划

【任务目标】① 根据功能分区对采摘活动定性定片；
② 确定果蔬生产示范区域主要的形式和品种；
③ 对露地采摘和开心菜园进行布局设计。

【任务实施】

2.5.1 设施栽培产品规划

表 2-2-2 采摘园设施栽培果蔬品种规划

项目	树种	主要品种	观花时间	观果时间	采摘时间
温室果树	桃	中油4号、126油桃	1月上旬至中旬	2月~5月	5月中旬~6月中旬
	无花果	麦司依陶芬、金傲芬	隐形花	4月~11月	7月~11月
	杨桃	台选1号、穗中红48	12月~1月	2月~7月	5月~7月
	火龙果	—	—	4月~11月	4月~11月
温室蔬菜	圣女果	台湾红宝石	—	—	春、秋、冬
	水果黄瓜	京研1号	—	—	春、秋、冬
	叶菜类	生菜、莴苣、番杏、乌塌菜	—	—	四季
	瓜果类	南瓜、丝瓜	—	—	四季

表 2-2-3 采摘园露地栽培果蔬品种规划

项目	树种	主要品种	观花时间	观果时间	采摘时间
露地果树	桃	中油4号、126油桃	1月上旬至中旬	2月~5月	5月中旬~6月中旬
	苹果	寒富、嘎啦	5月上旬至中旬	6月~10月	9月下旬~10月上旬
	葡萄	辽峰、晚红			
露地蔬菜	西红柿	京丹黄玉、仙客8号、部分常规品种	—	—	夏季
	彩椒		—	—	夏季
	菜豆	当地常规品种	—	—	夏季
	黄瓜	当地常规品种	—	—	夏、秋
	南瓜	当地常规品种			
	冬瓜	当地常规品种			

本项目中的温室数量有限，要达到新、奇、特的要求容易，但产量不会太大。计划取得的效益成果主要看园区是以产量为主还是新奇为主。很多园区为了自给自足也会种植一部分常规蔬菜。本园区可参照表2-2-2对8个温室的品种进行规划。

2.5.2 露地果蔬产品选择

本项目中的综合服务中心的南侧和西侧均有露地水果采摘区。此区域适宜栽培适宜当地气候、果实产量和品质都很好的品种。露地蔬菜则种植常规春夏两季蔬菜为主，尽量以病虫害少、可以适当粗放管理的为主。可参照表 2-2-3 对露地果蔬的品种进行规划。

任务2.6　配套设施规划

【任务目标】

① 设计或给出景观休闲设施意向图，包括座椅、坐凳、曲桥、廊架等；
② 设计或给出照明设施意向图，包括庭院灯、地灯、广场特色照明灯带、景观灯柱等。

【任务实施】

图 2-2-19　采摘园景观设施和照明意向图

本案例涉及的景观设施只有简单的几种，图 2-2-19 中的平面图说明了设施的位置，意向图则给出了该设施大致的风格和形式。

任务2.7　经典案例赏析

2.7.1　北京小汤山百果采摘园的规划设计

小汤山百果采摘园建于 2000 年，隶属于北京市小汤山赴鑫农业种植中心。园区占地 33.33 公顷，位于昌平区小汤山大柳树环岛向东 3 公里，交通便利，环境优美。从功能上主要包括采摘区、餐饮区、住宿区和垂钓区。

2.7.1.1　采摘

小汤山百果采摘园全部引进国内外优良果树品种，再加上小汤山得天独厚无污染的水滋养，使果品口感更纯正，味道更甘甜。如图 2-2-20 所示。果园内有美国红提 6.67 公顷，日韩梨 12 公顷，苹果 5.33 公顷，樱桃 6.67 公顷，枣 1.33 公顷，香椿 1.33 公顷。供游客在各个不同季节观光，采摘。采摘时间安排表见表 2-2-4。

表 2-2-4　采摘时间安排表

采摘时间	种植种类
4月初～5月初	香椿等
5月中～5月底	樱桃等
6月初～6月底	樱桃、桃等
7月初～7月底	提子、日韩梨、苹果等
8月初～8月底	桃、葡萄、李子、西梅等
9月初～9月底	日韩梨、苹果、枣等
10月初～10月底	日韩梨、苹果、冬枣等
11月	柿子等

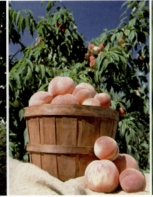

图 2-2-20　小汤山采摘园的果品和果园

2.7.1.2　餐饮

绿色生态餐厅，掩映在果园中，大厅宽敞明亮，厅内环绕水帘瀑布，餐桌周围绿植相衬，空气凉爽湿润，使人置身于大自然之中。餐厅新增大雁火锅（果园立体养殖），可容纳500人同时就餐，可承办会议、商务、婚庆、家宴等大型团体用餐。独具特色的是特色陕北过年饭和北京农家菜。餐厅实景如图2-2-21所示。

图 2-2-21　小汤山采摘园餐厅实景

2.7.1.3　住宿

陕北风情农家小院，像璀璨的明珠一样点缀在果园中，周围的果树形成天然的氧吧。即使炎热的夏天，室内也会比市温低四五摄氏度，让游客感觉到凉爽惬意。五个小独院，每院3间，另有40个单间，每间房内设有卫生间、淋浴、电视和麻将桌。另有室内温泉及室外温泉。

2.7.1.4　垂钓

垂钓园中垂钓池鱼种众多，池中有小岛凉棚。水塘内还可以养殖鸭、鹅，此处的农家风情更显浓厚。住宿和垂钓园实景如图2-2-22所示。

图 2-2-22　小汤山特色小院和钓鱼园实景

2.7.2 青岛山色峪樱桃谷规划

2.7.2.1 樱桃谷简介

青岛山色峪樱桃谷位于夏庄东部山区，四面群峰耸翠、沟谷纵横、万壑藏幽、山清水秀、景色宜人，故名"山色峪"。辖青峪、蜜蜂涧等8个行政村，古井石屋，老桥流水，枕石漱流，野趣无限，樱桃万树、红杏千株，可享受独有的农家风情。随着近年来到山色峪参加樱桃山会的游客不断增多，"夫妻松"、"姜老背姜婆"、"牛心石"、"鹰扑石"、"鸽子石"、"老君堂"等20多个极富人文底蕴与悠久历史文化的自然景点先后被挖掘出来，青岛山色峪生态旅游区号称中国樱桃谷，山色峪因此也被评为市民心目中最具魅力乡村游路线之一。

青岛山色峪樱桃谷还素有"齐鲁第一樱桃谷"之称，早在明清时代就以盛产樱桃而闻名遐迩。山色峪地区有樱桃330余公顷，年产量近20万千克。这里的樱桃因适宜的土壤、优良的水质等得天独厚的自然资源而品质极佳。

2.7.2.2 樱桃谷的自然风光

山色峪村周边不仅物产丰富，自然景色也非常漂亮。山色峪周边方圆数十公里的山脉都修建了适合人们登山的路径，而且这里完全免费。整个山色峪景区分成四条线路，分别是北线、西线、南线和中线。其中北线是货郎鼓景区，有迎客松、隧道、垛石等景点；西线是韩信瓦景区，有崂山水库、狮子石、翁石等景点；南线是前仲湾景区，有原始森林、仙人洞、消息树等景点；中线是盘山路景区，有老虎石、蟠桃石、石洞等景点。樱桃谷的风光如图2-2-23所示。

图2-2-23 樱桃谷实景

2.7.2.3 樱桃谷产业的发展

为充分发挥山色峪的果林资源优势，自2003年开始举办樱桃山会。近年来，樱桃山会规模逐步扩大，而且依靠樱桃山会的开展，2005年山色峪樱桃山会期间，将夏庄街道、惜福镇街道的樱桃资源整合起来，统一为"山色峪樱桃"品牌，统一以"山色峪樱桃山会"的名义向社会推介，使"2005青岛山色峪樱桃山会"由原来山色峪一个社区扩大到整个崂山西麓夏庄街道、惜福镇街道等10余个种植樱桃的社区，共同使用"山色峪樱桃"品牌，使崂山西麓生产樱桃的社区形成了统一的旅游区，统一的市场。实践证明，这一做法效果非常明显。在"山色峪樱桃山会"期间，棉花、超然、少山等社区和山色峪社区一样，游客如织，樱桃价格是同期市场价格的3～5倍，初步形成了"山色峪樱桃"的品牌，共同做强做大了樱桃市场。

2.7.2.4 旅游采摘

樱桃谷针对每个季节的变化，策划了不同项目的采摘和旅游项目。市场推广的网站详细说明了各个季节的热卖特色。图 2-2-24 就可以看出成功的采摘园区其商业策划是非常重要的。图中不但说明了季节产品的种类，也能自由选择价格区间，让游客更明确地了解园区的营销方式。

图 2-2-24　樱桃谷网站的旅游采摘项目明细

【项目总结】

采摘园规划最重要的就是如何安排农业生产项目，这些项目又通过怎样的安排实现旅游者可以亲自参与与操作的？从许多采摘园的案例中我们可以看到，除了合理安排种植和采摘外，还要利用有限的资源创造非常不错的季节性景观以供观赏，比如杏花、桃花、梨花开放都是一道道风景。

【能力测试】

下面是一个小型采摘园的规划项目，场地如图 2-2-25 所示。现状条件和规划要求如下。

① 现状条件：项目位于某城郊，场地面积 7.88 万平方米，周围均为农田。

② 地形地势：用地范围内地势平缓，中部有微地形，标高已经标出。

③ 功能分区要求：入口景观区、花卉观赏区、温室水果采摘区（至少 6 栋常规温室）、特色蔬菜种植区（至少 6 栋常规温室）、露地水果采摘区休闲区、水上娱乐区、儿童游戏区和自主菜园。

④ 其他要求：根据场地选择主入口和次入口；停车场地的容量为 50 辆小客车。

⑤ 制图要求：绘制总体规划平面图、道路分析图、功能空间分区图。

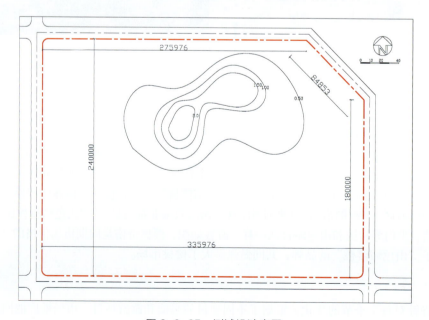

图 2-2-25　测试设计底图

项目 3　休闲体验园规划设计

休闲体验型观光农业园区是利用田园景观、自然生态及环境资源，结合农林牧副渔生产、农业经营活动、农村文化、农耕文化以及农家生活，为都市人群休闲旅游、农业体验、了解农村提供广阔的空间。休闲体验是这类园区的主要功能，规划时要注意以下关键点：

① 在投入与产出分析的基础上控制好生产、体验、娱乐和其他附属项目的比例，适当增加可以产生附加值的潜力项目。

② 尽量结合当地文化特色，设计一条与其他项目融合的独特文化旅游路线。

③ 进入详细设计阶段后一定要将平面规划和形成后的效果进行统一，不要华而不实。

项目名称：营口市某休闲体验园规划设计

项目来源：营口市鲅鱼圈经济开发区
　　　　　　营口市美艺景观设计工作室

项目概况：

该项目地点位于营口市鲅鱼圈开发区，设计地块形态比较特殊，东西两块对比明显的地块由城市外环路分开。外环路西侧大的规划用地原来为园林苗木基地，面积约为 26.96 公顷。该地块东侧紧邻铁路，南北为园林苗圃，西侧则为城市外环路。外环路东侧的用地为长条形，面积约为 1.34 公顷，此地块西端有 0.67 公顷左右的果园。根据甲方意见对其保留。甲方提供的现状用地统计见表 2-3-1。

表 2-3-1　项目现状用地统计表

用地类型	面积/公顷	面积/亩
苗圃	26.96	404.4
果园	0.67	10.1
空地	0.67	10
总面积	28.3	424.5

规划地块的地势比较平坦，只有在东侧大地块东北处有一片低洼地。规划用地界线、地块现状如图 2-3-1 所示。

任务 3.1　场地优劣势分析

【任务目标】

① 了解地块现状；
② 调查周边资源；
③ 找到改造重点，提出相应措施；
④ 根据地形地势分清脉络。

【任务实施】

3.1.1　优势分析

(1) 交通优势：项目地段距离鲅鱼圈区和盖州市区都比较近，约为 30km，半小时车程。而且有一条城市外环路穿过园区。距最近的火车站和高铁站分别为 15km 和 20km。

(2) 地势优势：整个用地范围土地平整，土壤状况良好，不用改良即可种植其他果树。
(3) 资源优势：场地内的园林苗木多为彩叶地被植物，可以用来绿化园区。

3.1.2 劣势分析

(1) 项目地段内过于平整的地块需要外运土方进行微地形的建造，项目内挖湖的土方量少，不足以构建所有地形。
(2) 局部砂壤土质，如果需要终止，需水量大的蔬菜，必须进行表土改良。
(3) 园区近端无水源，必须园内打井。

图 2-3-1　项目范围平面和场地现状照片

任务3.2　总体规划

【任务目标】

① 各类功能性区域布局规划；
② 道路交通、广场节点布局；
③ 主入口、停车场、主题建筑布局。

【任务实施】

3.2.1 提出建设目标与原则

结合甲方对此地块的定位和要求，此项目的规划目标是建设一个有一定生产功能，集果蔬生产、水体养殖、绿色餐饮、农事体验、休闲养生、文化娱乐、种植示范等功能于一体的休闲体验园。大部分项目在园区中被规划为园中园的形式，各类活动既相互联系又相对独立。这个体验园区规划时可采用如下原则。

(1) 生态保护原则：虽然地块周边无自然保护区，但是建设过程仍然需要减少对周边环境的影响。

(2) 多样性原则：此园区的面积为中等规模，根据园区定位和甲方的要求，园区规划要根据目标定位进行景观、生产、观光多位一体的立体规划。

(3) 参与性原则：所谓休闲就是要游客置身其中，享受参与后的满足感与幸福感。因此，所有预期项目的内容、尺度、规模都应以人为本。

(4) 示范原则：生产示范区在多数农业观光园里都会规划，在本园区中以蝴蝶兰生产示范为主要特点，兼具特色蔬菜的生产示范作用。

3.2.2 提出规划理念

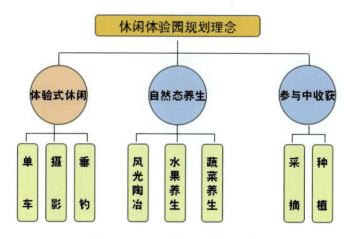

图 2-3-2　规划理念和实现形式

休闲体验园规划理念和实现形式如图 2-3-2 所示。这些理念再进一步深化，就用六字方针来形容：食、住、行、游、购、娱，如图 2-3-3 所示的具体项目。但是按照体验观光园规划项目的比重来分，顺序可以设置为"行、游、娱、购、食、住"。在本园区中最好不规划正式的住宿场所，而是建议使用温室看护建筑为游客提供短时住宿。

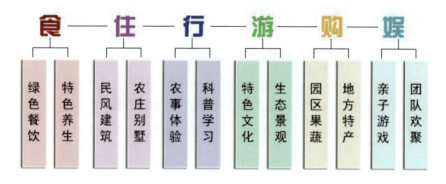

图 2-3-3　六字方针

3.2.3 总体规划

图 2-3-4 所示为本休闲体验园的规划总平面图。

图 2-3-4　休闲体验园规划总平面图

本项目的整体规划应在体验、景观和生产三个层次进行。规划基本布局为"两轴、四点、园中园",如图 2-3-5 所示。

图 2-3-5 体验园规划布局轴线示意图

"两轴"中的主轴线指的是从主入口进入园区的视觉轴线,先后贯穿了主入口、牡丹大道、主景观广场、篝火广场、葡萄长廊、瓜果长廊;副轴线则只通过主题广场的交通通道,连接了杏园、自然休闲园、蝴蝶兰馆、综合服务中心、名花园、五谷丰登广场和瓜菜生产区。

"四点",指的是园区中明显的四个交通枢纽,包括文化主题广场、摄影广场、自然休闲园节点广场和篝火广场。依附在四个节点周围的是休闲项目各不相同的景观园区。用点来定位对于这样的园区来说非常适合。

"园中园",是这个休闲体验园最大的特点,由道路和节点分开的每个场地景观、休闲内容和参与活动都不相同,因此形成了大园林环境中的小型专类园。

3.2.4 功能分区规划

本休闲体验园的规划有一个特殊的前提条件,就是甲方提出沿街必须设置设施栽培项目,园区内需要建几个蘑菇温室,而且还需要有采摘休闲类项目。这些前提都对设计者提出一个必须解决的问题,就是种植规划。果园一般都是行列式种植的,但是这种形式在景观上相对于自然式种植来说没有优势。因此,在整体规划中场地中部被划分为自然休闲园,主要采用景观树和果树相结合的方式,既满足景观美感,又不失农业本色。其他功能区域的划分围绕最初的理念展开,满足六字方针。图 2-3-6 就是该园区的功能分区图。

东部小场地主要就是两个区域:办公管理区和原有的果树园。西部场地自入口依次为:主入口景观带、综合服务区、花卉博览园、温室果树栽培区、蔬菜生产区、蝴蝶兰馆、专类水果采摘区、自然休闲区、水景区、集体休闲区、蘑菇生产区、花海摄影基地和园林植物配置展示区。

图 2-3-6 休闲体验园功能分区示意图

办公管理区：建设办公楼、必要的库房和临时大小型客车停车场。

入口景观带：包括东西两块地的大门景观、牡丹大道、中心主题景观广场和大型停车场。

综合服务区：包括绿色餐厅、养生体验馆、农耕机具展览中心、农产品售卖中心。

花卉博览园：以自然地形为主体的时令花卉观赏园，在特定季节还可以举办花卉展销。

温室果树栽培区：栽培新奇特南方水果、果树盆景。

蔬菜生产区：包括温室蔬菜区和露地蔬菜种植体验园。

蝴蝶兰馆：5000m^2 连栋温室，建议与专业兰花公司合作研发蝴蝶兰品种和产品推广。

专类水果采摘园：有杏园、苹果园、桃园和李园，一部分葡萄采摘位于休闲区。

自然休闲区：提供林间休息场地，散点建设野餐和烧烤的木亭，设计有两处大型的演艺休憩广场。

水景区：分为两部分，即垂钓园和荷香园。

集体休闲：依托篝火广场和跨度达到 6m 的葡萄长廊，为游客提供露天或树荫活动场地，提供必要的设施设备。

蘑菇生产区：种植发展潜力大的蘑菇品种，一是起生产示范作用，二是供游客自行采蘑菇。

花海摄影基地：种植薰衣草和毛地黄，色彩明丽的花卉背景非常适合做摄影背景。可开发婚纱摄影、奇趣摄影、儿童摄影、植物摄影等项目。

园林植物配置展示区：展示辽宁地区最具特色的植物群落，每种植物上都有标签，作为景观植物知识普及基地。

3.2.5 交通规划

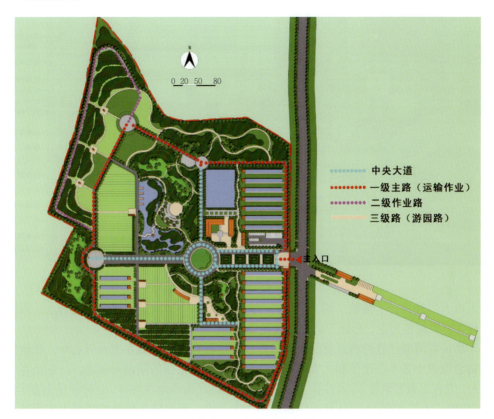

图 2-3-7　园区交通规划

诸如此类园区道路规划需要注意的事项：第一，景观大道是游客主要集结地，它的景观性需要结合附近产业特点进行设计；第二，游客休闲步道需曲折有致，尽量连接更多的景观节点；第三，因为有果树等产品需要管理运输，必须结合主路设计运输作业道路。

本案中的道路系统按使用性质和宽度分为中央十字景观大道、一级主路、二级主路、游园路。其中十字景观大道是不允许车行的，一级主路和二级主路在园区关闭期间可以兼用运输作业，三级游园路贯穿每个园中园，是游客近距离观景和参与性活动的必经之路。如图 2-3-7 所示。

任务3.3　主要区域详细规划

【任务目标】

① 主入口、停车场和景观大道详细设计；
② 自然休闲园和水景园详细设计；
③ 名花博览园和五谷丰登广场详细设计；
④ 摄影基地详细设计。

【任务实施】

3.3.1　主入口景观带

主入口景观带包括东西两块地的大门景观、牡丹大道、中心主题景观广场和大型停车场，毗邻最近的另一个区域是综合服务中心。平面布局如图2-3-8所示。

图2-3-8 主入口景观带和服务中心平面图

主入口大门外设计了集散广场，是人行、停车场出入、园内运输通道的集结点，因此广场尺度比较大，以铺装为主，形成开阔的交通场地。

停车场设置需要注意的两点就是位置和容量。位置选择一般都在主入口之外，在这样的旅游区域都会设置小客车停车位和大客车停车位；容量一般根据前期调研确定，一般小客车载客量按5人，大客车载客量按45人计算。本案中停车场地在东西地块均有，合计容量小客车50辆，大客车20辆，人数1150人。从景观性和适用性上考虑，现代停车场通常建设为生态式，即地面由嵌草砖铺装，每隔4～5个车位就会有高大乔木作为隔离绿化，等到乔木树冠相接时是最理想的状态，尤其在夏季车内温度会比没有树木遮挡降低许多。

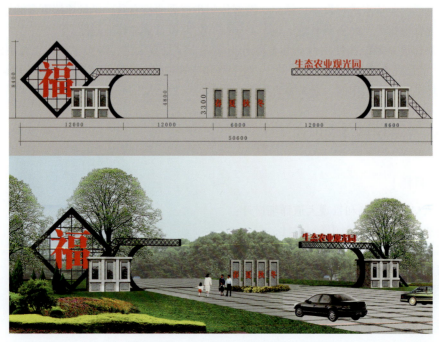

图2-3-9 主入口大门设计

入口大门设计采用现代式，立面装饰是一个大福字。这是因为园区理念为休闲养生，换句话说就是享受，享受就是有福气，所以主题归到一个字——"福"。这个正好也契合了当下人们追求幸福，珍惜幸福的愿望。入口大门设计效果如图2-3-9所示。办公区大门采用仿生树作为入口大门，意向见图2-3-10所示。

主题广场景墙也同大门一样体现幸福主题，设计了一个长达36m、立面如同祥云一样的中国红色透景景墙，墙上是上百个大小不同，字体各异的"福"字。如图2-3-11所示。

主入口区的纯植物景观就是轴线中心的牡丹大道和两侧的樱花带。早春樱花如云，春末牡丹盛开，会增添无限美好的花海景观，更好地烘托了主题。牡丹大道共分为四个种植区，每个种植区两个品种，既是景观又起到示范种植的作用。如图2-3-12所示。

综合服务中心设置的餐厅为绿色生态餐厅，主营园区自产的有机菜品。养生馆包括水果养生馆和蔬菜养生馆，研发简单易行的养生之法，让游客免费体验，如有需要可以将技术和产品带回家，养生体验是一项很有发展的潜力项目。

图2-3-10　办公区大门设计

图2-3-11　主题景墙意向图

图 2-3-12　樱花与牡丹景观

3.3.2　自然休闲园

图 2-3-13　自然休闲园平面布局图

如图 2-3-13 所示，自然休闲园主要由两类空间构成：一类是硬覆盖的林荫广场；另一类是果树和景观树配置的疏林草地。主要承担的功能是提供游客静逸休闲的场所、集会表演的舞台和野餐的安全空间。体现这些空间功能的则是人文色彩浓厚的仿真树、木亭、放满啤酒桶花钵的演艺舞台,还有配合采摘活动设计的竞赛广场。游客可以在此处享受自然的美景,体验森林采摘的乐趣和收获后饱餐一顿的快感。各类小品的意向如图 2-3-14~图 2-3-16 所示。

图 2-3-14　自然休闲园林荫坐凳意向图

图 2-3-15　自然休闲园露营设施意向

图 2-3-16　自然休闲园休闲野餐木亭意向图

自然休闲园的西侧毗邻水景区，此处就是原场地中地势比较低洼的地带，利用地形特点继续深挖，土方就用来堆造自然休闲园中的微地形，尽量达到土方不外运。荷塘区设计水深为1.0m，垂钓区水深要达到养殖鱼类安全过冬的深度，营口当地做到净深2.5m就足够了。深水和浅水区的界线由木曲桥划分，曲桥中部向水面延伸形成一小平台，为进入荷香亭的游客提供暂时停留的空间。

3.3.3 名花博览园和五谷丰登广场详细设计

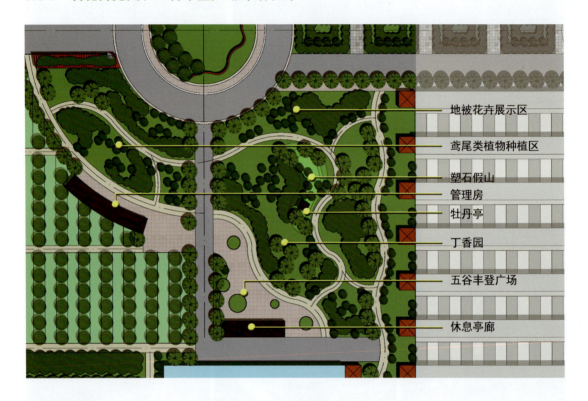

图 2-3-17　名花博览园平面图

名花博览园位于主入口轴线以北，与主题广场和牡丹大道相呼应。平面布局如图 2-3-17 所示。

名花博览园主要以花卉观赏为景观特色，分为四个区域：地被花卉区、鸢尾类花卉区、月季园和芳香灌木区。博览园内的最佳观景高点为塑石假山顶平台上的牡丹亭，结合假山比较浑厚的造型使这组景观建筑更为俏丽突出。

3.3.4 摄影基地详细设计

摄影基地在这个体验园中是一种带有浪漫情怀的特殊景观点，它重点利用了薰衣草、毛地黄、马鞭草等花卉的色彩和生长特点，种植成大片的花田，东北背景为苹果采摘园和部分景观树种林地，西南则为梨园盛景，春夏两季这个部分将形成靓丽夺目的草本花卉和树木花卉景观。

在这个区域与自然休闲园之间设置了一个比较大型的硬铺装广场作为摄影爱好者集结和相互学习的基地。该基地经营和管理可以联合摄影团体、驴友俱乐部、婚纱摄影公司甚至摄影爱好者，举办内容丰富的摄影活动或者赛事，增加更多的人文情怀。这些活动对园区整体人气提升和对外宣传起到其他常规广告意想不到的效果。

摄影基地的设计平面如图 2-3-18 所示。

图 2-3-18 摄影基地平面布局及意向图

任务3.4 旅游项目策划

【任务目标】
① 水景区和自然休闲区的旅游项目规划；
② 综合服务中心与果蔬生产区的旅游项目规划；
③ 摄影基地和采摘园的旅游项目规划。

【任务实施】

3.4.1 水景区和自然休闲区的旅游项目规划

水景区和自然休闲区是整个园区中最生态自然的区域，设置的休闲活动也应与自然结合。在本案例中，水岸西边设置了几处垂钓平台，垂钓设备在综合服务中心可以租赁。在水景区的北端有近9m的浅水区，水深200～400cm，是专为少年儿童设置的摸鱼池。水景区的另一部分是荷花种植区，夏天观花，秋天采藕，钓鱼和观荷区的分界线为一带曲桥，在钓鱼区满足不了垂钓要求时，曲桥上也可以临时充当钓鱼场地。水景区和自然休闲区的重点项目布局如图 2-3-19 所示。

3.4.2 综合服务中心与果蔬生产区的旅游项目规划

综合服务中心附近的蝴蝶兰馆和果蔬生产基本都是农业产业观光体验区。综合服务中心集中了体验馆、绿色餐厅、农业博览馆、农产品售卖中心，观摩和养生体验活动比较集中。这部分区域主要的旅游项目包括：农事工具展览、部分生产生活工具的使用、水果养生餐和蔬菜养生餐的制作，民风民俗体验、蝴蝶兰观赏和花卉盆景的制作。具体项目布局如图2-3-20所示。

图 2-3-19　水景区和自然休闲区的重点项目规划布局图

图 2-3-20　综合服务中心和温室生产区旅游项目规划布局图

3.4.3　摄影基地和采摘园的旅游项目规划

摄影基地和三大水果采摘园（杏园、苹果园、桃园）的主要旅游项目非常明晰，摄影基地以花卉摄影、风景摄影、婚纱摄影、人物摄影等为主，重点宣传园区优美的环境。

采摘园的主要活动就是水果现场品尝、采摘、采摘竞赛。在水果采摘区比较特殊的一个区域就是葡萄长廊，种植了三种受当地欢迎的葡萄品种，跨度 6m 以上的廊架下面设置有 8 人座的户外餐桌，因此葡萄廊架就是一个既具有实用性又有观赏性的户外餐饮长廊。游客可以在此休息、用餐或者举行吃葡萄大赛。

3.4.4　其他生产区域的旅游项目规划

蘑菇生产示范区引种当地少见的蘑菇品种，一年四季都可以供游客采摘。对于儿童来说生产区域北侧建有蘑菇城堡，设计的童话般的水果蔬菜世界既充满童趣，还能让孩子们对常见蔬果有所认知。

在露地蔬菜种植体验区设计农夫乐园，专为游客预留种植区和植物领养区。种植的瓜类作物在坐果期可以挂牌认养，到收获季节前来采摘。

任务3.5 景观系统规划设计

【任务目标】

① 交通系统规划设计；
② 服务系统规划设计；
③ 指示导向系统规划设计；
④ 照明系统规划设计。

【任务实施】

3.5.1 交通系统规划设计

一般主要道路在进行功能分区和初步规划时大部分已经完成。例如：在景观系统规划时根据景观需要添加游步道或者部分节点广场；若园区内有特殊地段，比如水域或山谷地，则根据需要设计桥梁或者蹬道。这部分设计内容可参看总体规划中的交通规划图。

3.5.2 服务系统规划设计

园区中的一切活动项目都要有场地或相应设施作为载体。服务系统分为两类：一类是休闲服务系统，包括亭、廊、架等景观建筑；另一类是卫生服务系统，包括垃圾桶、卫生间、洗手池、饮水处等。休闲服务设施分布在景观节点处，卫生服务设施主要集中分布在几个建筑或人流集中的场地边缘，卫生间的服务半径不宜超过250m。图2-3-21标识的是服务设施意向图。

图2-3-21　生态卫生间和垃圾桶意向

3.5.3 指示导向系统规划设计

指示导向系统包括三个部分：指示设施、导向设施和说明设施。指示设施包括指示牌、路牌；导向设施主要用来指导方向；说明设施主要有警示牌、说明牌等。如图2-3-22所示。

图2-3-22　指示牌、导向牌、说明牌意向

3.5.4 照明系统规划设计

照明系统中主要涉及的地面设施是灯具，包括道路安全性照明的路灯、庭院灯、草坪灯；装饰性照明的建筑轮廓灯、壁灯等；还有景观性照明灯具，如广场灯柱、投射灯、水下射灯。

本项目中的一级主路照明采用高杆路灯，二级人行主路和休闲广场采用庭院灯，主题广场和篝火广场使用景观灯柱，在主题景墙、入口大门和景观建筑周围使用投射灯和装饰壁灯，综合服务区设置庭院灯和草坪灯。需要注意的是一些没有安排夜间活动的场地是不需要照明的。图 2-3-23 是该园区照明灯具分布图。

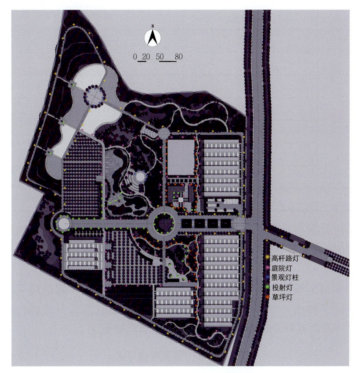

图 2-3-23　照明灯具布置平面图

任务3.6　种植规划设计

【任务目标】

① 设施栽培区种植规划；
② 露地栽培区种植规划；
③ 自然休闲园种植规划；
④ 重点区域的景观种植设计。

【任务实施】

3.6.1 生产性种植规划

本园区所在地辽宁省营口市盛产苹果、桃、梨、葡萄、杏，如果在园区内小面积种植这些果树没有什么优势，最好从外地引进其他本地栽培面积较小的稀缺果树，如杨桃、无花果、火龙果、枇杷、蓝莓、草莓和树莓等。本项目引进的果树种植面积如表 2-3-2 所示。

表 2-3-2　水果种植详表

种植性质	水果种类	面积/亩	备注
温室种植	杨桃	0.95	1栋温室
	无花果	0.95	1栋温室
	火龙果	0.95	1栋温室
	枇杷	0.95	1栋温室
	草莓	1.90	2栋温室
	果树盆景	0.95	1栋温室
温室间露地种植	树莓	2.55	
	蓝莓	2.55	
露地采摘园	杏	25.0	
	苹果	30.0	
	梨	15.0	
	桃	19.5	
	葡萄	1.75	393m长廊
临时苗圃		9.24	

还有一部分果树分散在自然休闲园和园林苗木种植示范区中。这些果树增添了休闲园的情趣，但不属于采摘园的范围。园区还预留了一块果树临时苗圃区，这里可以作为外卖和补充园区缺失的部分果苗。

园区中的蔬菜种植区域位于入口南侧，分为温室蔬菜种植区、露地蔬菜种植体验园和蘑菇生产示范区。这里除了种植一部分供给园区餐厅外，其余都对游客开放进行租赁或者采摘。多余的可以与蔬菜零售商联系外卖。本园区蔬菜种植种类明细见表 2-3-3。

表 2-3-3　蔬菜种植详表

种植性质	蔬菜种类	面积/亩	备注
温室种植	樱桃番茄	1.90	2栋温室
	水果黄瓜	1.90	2栋温室
	彩色辣椒	0.95	1栋温室
	彩色芸豆	0.95	1栋温室
	黄瓜	0.95	1栋温室
	西红柿	0.95	1栋温室
	茄果类	0.95	1栋温室
	叶菜类（生菜、莴苣）	0.78	1栋温室
	叶菜类（紫背天葵、木耳菜、番杏）	0.78	1栋温室
	南瓜	0.95	1栋温室
	丝瓜、苦瓜	0.95	1栋温室
	其他瓜类		1栋温室
	阳台菜园示范	0.95	1栋温室

续表

种植性质	蔬菜种类	面积/亩	备注
温室间露地种植	西红柿	2.55	夏季采摘
	黄瓜	2.55	夏季采摘
	芸豆	2.55	夏季采摘
露地蔬菜种植示范和体验园		10.2	
温室蘑菇	鸡腿菇	0.78	四季采摘
	杏鲍菇	0.78	四季采摘
	平菇	0.78	四季采摘
	香菇	0.78	四季采摘
水生蔬菜	莲藕	2.90	秋季采摘

3.6.2 景观种植规划

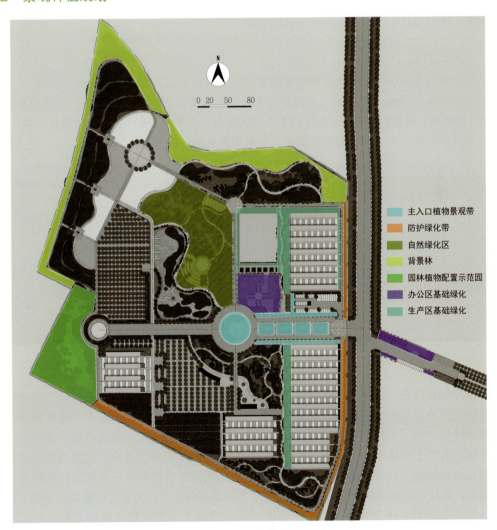

图 2-3-24 景观绿化布局平面图

在园区的入口处有牡丹大道和名花园，东南角设计有园林植物配置示范园，还有其他的广场、建筑周围也需要用园林植物打造优美的园区景观。比如主入口处的行道树绿化带可以烘托出干净整洁的环境，摄影基地外围绿化带可以作为花卉区浓厚的背景林，自然休闲园微坡绿地配合疏林草地，打造了静逸优雅的丛林之美。总之，配置合理的园林植物会进一步提升休闲园的形象，让游人更能体会到这里比一般只有果树的采摘园环境的优胜之处。

本项目的景观种植规划布局如图 2-3-24 所示。

任务3.7 经典案例赏析：盘锦鼎翔休闲生态旅游园规划设计

3.7.1. 园区简介

盘锦鼎翔休闲农业与生态旅游园区位于盘锦市西郊，地处辽河和绕阳河交汇处。旅游区内绿树葱茏，秀色依依，水网密布，水流潺潺，似一颗绿色的翡翠镶嵌在辽西大地上。太平河风光带是太平河流经鼎翔境内天然形成的两岸林带，经多年的维护和人文打造，使这里形成了水光十色、奇树虬枝、千鸟飞鸣、灵性凸显的两岸风光。这里既有江南的婉约妩媚，又有浓郁的北国风情，拥有在辽宁全省也不多见的自然景观。

3.7.2 功能分区

鼎翔休闲农业与生态旅游园区由苇海蟹滩、鸟乐园和生态农业观光园三部分组成。

苇海蟹滩风景区由于长期的人为保护，不仅芦苇长势良好，变异程度小，同时引来各类动物种群。涨潮时，这里碧水连天，起伏的苇浪随风摇曳；退潮后，横行无忌的螃蟹犹如神兵天降，迅速占领整个苇荡，绘就一幅美妙的图案。苇海实景见图 2-3-25。

图 2-3-25 鼎翔休闲生态旅游园苇海实景

鸟乐园风景区是一个种植有机水果、有机蔬菜和各种林苗的生态园，也是辽宁省林科所在鼎翔集团的林木实验基地。风景区栖息 200 多种鸟类，到目前为止，已有多个鸟类研究机构到这里观察研究。为了更好地了解这些鸟类的生活习性，园区修建了一座观鸟楼，并安装了电子监控系统，备置了高倍望远镜，通过它们可以观察到鸟类生活的全景图。这里观鸟方式独特，游客可在林区甬路、观鸟楼和封闭式观鸟长廊内近距离欣赏自然状态下生活的各种野生鸟类活动的场景，而且对鸟类没有任何的影响。鼎翔生态旅游度假区不仅为游人们提供了游览、观光、休闲、度假的场所，还在科学普及、生态保护等方面做了大量细致有效的工作。鸟乐园如图 2-3-26 所示。

图 2-3-26　鼎翔休闲生态旅游园的鸟乐园

鼎翔生态农业观光园具有高品位旅游资源，大片的林地、稻田、果园构成了北方田园风光和特色湿地自然景观。园区占地 160 余公顷，北部种植各类有机水果、蔬菜及其他农作物，可供游客进行休闲观光、科普教育、果蔬采摘和农事参与活动。主要品种有葡萄、李子、杏、酥梨和山楂等，其中有机无核玫瑰香葡萄和酥梨是该园区最为著名的特产。实景如图 2-3-27 所示。

图 2-3-27　鼎翔生态农业园实景

【项目总结】

在规划休闲体验园区过程中首先要对园区主要目标进行定位。然后根据总目标进行园内各个产业的功能规划、结构规划、产品细化和营销策划。好的体验园区设计会兼顾经济效益、社会效益，并且注重生态效益，达到可持续发展。

【能力测试】

某小型休闲体验园的场地图如图 2-3-28 所示，试对其进行规划。现状条件和规划要求如下：

(1) 环境条件：项目位于某山区的山谷，周围山上为年轻态的针阔混交林，春季则有部分山杜鹃开放。

(2) 场地条件：用地范围内地势平缓，已经对场地进行了平整；有一条乡道穿过园区。

(3) 其他要求：假定位于设计者所在的省份，自定所有农业品种。

(4) 制图要求：绘制总规平面、道路分析图、功能空间分区图和重要节点的平面图。

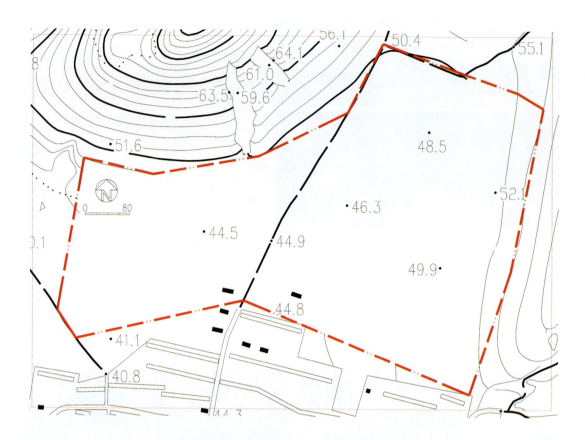

图 2-3-28　某休闲体验园项目场地图

项目 4　教育农园规划设计

教育农园利用农业生产活动、动植物、农业文化等资源，设计体验活动以达到教育的目的。一般以儿童、青少年学生和对农业、自然科学知识感兴趣的旅游者为服务对象，兼备知识传播和观光休闲双重功能。此类园区规划设计的关键是：

① 采用先进的农业技术，打造科普、示范、教育、体验四位一体；
② 特色产品与市民生活相关性强，能让旅游者学以致用。

项目名称：阜新市某教育农园规划设计
项目来源：沈阳市观杉园林工程设计有限公司
项目概况：

该项目地点位于辽宁省阜新市郊区，原设计地块共 19.87 公顷，分为南北两个园区，南部园区设计为文化体验园，北部园区需要规划为教育体验农园。

本项目主要为教育农园部分，该园红线范围内面积约为 10 公顷，现状为农田，无其他植被。路东侧已规划为别墅用地，路西侧为高速公路。整体地势东高西低，南高北低，西南角还有面积约为 1200m² 的石头坡地，高点相对周边高出 2.6m。在此坡地西南 20m 处就是一个电信发射塔。设计中需要对其进行避让和围挡。图 2-4-1 说明场地的地势、特殊地形和设施的位置信息。

图 2-4-1　设计地块的地势走向和现场地形

任务 4.1　项目优劣势分析

【任务目标】
① 到现场拍照，记录现场已有的建筑、设施和植被状况；
② 分析场地优劣势，初步考虑一些生产项目的位置布局。

【任务实施】

4.1.1 优势分析

(1) 地块内的土壤条件很好，可以满足多数农作物生长。
(2) 地块的三个界面未来景观属于农业园区和居住区，只有铁路一侧的景观需要局部遮挡。
(3) 场地东和北端围墙已经存在，西侧围墙可以与居住区公用，所以只需要设计南端围墙即可。

4.1.2 劣势分析

(1) 有些地段的高差比较大，必须进行大面积的场地平整。
(2) 电信发射塔和经过场地的一万伏高压线需要避让。
(3) 东北角的石头高地不能铲平，需要进行特殊设计。

任务4.2　总体规划

【任务目标】

① 在园区性质的基础上规划出具有科普作用的生产性设施；
② 针对场地特点和甲方要求规划特色景观区域（水体）和文娱场地；
③ 结合场外道路确定主入口和入口景观。

【任务实施】

根据前期调研和分析，该园区中确定的生产设施有：80m×8m 的日光节能温室，5000m^2 的花卉智能温室，1000m^2 的花卉和茶道艺术馆，2000m^2 的现代蔬菜种植示范连栋温室。园区配套的综合服务中心设有生态餐厅、民俗住宿、会议培训等场所。室外文娱场所包括有儿童游戏场地和其他户外游戏场地。园区总体规划平面如图 2-4-2 所示。

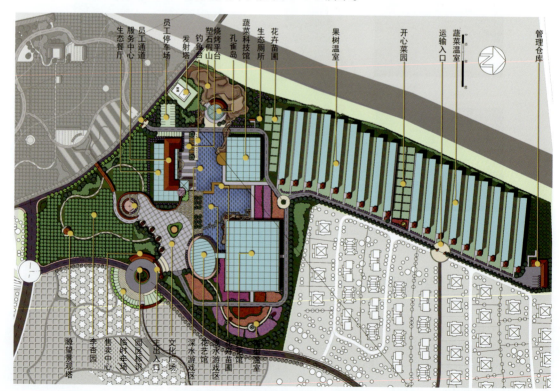

图 2-4-2　教育农园规划总平面图

任务4.3　分区设计

【任务目标】
① 功能区域划分；
② 道路交通组织。

【任务实施】

4.3.1　功能分区

本项目中的园区共分为 7 个功能区：主入口景观区、综合服务区、李杏采摘区、设施蔬菜栽培区、设施果树栽培区、花卉观赏体验区、现代蔬菜生产示范区。分布平面如图 2-4-3 所示。

图 2-4-3　教育休闲园功能分区平面图

4.3.2　交通规划

图 2-4-4　交通基本规划平面图

园区交通规划内容包括主要游览路线、次要游览路线和可参与生产区的生产性路线。其中主要游览路线还兼顾园区运输管理功能，但建议只在每日闭园后才允许车辆通行；次要游览路线包括到各个场馆或游戏区的支路、广场；生产性路线分布在设施栽培区，方便游客进入温室内外的菜园果园。基本交通规划如图 2-4-4 所示。

任务4.4　农业科普示范特色项目规划

【任务目标】
① 温室栽培区项目规划；
② 百花馆和花艺馆项目规划；
③ 现代蔬菜生产示范馆项目规划；
④ 露地花田和微型花园项目规划。
【任务实施】

4.4.1　温室栽培区项目规划

温室栽培区分为温室果树和温室蔬菜两部分。对于温室之间的田畦主要用来栽培春夏蔬菜，并开辟了游客可以亲身体验的开心菜园，能像 QQ 游戏中的农场一样有偿地"偷"邻居的蔬菜。表 2-4-1 体现出温室栽培区的种植规划和设置的特色温室项目。

表 2-4-1　温室种植区详表

种植场地	种植种类	面积/亩	备注
温室果树	油桃	1.90	2栋温室
	杨桃	0.95	1栋温室
	白肉火龙果	0.95	1栋温室
	红肉火龙果	0.95	1栋温室
	草莓	1.90	2栋温室
	甜瓜	0.95	1栋温室
	果树盆景	0.95	1栋温室，温室花园
温室蔬菜	圣女果	1.90	2栋温室，其中一栋设计目标为大型圣女果果树观赏和采摘园
	水果黄瓜	0.95	1栋温室
	南瓜	0.95	1栋温室
	其他瓜类	0.95	1栋温室，设计目标为温室自然态瓜园
	叶菜	0.95	2栋温室
	西红柿	0.95	1栋温室
	黄瓜	0.95	1栋温室
露地菜园	时令蔬菜	7.2	
QQ菜园	体验种植	2.5	

4.4.2 百花馆和花艺馆项目规划

百花馆是面积 5000m² 的智能温室，分为四个区域：蝴蝶兰观赏区、盆花和切花区、育苗区和体验游戏区。蝴蝶兰观赏区采用现代花卉生产的设备和技术栽培常见和稀有的兰花品种；盆花和切花区栽培南北方表现优秀的种类和品种；育苗区设置了花卉组织培养室；在温室西南部分设计了温室内钓鱼池，儿童生活常识教育区、花卉迷宫和花瓣拼画手工区。

花艺馆是将百花馆栽培的花卉产品组合成花卉盆景，内部设置有生活花艺课堂。花的艺术和茶的艺术都是生活品质的象征，因此花艺馆内部设计了一个茶道区，游客可以在这里认识各种茶叶，特别是养生茶。还有重要的一个环节就是花卉精油美容体验区，提醒人们真正生活的艺术的源泉是大自然。百花馆和花艺馆的平面布局如图 2-4-5 所示。

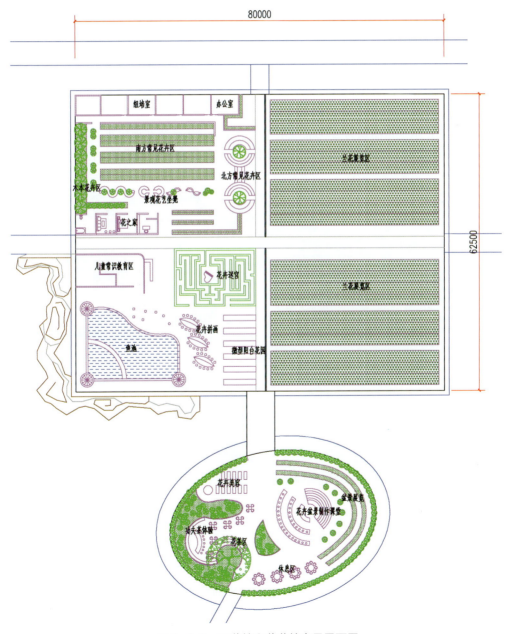

图 2-4-5 百花馆和花艺馆布局平面图

百花馆和花艺馆的联合使生产和艺术加工分区更加明晰，游客可以看到原生态的产品，也可以亲自设计制作花卉的衍生产品，具有一定的亲民性和推广意义。蝴蝶兰观赏区和花卉盆景区的意向如图 2-4-6 所示。

图 2-4-6　蝴蝶兰观赏区和花卉盆景意向图

4.4.3　现代蔬菜生产示范馆项目规划

现代蔬菜生产示范馆面积为 2000m²，主要展示无土栽培系统在现代蔬菜生产中的优势和生产过程。栽培的种类包括番茄、黄瓜、甜瓜、西瓜等常见蔬果和叶菜类蔬菜。生产形式如图 2-4-7 所示。

图 2-4-7　现代蔬菜生产示范馆生产形式

4.4.4　露地花田和微型花园项目规划

在百花馆与花艺馆周围打造露地花田，花田中设计了 3 个小型玻璃温室，专门栽培一些适合微型器皿的花花草草。小巧可爱的植物，比较粗放的管理方式适合家中的窗台、办公族的电脑边和店面装饰。这类微型花园是最近兴起的办公室装饰物，有着广泛的市场，通过本园区的示范作用可以将此推广发展。玻璃温室和微型花园的意向如图 2-4-8 所示。

图 2-4-8　小型玻璃温室和微型花园意向

任务4.5　重点分区规划设计

【任务目标】

① 主入口景观区规划设计；
② 综合服务区景观设计。

【任务实施】

4.5.1　主入口景观区规划设计

主入口景观区包括园区内外两个部分，园区外为集散广场和临时停车场，因为此园区只是原项目的一个主题园，因此主停车场并未在此处。停车场东侧有自行车租赁处，提供单人、双人和三人自行车。

园区内文化广场主题是东北民俗民风，通过粮仓与四喜临门寓意的亭子相结合，背景为东北十八怪的透景景墙。而寓意阜新当地玉龙文化的龙形景墙成为整个文化广场的边缘构筑物。其他景观布局如图2-4-9所示。

主入口大门设计立面图如图2-4-10所示，其他构筑物意向如图2-4-11所示。

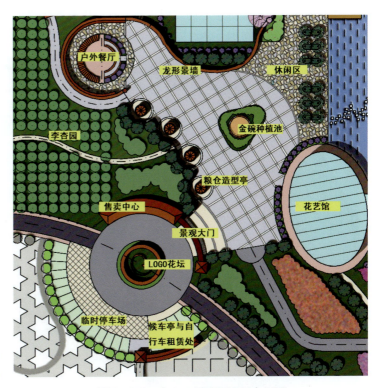

图 2-4-9　主入口景观区平面布局图

图 2-4-10　主入口大门设计立面图

图 2-4-11　龙形景墙和粮仓造型意向

4.5.2　综合服务区规划设计

综合服务区包括服务中心的三层主楼、首层生态餐厅、水上娱乐区、水岸烧烤和钓鱼台。集合了餐饮、住宿、娱乐等综合功能。这个区域的平面布局如图 2-4-12 所示。

图 2-4-12　综合服务中心平面布局图

服务中心是这个园区唯一一座高层建筑，其形象设计应符合园区和甲方对园区开发的主题定位，还有在与一层生态餐厅的结合上要考虑游客上下楼的便捷性，就餐和观景的关联性，还有餐厅内外景观的连续性问题。服务中心立面设计和生态餐厅布局如图2-4-13所示。

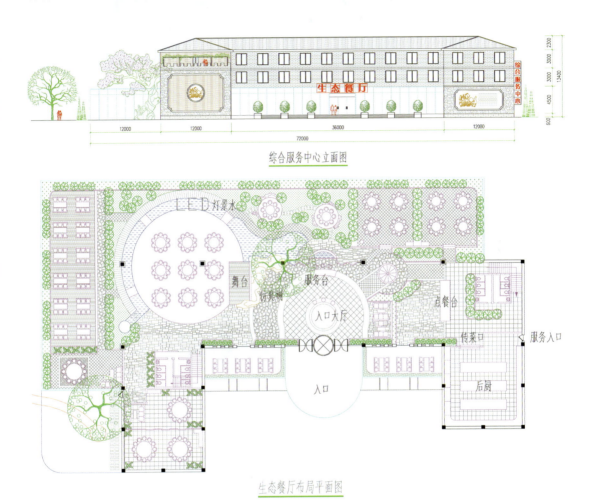

图2-4-13　服务中心立面设计和生态餐厅布局图

任务4.6　经典案例赏析：大连太空植物王国规划设计

4.6.1　植物王国简介

大连太空植物王国位于旅顺水师营小南村，占地面积20000m²，展馆面积6000m²，是旅顺旅游集团和中国科学院生命遗传研究院在小南村投资1000万元人民币共同开发建设的，是主要以太空植物为展示内容，以外太空为背景的大型科普园。它是集现代化、高科技为一体的展馆，具有强烈的科普性、趣味性、真实性、艺术性和互动性。如图2-4-14所示。

太空植物王国是以种植展示太空植物为主，配套影像科普讲座，并以外太空做背景依托的大型科普园。植物王国展示给人们一个个普通的种子带入太空后，在太空特殊环境下（如磁场、紫外线、高度、真空）使基因发生了变异，回到地球后生长出奇异般的果实。

图 2-4-14　植物王国入口和展厅入口

4.6.2　展馆主题

天空植物王国设计两个吉祥物："哈哈"（太空南瓜）和"皮皮"（太空茄子）（见图 2-4-15），所有植物的故事均由这两个吉祥物经历的传奇故事展开，经过太空长廊、梦幻太空、秘境探险、奇妙世界和情景体验五大展区，将这上千株的太空植物经过基因变异生长出的各种奇异果实尽收眼底，切身感受科技世界的奥妙与神奇。

图 2-4-15　吉祥物：哈哈和皮皮

4.6.3　展馆分区

展馆由序厅、福禄门、黑色金字塔、梦幻太空、哈皮世界五大区域组成，五大展区将为游客展现神秘的太空，奇妙的水世界，神奇的太空种子，形态各异的太空植物。

太空种子就是精选的作物种子通过航天飞行器的搭载进入太空，在太空特殊的环境下使种子发生变异，然后再到地面进行优选培育。展馆五大区域中植物种类共五个系列近 40 个品种，分三季，即 5 月份、7 月份、8 月份、10 月份，每一季品种的大小和形状都是形态各异，每一次看到的都是新奇不同的。长在"树"上的地瓜，形状各异的葫芦等，吸引了各个年龄段的人群参观。

展馆内各种太空植物颠覆了以往的植物概念，已长到近百斤的黄色南瓜，令人称奇；麦克风形状的南瓜，根部是金黄色的，头部是绿色的；突珠黑、突珠绿南瓜长得极像手雷；"香炉瓜"长得也的确似香炉；西红柿有黄、绿、橙等多个颜色，有的是长方形的。特别是一棵高 4m

的西红柿"树",树冠直径可达 6m,产量可达 200 多千克。而园内栽种的 "地瓜树",藤蔓已爬满树架,等三四个月后再来看,地瓜是长在"树"上,而不是在地下。还有七种颜色的太空辣椒,形状各异的葫芦等。如图 2-4-16 所示。

图 2-4-16　各类太空蔬菜

4.6.4　展馆景观

展馆内景观主要以各类太空蔬菜为主,其他的景观设施不是很多,最引人注目的就是各类说明牌了。图 2-4-17 是种植说明牌,牌子的设计形象都像树木的剪影,加上亮丽的色彩,卡通的图案,很具有吸引力。

图 2-4-17　种植说明牌

观光农业园区规划设计

【项目总结】

规划教育农园,第一就是要将具有生产示范意义的区域尽量集中在一起;第二是尽量细化具有教育科普功能的区域,必须前期对市场进行调研;第三是做到多位一体,避免项目单一引起的季节性人流量反差太大;第四,少年儿童是初步教育的主体,应多方面考虑此类人群的需要,设计好与园区特点相呼应的各类游戏娱乐场地,在玩中学,做中玩,吸引他们有意识地参与非常重要。

【能力测试】

详细设计一个现代种植示范馆,主题自拟。

① 现状条件:项目位于北京近郊的小型教育农园内,场馆面积5000m^2(连栋温室,80m×62.5m),场馆周围为开阔的大田种植展示区。

② 内容要求:蔬菜种植示范区、种植体验区、瓜果类种植区、室内鱼池、小型花卉盆景展览售卖区。

③ 其他要求:根据场地选择主入口和次入口。

④ 制图要求:绘制场馆详规平面图,并给出各个分区的意向图。

模块三　知识能力拓展

拓展 1　观光农业产业认知
拓展 2　观光农业资源调查、评价与开发
拓展 3　观光农业园区经营管理
拓展 4　生态农业

拓展 1　观光农业产业认知

学习目标

- 了解观光农业及相关概念；
- 了解观光农业的功能、意义；
- 掌握观光农业主要类型及运行模式；
- 了解国内外观光农业发展现状。

学习前导

观光农业，是一种以农业和农村为载体的新兴朝阳产业。近年来，伴随全球农业的产业化发展，人们发现，现代农业不仅具有生产性功能，还具有改善生态环境质量，为人们提供观光、休闲、度假的生活性功能。随着收入的增加，闲暇时间的增多，生活节奏的加快以及竞争的日益激烈，人们渴望多样化的旅游，尤其是大城市居民更希望能在典型的农村环境中放松自己。于是观光农业应运而生。

1.1　观光农业内涵认知

随着农业现代化的发展进程加快，农业的多功能性不断显现，现代农业不再是单一的生产农产品，而是同时具有保护生态环境，满足人们观光、休闲和度假需求等多种功能。随着城市化进程的加速发展，市民的收入水平不断提高，工作压力不断增大，对节假日休闲游和田园风光的需求也不断增大。随着旅游业的多元化发展，农业旅游资源被列为重点开发对象之一。于是观光农业应运而生。

观光农业是跨越一产和三产的新兴行业，观光农业园区是观光农业的主要载体，所以在学习观光农业园区规划设计之前，有必要对观光农业内涵和相关概念进行了解。

1.1.1　农业

农业是指以生产植物、动物以及微生物产品为主的社会生产部门。分广义和狭义两种，广义的农业包含农、林、牧、副、渔五业；狭义的农业指种植业和养殖业。

农业有近万年的发展历史，经历了原始农业、传统农业和现代农业三个阶段。原始农业以使用石器工具为特征；传统农业以使用铁木工具，依靠畜力和经验进行生产为特征。现代农业的典型特征是以现代科学技术为支撑，大量使用现代工业生产的生产资料和进行现代化管理。

1.1.2 观光与观光农业

(1) 观光　是指游览、观赏、休闲、娱乐、度假、探险等一切旅游形式。

(2) 观光农业　是指以现有或开发的农业和农村资源为对象，按照现代旅游业的发展规律和构成要素，对其进行改造、配套、组装和深度开发，在至少保证基本生产或生活功能和有利于生态环境改善的基础上，因地制宜，赋予其观赏、品尝、购买、娱乐、劳动、学习、居住等不同旅游功能，创造出可经营的具有农业或农村特色和功能的旅游资源及其产品，形成一产和三产相融合，生产和消费相统一的新兴产业形态。

简言之，观光农业是集生产、游憩、体验、教育、保健、经济、文化和环保等为一体的多功能新型朝阳产业，它同时具有农业和旅游业的属性和特征。

1.1.3 观光农业与其他相关概念关系解析

(1) 休闲与休闲农业

① 休闲　是指在闲暇时间内一切对身心劳累有恢复功能的活动，包括旅游、娱乐、健身、和文化传播等众多领域。休闲作为一种社会现象和消费现象，与经济社会发展的关系十分密切。

严格来说，休闲与观光是有区别的，观光强调异地性，并有时间限制；而休闲是指在闲暇时间，为了休息、消遣等目的而开展的社会活动和自由发挥创造力的总称。休闲是观光的前提；观光是休闲的一种重要形式。

② 休闲农业　休闲农业是利用农村设备与空间、农业生产场地、农业产品、自然生态、农业自然环境和农村人文资源等，经过规划设计以发挥农村与农业休闲游功能，提升旅游品质，提高农民收入，促进农村发展的一种新型产业。

从概念上看，休闲农业隶属于观光农业，是观光农业的重要组成部分。

(2) 旅游与旅游业

① 旅游　是指人们为寻求精神上的愉快感受而进行的非定居性旅行和在游览过程中所发生的一切现象及关系的总和。它具有游览、观赏、休憩、度假等功能，它是现代人的一种生活状态，还是一种综合性的社会经济活动。在日常使用时，"观光"和"旅游"实际上是同义词。

② 旅游业　是为旅游者的旅游活动创造便利条件并提供其所需商品和服务的综合性产业。包括旅行社部门、游客食宿接待部门、景区经营部门、交通运输部门和旅游组织管理部门。

(3) 生态旅游　生态旅游是指在一定的自然区域中进行的一种对生态环境负责任的旅游，是人类认识自然、重新审视自我行为的必然结果。它体现了经济-环境-社会可持续发展的理念，生态意识、生态理念和生态道德是生态旅游的核心。

在传统的旅游中，人和自然是一种商品交换关系；在生态旅游中，人和大自然是一种平等的、充满了尊重和关爱的朋友关系，既融入了环境保护教育，又有利于自然资源和生物多样性开发和保护。生态旅游是一种新兴的旅游方式，包括森林生态旅游和农业生态旅游。

(4) 乡村旅游　乡村旅游是指以农村社区为活动场所，以乡村田园风光、农业生产经营活动、乡村自然文化风俗和自然生态环境为旅游吸引物，以城市居民为客源市场，以领略乡村风光、民风民俗，体验农事生产劳作和回归自然为目的的一种旅游方式。

乡村旅游以乡村生活为基础，其核心是"乡村性"，强调活动场所在农村。乡村旅游是观光农业的重要组成部分，后者还包括以观光农业园区为载体的休闲旅游活动。

1.2 观光农业功能与意义认知

1.2.1 观光农业的功能

观光农业同时生产农产品和旅游产品。而且其农产品一般具有两重性,当农产品不与旅游项目结合时,它是单独的农产品;当与观赏、体验、购物等活动结合时,它就是一种旅游产品。观光农业的经营目标之一就是要强化农产品作为旅游吸引物的吸引力,充分挖掘农产品的旅游附加值,使之成为一种主要的旅游资源。因此,观光农业承载如下基本功能。

(1) 经济功能　主要表现在促进农副产品的就地销售、就地增值和农村劳动力的就地转化,拓宽农民增收渠道,提高农民收入,改善农业和农村产业结构。

(2) 社会功能　旅游开发带来的客流、资金流和信息流,对农村、农民和农业产生着潜移默化的影响,它可以改善农业生产环境和提升农村生活环境、增加农村公共设施、增进城乡居民交流,对缩小城乡差距、推进城乡经济统筹发展、促进新农村建设、构建和谐社会有重要意义。

(3) 教育功能　通过观光农业活动,可以促进城市居民和学生认识农业、体验农村生活和农村文化、了解农民生活状态、增进对"三农问题"的理解等。

(4) 环保功能　为了吸引客源,观光农业园区会主动改善环境卫生,提升环境品质,维护自然生态均衡。在良好环境氛围的熏陶下,乡村居民会逐渐改变不良的生活习惯和无休止向大自然索取的生活态度,主动改善环境品质,保护环境资源,最终实现农业、农村的可持续发展。

(5) 休憩保健功能　农村特有的柔和的农业景观、舒缓的生活节奏和天人合一的生活状态,对于解除市民工作及生活的压力、修身养心具有其他传统景区不可替代的作用。

(6) 文化传承功能　文化特色是观光农业的重要特色,文化特色鲜明了,观光农业才具有了真正的核心竞争力,才能够持续发展。因此,发展观光农业可以使那些农村特有的生活文化、产业文化和民俗文化得以继承、创新和发展,最终创造出地域特色鲜明的新农村文化。

1.2.2 观光农业的意义

发展观光农业对中国有着非常重要的现实意义,有助于实现经济、社会、生态效益的均衡发展,保证农业的可持续发展。

首先,发展观光农业有利于农业产业结构的优化调整。观光农业在注重农业生产的基础上引入旅游因素,兼有第一产业和第三产业的属性,能有效克服农业弱质产业的特性,从而大幅提高经济效益。

其次,有利于解决农村劳动力的出路问题,提高农民群体的综合素质。根据乘数效益理论估算,旅游业每创造一个直接就业机会,将会产生三个间接就业机会,从而一定程度解决目前中国农村劳动力过剩的问题。

第三,观光农业的发展,还有利于保护和改善农业生态环境,塑造良好的乡村风貌,提高居民的生活质量和环境质量。

第四,为旅游业的产业延伸提供契机。随着经济发展和都市化程度的不断提高,城市居民逐渐被"水泥丛林"所包围,被"柏油沙漠"所环绕,被"三废"和噪声污染所困扰,"都市综合症"随之而来。观光农业集农业活动、农产品生产及休闲、度假于一体,给人们增加了内容丰富、形式多样的活动内容,为人们提供了新的活动空间,有利于人们的身心健康。这一新的游憩场所的出现,还为减轻传统旅游热点景区的黄金周客流压力提供了缓冲场所,为旅游产业的可持续发展提供了新的平台。

1.2.3 发展观光农业可能产生的负面影响

尽管发展观光农业具有重要的现实意义,但是在其发展过程中仍可能会带来负面影响,这些是需要全社会密切关注的。

(1) 制造新的环境污染源　如新设置禽畜养殖项目产生的粪便污染;游客产生的废弃物污染;农民生活条件改善所带来的生活污染;产品包装升级所带来的生产污染等。污染形式主要为水污染、垃圾污染、土壤污染,其他如油烟污染、噪声污染等有可能发生。

(2) 景观与服务设施建设对生态环境的破坏

① 随意改变地形,尤其在峡谷地段,可能增大泥石流、滑坡的地质灾害的风险,减低行洪能力。

② 破坏植被。

③ 切断生物通道,引进外来物种,产生当地生物多样性被破坏的威胁。

④ 建筑布局、风格与色彩等不合理污染视觉等。

(3) 形成不良社会风气　由于对游客休闲状态的片面理解,农村居民容易受到部分游客的不良社会风气和低级趣味需求影响,而产生好逸恶劳思想和赌博、投机诈骗、走私、对家庭不忠诚等不良和犯罪行为,从而产生农村不良社会风气。

(4) "乡土味"弱化　传统的民间习俗和庆典活动都是在特定的时间、地点,按照传统的内容和方式举行的,将民俗作为旅游资源过度商业化后,很容易导致民俗庸俗化。另外独特的民族文化和风情,大多都是在较封闭的环境下形成的,随着旅游者的涌入,异族以及同族异地的文化、思想意识、生活习俗的引入,旅游地传统的民族文化、风情民俗会逐渐被同化、冲淡和消失。

1.3　观光农业主要业态辨析

1.3.1　观光农业开发存在的问题

虽然国内观光农业蓬勃发展,但各种观光农业园在设计及开发建设过程中,也突显了众多问题和弊病,这些问题和弊病将影响观光农业园的可持续发展,削弱其生命力和对游客的吸引力。综合分析,观光农业开发过程中存在的问题和弊端大致包括以下几个方面。

(1) 园区农业氛围不够浓厚,城市化和商业化倾向严重　观光农业园应该始终体现农业主题,农业景观是观光农业园最具特色的景观,应该与城市景观形成鲜明对比,让游客能够从中体味到农业文化的情趣。如果单纯为了投商家所好,唯商业是举,那么此类观光农业园只能算是商业经济的衍生品。资料表明,89.8%的人通过农业生产可以体验收获的乐趣;77.9%的人认为农业劳动可以健身;69.5%的人通过劳动与他人获得充分交流。上述一系列数据表明农业观光的第一基础是农业,过度注重依靠旅游设施和手段失去了农业观光吸引潜在客源的第一特色,必然导致失败。

(2) 对自然资源的过度开发,人工化现象严重　农业是一套复杂的生态系统,其包含的任何单元都需要适宜的空间和环境作保障,如果为了观光的需要而添加过多的人工设施,结果只能对自然资源造成损害。

(3) 对乡土特色、民俗文化内涵不够重视　这是诸多观光农业园普遍存在的一大缺陷,要么是景观流于形式,没有内涵;要么是嫁接别处的特色,没有立足于本地的人文信息和民俗文化;要么对本地民俗文化挖掘深度不够,仅仅体现表面的东西,有的地方甚至不管其适宜与否、雅致与否，统统拿出来展示，没有进行细致的挑选和艺术化处理，弄得热闹有余，雅趣尽失。在今后的观光农业园景观塑造中，对于乡土民俗文化的挖掘和体现应该扩大比例，加深力度。

(4) 设计雷同，缺乏个性和地方特色　很多景点的投资者单纯将环境资源作为"摇钱树"，将别处观光农业园赢利的观光项目模仿过来，急于获利，结果导致很多观光园设计雷同，游客游玩了其中一处，便不想再探访其他。而在同一个农业观光园内，由于缺乏统一的规划设计，旅游景点多有重复性，缺乏主题和个性。这些弊端直接导致观光农业园景观缺乏生命力和吸引力，最终只能是惨淡经营。

(5) 季节性特征明显，资源浪费　观光农业季节性强（尤其是北方），导致部分观光农业园区旺季时车水马龙，淡季时门庭冷落，造成了资产的闲置浪费。这些园区应该结合农业景观季节性特色，设置其他经营项目与之相补充。例如有些观光农业园冬季在花木温室内开设特色餐饮、温泉等休闲娱乐项目，使得园区经营淡季不淡，收益颇丰。

(6) 缺乏区域性的总体规划　缺乏区域性整体规划，盲目上项目会导致竞争性经营加剧，经济效益下滑。如北京市郊区各方面条件优越，但是由于没有从全市整体上进行总体规划，10多个区县间的盲目竞争，争上观光农业项目，导致整体效益的下滑，一些项目难以为继。

(7) 观光农业建设投资规模参差不齐　园区建设水平和管理水平差异显著，两极分化明显。由政府前期投入的一些园区规模庞大，如上海孙桥、珠海农业高科等均有数亿元的投资规模，但巨额投入也会拖累其经济效益。而大多数观光农业项目由于投资规模偏小，难以有完善的设施体系，使其丧失吸引力导致项目失败。

1.3.2　观光农业发展应对策略

(1) 应当由政府部门制定一定区域的总体规划，进行政策性引导，尽量避免重复投资或不顾条件一哄而上现象发生。

(2) 应当有法规性约束，对观光农业的准入门槛、发展规模、行业准则等进行限定，通过选择拥有最佳条件的参与者的方式减少不良竞争，保证行业发展方向。

(3) 政府应当在管理和约束的同时制定相应扶助条款以促进观光农业发展。观光农业依然有着很强的农业烙印，不可避免地带有产业弱质性，需要有相应支持保证其经济效益和产业健康发展。

(4) 应加强对观光农业技术层面的研究投入。因为诸如旅游规划、旅游管理、景观评价等理论应用于观光农业的实践和经验性成果还不足以满足观光农业需要，应对其进行合理指导。

(5) 在农村加强观光农业的宣传，改善农村环境，提高作为参与者的农民整体素质，增强农民服务意识，使观光农业更具吸引力和竞争力。

1.3.3　观光农业主要类型及运行模式

观光农业按照经营模式可以分为农庄经济型、园区经济型、特色产业型、自然人文景观型、农家乐型和农业贸易型；按照主题定位可以分为观光采摘园、教育农园、高科技农业示范园、农家乐、生态农业园、市民农园、森林公园、度假休闲山庄和民俗文化村。我国目前农家乐、观光采摘园、教育农园和高科技农业示范园数量居多。

(1) 农家乐　农家乐是以农民家庭为基本接待单位，以利用自然生态资源、参与农村生产活动和体验农民生活为特色，以农业、农村、农事为载体，以"吃农家饭，住农家屋，干农家活，享农家乐"为主要内容，以旅游经营为目的的观光农业项目。

农家乐源于欧洲的西班牙，20世纪60年代初，有些西班牙农场主把自家房屋改造装修为旅馆，用以留宿过往客人，并为客人提供骑马等农事活动项目，开创了农家乐先河。此后，美国、法国、意大利、日本、韩国等国家大力发展了农家乐。我国农家乐始于20世纪90年代，现浙江、湖南、湖北、四川、上海等省市已形成农家乐产业链，掀起了农家乐旅游的热潮。

农家乐园区一般由乡村风光欣赏区、乡村生活体验区、住宿区和农产品销售区组成。主要构成元素有果园、菜园、鱼塘、牧场、农家庭院、农村文化习俗和独特的农产品加工技术及场所等。农家乐多由个体农户为经营主体，组织管理机构相对松散，运行机制灵活，随意性较强，员工大多为家庭成员，服务简单，相对收费较低。

> 典型案例

上海南汇农家乐

南汇农家乐，原名上海南汇乡趣农家乐，位于临港新城书院镇洼港村1119号，是典型的上海农村人家。农家乐以淳朴的风貌展示农村真实百姓生活：自住农舍、灶头、水井、农田、小河。在这里，您可以去池塘垂钓，可以去小树林里游玩，可以跟老农学做农活，也可以在小河里划船，在岸边凉棚下烧烤。农家乐随着季节变化，推出一系列特色活动：赏花、摘菜、采果。打造了陶渊明笔下"结庐在人境，而无车马喧"的世外田园生活意境。不仅可以体验悠然自得的农村生活，更有地道味美的农家灶头饭菜等你品尝。

(2) 观光采摘园　观光采摘园是我国观光农业发展的最早形式，也是国外观光农业最普遍的一种形式。一般包括果园、菜园、花园、茶园等，供游客采摘，亲身体验和享受收获的乐趣。观光采摘园一般具有较突出的主体特色（多命名为观光果园、观光菜园、观光竹园、观光茶园等），距离城市较近（一般位于城市近郊和风景点附近），规模不大（但要求集中连片），设施简单（但具备旅游景区的基础条件和停车场、观景台、凉亭、座椅等基本旅游设施，并能保证游客安全）。如北京香山御香观光采摘园、深圳荔枝世界观光园、大连鹏龙大樱桃采摘园等。

观光采摘园一般由普通农场、菜园、果园等改建而成，集农产品生产和采摘于一体，多数由生产采摘区、观光休闲区和基础服务区等功能区组成。主要技术要素有作物品种、生产条件、栽培面积、生产技术、采摘活动设计、园区日常服务管理和农产品包装定价等。

观光采摘园的内部管理机制相对简单，一般设综合管理部门（游客管理服务、营销、安全保卫）和生产部门，从事生产的人员居多。

> 典型案例

北京香山御香观光采摘园

御香观光采摘园，隶属于北京一品香山农产品销售有限责任公司，属村集体所有制单位，园区占地26.67公顷。

园区确立了"依托地域优势，调整种植结构，丰富农产品市场，以文化休闲娱乐为主要内容，不断打造和提升香山御香观光采摘园品质"的发展方向。

目前该园以生产高产、优质、高效、生态、安全的产品为最终目的，在设施农业的带动下，结合园内建造的科普长廊、儿童乐园、动物乐园以及农具展等已形成了该园区集文化休闲娱乐为一体的主题特色。

近年来，御香观光采摘园在不断发展的同时，全面实施人性化管理，从点滴入手，使前来园区的人们亲身感受到该园区的各项优质服务。

(3) 教育农园　教育农园是兼顾农业生产与科普教育功能的农业经营形态，即利用农园中所栽植的作物、饲养的动物以及配备的设施，如特色植物、热带植物、农耕设施栽培、传统农具展示等，进行农业科技示范、生态农业示范，传授游客农业知识。教育农园是农业园区的一种特殊类型，它兼备农业科技示范园区的科普教育功能和休闲农业园区的观光休闲娱乐功能，集生态型、科普型、休闲型为一体，具有浓郁乡土文化特色，也是随着城乡经济的快速发展逐渐从农业园区中分离出来，成为一种独立的存在形式。如苏州农林大世界、海南热带植物园、河南省郑州市陈寨村的特色植物展示园、顺德新世纪农业园等。

20世纪90年代以来，欧洲和美洲的很多国家已经发展了不计其数的教育农园。在我国台湾，教育农园的发展已相当成熟，还成立了台湾生态教育农园协会。台湾的教育农园提供都市居民学习农业知识、接近自然、与动植物生命互动的场所与活动，充分享受田园乐趣。教育农园可配合中小学的户外教学课程，提供市区学童最方便、最有效的农业与自然的教育场所，让学生在体验农业生产过程与田园生活当中，学习尊重生命与自然之间的和谐。我国大陆虽然以"教育农园"为名的主题园不是很多，但几乎所有的农业科技示范园区内都设立有教育、培训、观光的项目，大多数以"学农基地"、"学生学习基地"、"青少年活动基地"等名义出现。

教育农园主要技术组成要素有各种动植物、各种动植物生命过程、农业高新技术和农产品购物中心。一般设有行政管理部门、旅游接待部门、生产技术部门、人力资源部门、营销部门、餐饮管理部门、客房管理部门和安全保卫部门等。

典型案例

顺德新世纪农业园

该农业园筹建于1997年，占地面积7312公顷。是集科技农业生产、生态观光、科普教育、生态居住、休闲度假于一体的新型现代化农业示范基地。并先后被评为"国家级星火项目现代化农业示范基地"、"广东省科普教育基地"、"顺德科普教育基地"。

农业园的水产养殖中心被选定为"国家级大口黑鲈良种场"，又是最早大规模将中华鲟引入华南养殖的基地之一。成功引种和繁殖有异地的大口黑鲈、太阳鱼、美国匙吻鲟、梭鲈、金钱龟、绿毛龟、鳄鱼龟以及泰国湾鳄等名优品种。

(4) 高科技农业示范园　高科技农业示范园又称农业科技园，它是在一定地域范围内，以当地自然资源和社会资源为基础，广泛应用国内外先进实用的农业技术，充分发挥科技优势，合理配置各种生产要素，以规模化、集约化为特征，以企业化管理为手段，集农业生产、农业科技研究、示范推广、观光旅游活动为一体的观光农业形态。具有代表性的园区有上海孙桥农业开发区、珠海农科奇观、泰州生态农业科技示范园等。

高科技农业示范园主要向游人展示农业高科技的魅力，为大面积推广做示范样板。其主要特征是：①高新技术和人才高度密集；②产出的是高、精、尖技术或高附加值农产品；③园区内管理和运作模式更为自主灵活；④环境优美，生活、生产、服务设施完善。

一般高科技农业示范园主要技术要素为设施环境控制技术、保护地生产技术、无土栽培技术、生物技术、信息技术、病虫害防治技术、节水灌溉技术等。员工素质要求高，普通劳动力需求较少，旅游服务简单，主要以观光和少量体验性活动为主。

典型案例

泰州生态农业科技示范园

江苏泰州生态农业科技示范园位于泰州市海陵区北郊，核心区总面积约130公顷，园内远景规划向周边辐射面积为667公顷。整个园区规划为两条核心水系、三大板块、九大功能区,三大板块分别是安全果蔬生产板块、优质花卉苗木生产板块和观光与休闲农业板块,分别担负起果品蔬菜生产、花卉苗木培育和休闲旅游观光的功能。

安全蔬菜区位于园区北部,东临鲁汀河,总规划面积为48公顷,主要包括露地蔬菜种植基地、设施蔬菜种植基地、精品蔬菜种植基地、水生蔬菜种植基地、蔬菜新品种培育基地、蔬菜科技示范基地等部分。时令鲜果区位于观光游览区北部,安全蔬菜南侧,总规划面积为24公顷,主要包括果树种植基地、四季果园和果树栽培科技示范基地等部分。

休闲度假区位于花卉生产区以北,时令鲜果区以南,由水上游览园、果蔬采摘园、休闲度假村几个部分组成,规划面积约为8.2公顷。观光游览区位于时令鲜果区以南,新农村民居区以北,包括乡村水街、农家乐园、休闲垂钓园、农耕文化园等几个部分,规划面积约为6.0公顷。

园区定位:定位以果蔬、花卉、种苗生产为主,形成生态农业科技示范,多种经营。

1.4　国内外观光农业发展经验借鉴

1.4.1　国内观光农业发展经验借鉴

20世纪末,随着农业结构的调整和农业高新技术的应用,各地、市、城郊及乡镇结合自己的农业特点、自然资源和文化遗产相继建成了具有一定规模和一定面积的高新农业科技示范园区。这些园区内,主要栽植果树优良品种、稀有蔬菜和新潮花木,在绿化设计和道路规划方面遵照了园林的规划原则与要求,有的还设立了一些园林艺术小品和其他娱乐服务设施。整个园子除生产农副产品之外,还可供人们参观游览,这就是农业观光园的雏形。

城镇居民面对生态环境的日益恶化,纷纷开始向往"回归大自然"的休闲、恬静生活。每逢周末和假期,都不约而同地去寻找绿色空间和清新的娱乐场所,以领略、感受、体验田园和乡村的朴实生活,从而获得紧张工作之后的恬静和放松。另一方面,一些居民也渐渐厌倦了游历名山大川后的旅途劳累,且常有"看景不如听景"的遗憾,于是就自然而然地瞄上了距离比较近的高新农业科技示范园区。而这些园区也非常乐意接纳游人,既可销售产品,又可获得一笔非常可观的门票收入,且可以借游人之口做活广告,传播既快又易为人接受,比在广播、电视上做广告更经济实惠。这样,生态农业、园林绿化与生态旅游很自然地结合了起来,形成了一类独具特色的科技示范园,我们将之称为农业观光园。

农业观光园是农业高速发展和城乡一体化发展的需要。进入21世纪,伴随着人类生产、生活方式的变化及乡村城市化和城乡一体化的深入,农业已从传统的生产形式逐步转向景观、生态、健康、医疗、教育、观光、休闲、度假等方向。农业观光园的出现,就等于扩大了人类的生存空间,为人类生存和需求创造了更好的、更易适应的环境条件。如我国台湾省的观光农业位居世界领先地位。从20世纪70年代到20世纪末,台湾省借助"农业发展实现农业生产企业化、农民生活现代化和农村生态自然化"的措施,形成了生产、生活与生态相结合,平衡发展的"三生观光农业",从而解决了农业萎缩、农产品过剩、外国产品向台湾倾销等一系列问题,农业生产水平迅速提高而位居世界前列。

农业观光园是农业结构调整和社会经济生活发展的需要。农业结构调整、农业集约化生产和社会经济生活发展对农业的可持续发展起到了积极的推进作用。传统农业的一家一户分散、高耗、低效且不合理的种植结构和生产形式已渐渐不适合现代农业的要求,农民迫切希望有一种快速、低耗、高效的现代农业生产形式出现,农民也迫切需要在资金、信息、科技方面得到支持与引导。农业观光园的出现，不仅为农业结构调整提供了示范，而且也吸引了城市居民到此一游。城市居民到农村乡间旅游观光，会带去大量的科技思想、市场信息和文明生活方式，既可促进农民素质提高，也可加快农村城市化进程。农业观光园内的高效农业也能吸引城镇居民到此投资，从而加快农业产业化进程。此外，这还能促进农业由第一产业向第三产业转化。培育新的经济增长点，提高经济效益和社会效益。

农业观光园是旅游事业朝向生态旅游发展的产物，是旅游业发展创新的一种新形式。它开辟了新的旅游景点，满足了人们对旅游的新追求。长期居住在现代化高密度、高层建筑区，整天为污染的城市空气和呆板且无情趣的城市景观所困扰的现代市民，为了缓解紧张工作带来的精神压力和抑郁，提高身体素质和生活质量，多选择外出旅游放松一下自己。但各大主要景点一则是距城市较远，多为高地，不方便带老人或孩子；二则是人员爆满，影响清静放松的情趣；三则是门票也相对较高，使人望而却步。因此，他们（尤其是老人和孩子）多转向选择能亲近和感受的田园风景区。故此，农业观光园就形成了一个新的旅游热点，如北京2011年各类农业观光园年接待游人3328.50万人次，四川省各类农业观光园共接待游人17000.00万人次。

农业观光园也是21世纪生态园林绿化发展的方向，是一种新的园林形式。现代园林的发展方向是将园林和生态有机结合起来，即向生态园林方向发展。园林已开始从城市向城郊和乡村蔓延，与农业紧密相结合，逐渐形成园林化的农业，农业化的园林。人们生活在园林化的环境中，耕作在农业化的园林中。这对改善生存和生态环境，保护我们赖以生存的地球具有重大的现实意义和深远的历史意义。

农业观光园的改善生态和保护环境的巨大作用，也符合西部农业大开发的主导思想，可作为我国西部农业大开发的参考和借鉴模式。

人们对农业观光园发展前景的认识进一步提高，已经认识到农业观光园是观光农业的一个重要组成部分，必须以可持续发展的观点来规划、建设和使用它。开发和经营中的短期意识问题、资源掠夺式开发问题、技术人员缺乏和农民缺乏技术培训问题等正在逐步扭转。农业观光园的发展方向是产业化、科技化、国际化。农业观光园既是城市居民的乐园，也是农村农民的公园和增加收入的市场。因此，农业观光园是一个多产业一体化的新的产业，是21世纪新型的生态农业形式，具有权威广阔的发展前途。

(1) 台湾地区

观光农业在我国台湾一般被称为"观光休闲农业"，经过近30年的发展，台湾观光农业取得了长足进步，但也存在着一系列问题：游人集中于周末和假日，且在季节上分布不均，导致农园无法构成全年的均衡经营；有的项目区缺乏乡土文化内涵，仅靠农产品利用型观光农园的游憩活动无法满足游憩的需求；设施及活动过于人工化，偏向经营游乐区开发行为，普遍缺乏教育功能。目前，台湾学界针对上述问题进行了大量研究，其研究内容主要有：①对市场和市场营销策略的研究；②对游客心理、行为的研究，并特别重视教育农园的建设和发展；③对改善观光休闲农业区环境，以及旅游产品的设计等的研究。

(2) 大陆地区

① 休闲观光农业发展极为迅速　休闲观光农业在我国大陆地区属于新兴的旅游项目，仅仅经过了20多年的发展。20世纪80年代后期，深圳首先开办荔枝节，各地纷纷仿效，开发了各具特色的休闲观光农业项目。进入90年代，随着我国人民生活水平的提高，休闲观光农业和乡村旅游也应运而生。一些有特色的休闲观光农业基地，如浙江金华石门农场的花木公园、自摘自炒茶园，福建漳州的花卉、水果大观园，厦门华夏神农大观园、建阳县黄坨乡蛇园、东山县鲍鱼观赏村，广西柳州水乡观光农业区，山东枣庄石榴园，海南亚珠庄园，河南周口市"傻瓜农业园"，上海浦东"孙桥现代农业开发区"，四川成都市郊区的"小农庄度假村"等，项目独特、

条件优越,不仅为人们拓展了游览空间,而且为农村现代农业的发展和农民致富开辟了新的途径。进入21世纪,政府把休闲观光农业提上议事日程。2001年,国家旅游局把推进休闲观光农业工作列入当年工作要点之一,下发《关于对农业旅游和工业旅游开发进行典型调研的通知》,并会同山东省旅游局、青岛市旅游局组成调研小组,对青岛市进行了试点调研,形成《农业旅游发展指导规范草稿》,确定了首批农业旅游示范点候选单位名单,制定了《全国农业旅游示范点检查标准(试行)》;2002年,全国旅游工作会议指出:"要抓好农业旅游示范点的工作";2003年,推出全国首批农业旅游示范点,进一步促进我国农业旅游的发展。

"十二五"期间,休闲农业和乡村旅游进入快速发展期。2013年,为促使休闲农业成为横跨农村一、二、三产业的新兴产业,成为促进农民就业增收和满足居民休闲需求的民生产业,成为缓解资源约束和保护生态环境的绿色产业,成为发展新型消费业态和扩大内需的支柱产业,农业部颁布了《全国休闲农业发展"十二五"规划》。2014年,为深入贯彻党的十八大、十八届三中、四中全会和习近平总书记系列重要讲话精神,落实中央1号文件的有关部署,进一步引导休闲农业持续健康发展,农业部下发了《农业部关于进一步促进休闲农业持续健康发展的通知》。2016年1号文件更是首次明确提出了"大力发展休闲农业和乡村旅游",这标志着"大力发展休闲农业和乡村旅游"已经上升到国家战略。

② 观光农业的特点纷呈　我国大陆的休闲观光农业经过了多年的发展,形成了自己的特点:第一,休闲观光农业以观光、休闲功能为主,包括观赏、品尝、购物、务农劳作、文化娱乐、农业技术学习、森林浴、乡土文化欣赏等;第二,休闲观光农业生产与旅游相结合,形成了"农游合一"的休闲农业特点;第三,目前农业观光区服务设施不完善,度假型和租赁型的休闲农业项目自然偏少,因此仍处于发展阶段,尚未形成更高层次的内容和功能;第四,休闲观光农业多分布在东部经济发达省区和大城市郊区,以及旅游业比较发达和特色农业地区。

③ 我国观光农业形式多样　观光农业园区是以农业为依托、农业与现代旅游相结合的一种高效农业,是以充分开发具有观光、旅游价值的农业资源和农业产品为前提,把农业生产、科技应用、艺术加工等融为一体,以生态、生产、经济为主要功能的农业生态园区。休闲观光农业园区是进行农业旅游开发的主要形式。在相关理论的指导下,我国台湾、北京、上海、广东、江苏、浙江等省市的郊区和靠近风景旅游区的地域发展了观光农业,建设了一批观光农业园区,涌现了一批以北京锦绣大地农业观光园、北京朝来农艺园、深圳青青世界、苏州未来农林大世界、南京江心洲观光农业园等为代表的一系列成功的休闲观光农业园区。休闲观光农业园区最初起源于对农业科技园区的游憩功能开发和农业产业基地的采摘游,如我国北京周边地区的高新农业园区最初将休闲观光作为辅助功能进行开发。我国广东的荔枝采摘节等则是在划定的区域内开展采摘活动。随着这一形态日益受到重视,休闲观光功能比较齐全的休闲观光农业园区开始出现。如广东省番禺化龙农业大观园,园内设置先农五圣景区,主要介绍轩辕黄帝、神农氏、有巢氏、伏羲氏、燧人氏等发现和发展农耕、饲养、纺织等的历史。园内有个"五谷园",同时种植了"稻、麦、黍、樱、寂"5种谷物,学生们通过认真观察,就不再"五谷不分"了;园内还开展种菜、种花、喂饲禽畜、捉鱼、野营等活动,对远离农作物的城市学生极具吸引力,每逢"六一"前夕,上万学生预约到此参观、露营。湖北随州炎帝神农故里旅游区,以再现炎帝神农"创耕耘、植五谷、驯畜禽、尝百草、创织制、兴贸易"的历史功绩为主题,创建了寓农业科研、生产、加工、销售、观赏、娱乐、文化、技术咨询等功能于一体的休闲观光农业系统产品。

④ 农业景观是我国园林设计之母　《西游记》中的蟠桃园,到周朝的苑、囿,都栽有大量的桃、梅、木瓜等农作物,表现了农业景观是古代园林造景的主题。《诗经·周南》中就有颂桃的诗句:"桃之夭夭,其叶蓁蓁。之子于归,宜其家人。"生动地描述了桃花盛开、枝叶茂盛、硕果累累的美景。

点面的恰当结合是古代农业景观的惯用手法，"一枝红杏出墙来"、"千树万树梨花开"便是农业景观的点面效果。如今，这些方法也同样运用在了当前城市园林景观中，如第5届深圳中国国际园林博览园"瓜果园"主要采用奇异瓜果、蔬菜品种来营造具有丰富园林色彩的栽培景区，既有观赏价值又有科普教育意义。入口有标志性景石，简洁、自然、环保，蜿蜒溪流贯穿果园，分外亲切、宁静，曲线优美、图案丰富的大理石园道指引着游客的观赏线路。为增加趣味性和观赏性，园内精心设计了许多特色园林小品，如框景瓜果竹架、竹亭、花架廊、园林木桥、竹门、园林竹架、木架亭等。植物配置以实用、观赏的奇花异果为主体，采用岭南园林植物配置手法，使植物丰富的色彩、柔和多变的线条、优美的姿态及风韵有机结合起来。

1.4.2　国外观光农业发展经验借鉴

(1) 休闲观光农业科技园的主题是农业景观　欧洲对农业景观的欣赏可以追溯到伊甸园的神话中，在这个神话的描述中伊甸园是一个"与外界分离的""安全性很好的""种满了奇花异果的"空间。在古埃及和中世纪欧洲贵族的古典园林中，不仅种植有各式各样的花卉，而且还有枝头挂满果实的果树。这些农业景观普遍被世人所接受和向往。在16世纪以后的二三百年里，"农业景观是漂亮的"这一思想逐渐盛行。到最近100年里，经济的发展伴随教育和休闲活动的普及，对农业生产景观的欣赏逐渐大众化。20世纪30年代欧洲已开始农业旅游，然而，这时观光农业并未被正式提出，仅是从属于旅游业的一个观光项目。20世纪中后期，旅游不再是对农田景观的欣赏观看，代之相继出现了具有观光职能的观光农园，农业观光旅游逐渐成为休闲生活的趋势之一。20世纪80年代以来，随着人们旅游度假需求的日益增大，观光农业园由单纯观光的性质向度假、操作等功能扩展。目前一些国家又出现了观光农园经营的高级形式，即农场主将农园分片租给个人家庭或小团体，假日里让他们享用。如德国城市郊区设有"市民农园"出租给城市居民，可从事家庭农艺活动，满足人们回归自然、体验农业生产和休闲的需求。1982年由欧洲15个国家共同在芬兰举行了以农场观光为主题的会议，探讨并交流了各国观光农业的发展问题，各个国家也在此基础上有了不同程度的发展。景观同时具有观赏性和生产性理念，启迪了西方的景观设计。如今天的英国东茂林生态园利用各类果树为植物造景材料。国外观光农业及经验借鉴大大丰富了园区景观，并为旅游者提供了果品观光、采摘等其他城市公园所不能开展的活动，取得了很好的效益。

(2) 休闲观光农业科技园在世界各国发展历程不尽相同且发展迅速

① 在英国，从阿尔伯克公爵的《城乡规划》出版(1930)到霍华德、盖迪斯提出"田园城市"、"组合城市"的规划思想(1942～1947)，再到20世纪80年代，Krummel.J.R将近郊农业景观整合到乡村－城市景观结构的分析，完成了农业景观到生态景观的整合。

② 在美国，1941年其游憩农业开始大力发展，1962年政府开始对观光农业在政策和资金上给予大力扶持；20世纪70年代后，国家开始重视对农业景观的保护，景观设计师们也投入到农业景观的设计上，实现了农业景观设计专业化。

③ 在法国，农业景观17世纪就已经具有相当规模，主要是葡萄园的规模化建造。19世纪，美洲葡萄的引进造成欧洲葡萄根瘤蚜的爆发与蔓延，欧洲葡萄在法国的栽培面积锐减，法国巴黎附近的葡萄园也因根瘤蚜的爆发而枯死。当时正值巴黎社会对香水的需求单靠动物源香料(麝香)已经不能满足，客观催生了植物源香料(玫瑰花)产业的兴起，使巴黎城坐落于玫瑰花的包围中。法国农业景观这时不但影响着法国本身，而且影响到了世界。20世纪70年代，乡村"第二住宅"成为人们的向往，其中3000多家农户还组织了"欢迎你到农家来"的联合经营组织。目前，观光农业为法国农民增收700亿法郎，相当于法国旅游收入的1/40。

④ 在西班牙,20世纪60年代,西班牙政府把路边古堡及其周围农场庄园装修改造,推出了"帕莱多国营客栈"方便游客观光、休闲。

⑤ 在德国,观光农业起源于19世纪后期,政府把小块荒丘拨给居民,建立"市民农园"体制,旨在建立和谐与健康的社会,让生活在狭窄的都市空间中的居民得到充分的休憩与放松。这项活动受到市民的欢迎。目前,德国农民把土地分成小块,出租给城市居民,其产品总值占到全国农业总产值的1/30。

⑥ 在日本,都市农业的真正实施出现在20世纪70年代。当时由于东京城市的扩张,城乡界限日益模糊,都市农业应运而生。日本政府1989年《特定农业用地出租法》和1990年《修建市民农艺园促进法》的颁布实施,首次在国际上出现了用法律形式保证观光农业的开发与建设。

单元小结

如图3-1-1"观光农业产业认知"思维导图所示。

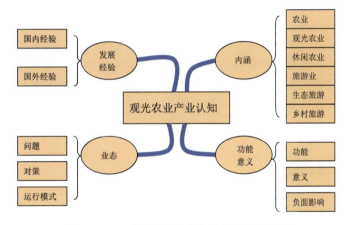

图3-1-1 "观光农业产业认知"思维导图

单元测试

1. 什么是观光农业?
2. 观光农业与休闲农业、生态旅游、乡村旅游有哪些异同点?
3. 发展观光农业有哪些现实意义和负面影响?
4. 简答我国主要观光农业类型的运行模式。

拓展 2　观光农业资源调查、评价与开发

> **学习目标**
> - 了解观光农业资源的类型；
> - 掌握观光农业资源的调查方法；
> - 掌握观光农业资源的评价方法；
> - 了解观光农业资源开发的模式。

> **学习前导**
> 　　观光农业资源是开展观光农业旅游活动的基础。对观光农业资源进行科学系统的评价，是观光农业开发和经营的前提和保障。本单元从观光农业资源概念和类型说明入手，通过实例分析了观光农业资源调查的重要意义和方法；系统阐述了观光农业资源评价的方法和有效开发模式。

2.1　观光农业资源调查

　　资源是一切可被人类开发和利用的客观存在。联合国环境规划署认为资源"是在一定时期、地点条件下能够产生经济价值，以提高人类当前和将来福利的自然因素和条件。"《辞海》对资源解释是："资财的来源，一般指天然的财源。"

　　观光农业资源一般指在一定时期、地点条件下能够产生经济、社会和文化价值，能为观光农业旅游开发和经营所利用，为开展观光农业生产、旅游活动提供基础来源的各种物质和文化的总称。

　　观光农业资源涵盖的内容十分广泛，既包括观光农业开发地的各种自然要素、经济要素和景观要素，又包括开发地的各种设施、服务和社会环境。

2.1.1　观光农业资源类型

　　根据观光农业的调查和规划实践，将观光农业资源划分为自然资源、经济资源、农产品资源、旅游资源 4 类（见表 3-2-1 ~ 表 3-2-4）。在规划前对这些资源必须进行仔细的清查，以便为规划提供基础资料和规划依据。在资源调查中重点在农业的自然、经济、产品资源的调查上，以突出观光农业主体"农业"的特色和"观光"的目标，如自然资源兼有"生产、观光"功能；经济资源以"生产"功能为主，农产品资源以"科普、示范、环保、观光"功能为主。

表 3-2-1　观光农业的自然资源类型

基本类型	一级观光类型	二级观光类型
气候	光，热，水，气等	直射光、散射光、温泉
水	河川径流、湖泊、水库、地下水、海洋等、兴修的水利设施	水渠、水池、小溪、喷泉、鱼塘、蓄水池、瀑布
土壤资源	地貌、岩石、土壤和水文等	水田、旱田、梯田
生物资源	动、植物及微生物的物种和群落	农作物，果园，菜地和花卉，森林和防护林，草原，草地和牲畜，家禽，鱼类
农村资源	畜力、薪材、作物秸秆、水利、太阳能、风能以及地热等	风车、沼气池、畜力车、篝火

表 3-2-2　观光农业的经济资源类型

基本类型	一级观光类型	二级观光类型
农业人口、劳动力与智力资源	农民、技术人员	
农业物资技术装备	农机具、水利设施、动力设备、化肥、农药、种子与农业技术等	农业设施和工具，鱼塘
农业基础设施	农业储藏加工、交通运输、管理、信息、教育、科学、文化与卫生等	

表 3-2-3　观光农业的农产品资源类型

类型	直接产品	间接产品
农产品	小麦、玉米、水稻等农作物；蔬菜、瓜果、花卉园艺作物	制种、育苗、采摘等
林产品	防护林、人工林、原始森林	板材、筷子、地板块、家具等
牧业产品	牧草、牲畜、家禽、野生和珍稀动物、宠物等	种羊、种牛、肉类加工、兽医药、饲料等
渔业产品	各种鱼类	鱼苗、饲料、鱼类加工品、垂钓渔具等
副业产品	竹编、织布等	民俗旅游

表 3-2-4　观光农业的旅游资源类型

大类	基本类型	大类	基本类型
地文景观类	典型地质结构	水域观光类	风景河段
	标准地质剖面		漂流河段
	生物化石		湖泊
	名山		瀑布
	奇特与象形山石		泉
	沙(砾)地风景		奇特水域景观
	沙(砾石)滩	生物景观类	树木
	小型岛屿		古树名木
	洞穴		奇花异草
	奇特地文景观		草原
			野生动物栖息地
			奇特生物景观
古迹与建筑类	人类文化遗址	古迹与建筑类	雕塑
	社会经济文化与基础		陵寝、陵园
	军事遗址		墓
	古城和古城遗址		石窟
	长城		摩崖字画
	宫廷建筑群		水工建筑
	宗教与礼教建筑群		厂矿
	殿(厅)堂		农场(略)
	楼阁		特色城镇、渔村落
	塔		港口
	牌坊		广场
	碑碣		乡土建筑
	建筑小品		民俗街区
	园林		纪念地
	景观建筑		观景地
	桥		其他建筑与古迹
消遣求知健身类	科学教育文化设施	购物类	市场与购物中心
	休疗养和福利设施		庙会
	动物园		著名店铺
	植物园		地方特产
	公园		其他物产
	体育中心		
	运动场馆		
	游乐场所		
	节日庆典活动		

2.1.2 西安市旅游观光农业资源调查实例分析

西安市位于拥有6000多年农耕文明史的关中平原腹地,南依秦岭,北邻渭水,是国际著名旅游城市,城市常住人口400多万,发展旅游观光农业条件极为优越。2012年,全市具有一定规模的旅游观光农业园区100多个,年接待游客人数1360多万,年经营收入20多亿元,旅游观光农业的发展,促进了西安农业、农村经济的快速发展。调查研究西安旅游观光农业,可为观光农业的合理布局和特色化发展指明方向,促进西安旅游观光农业更好地做大做强。

(1) 西安市旅游观光农业的发展现状

① 发展阶段 西安市旅游观光农业起步于20世纪90年代后期,基本上属于自发发展。进入本世纪,西安旅游观光农业飞速发展,特别是2003年以来,"农家乐"为代表的旅游观光农业大量涌现,旅游观光农业步入数量扩张阶段。2006年,随着国家旅游局"中国旅游观光年"这一主题口号的推出以及建设社会主义新农村的新形势,旅游观光农业在西安受到了空前的关注,开始迈向规范化发展的道路。

② 发展规模 至2008年底,除新城、碑林、莲湖三城区外,其余6区4县均发展了旅游观光农业园区,其中以长安、户县、临潼、周至、未央等区县最为集中。2008年全市旅游观光农业面积达1.83万公顷,规模化(6.67公顷以上)旅游观光农业园区83个。已有9个园区被认定为国家级农业旅游示范点,666.67公顷以上园区10个,66.67公顷以上的27个,旅游观光农业大发展的经济、社会效益日益显现。

③ 发展特点 旅游观光农业在空间上分布具有"近市、近景、近路、近水"的显著特点,并以各地农业资源为依托,表现出初步的功能分区。旅游观光农业类型上以苗木花卉园、观光采摘园、生态设施农业园、垂钓娱乐、畜牧养殖等数量最多。功能上以观光、休闲为主,主要活动内容包括观赏、品尝、购物、休闲、乡土文化欣赏、农业技艺学习等。

(2) 旅游观光农业的功能区划

① 规模化、标准化型园区 特点是种植规模大、标准化程度高,集中展示出农业化发展水平。代表性园区有:西安白鹿原生态农业观光园、西安汉风台果林庄园、西安闻天生态科技示范园、临潼五星生态园、户县渭河现代生态农业园区等。

② 高科技现代农业展示型 普遍采用智能温室,无土栽培、组培育苗的现代化设施和手段。代表性园区有:西安济农高新技术农业示范园、西安中国唐苑盆景园、陕西天保苗木花卉繁育中心、雁塔西晁花卉种植园区等。

③ 农业生产与休闲相结合 特点是园区农业生产主体突出,观光休闲设施配套齐全,游客可参与土地租赁、果树动物认养等农事活动。代表性庄园有:西安绿叶庄园、陕西银户生态产业园、西安建秦农业观光度假园、临潼溪源山庄、长安合益农庄等。

④ 民俗文化、农家乐型 以村镇为单位,农民利用自家庭院、自己生产的农产品、手工艺品及周围的田园风光,吸引游客前来吃、住、玩、游、购等活动。代表性庄园有:户县东韩农民画庄、临潼秦俑村、长安上王村、灞桥西张坡村、周至虎峰村等。

⑤ 自然、生态型 利用优美山水、森林等自然景观,配套农家乐经营,吸引游客感悟、亲近、回归大自然。代表性庄园有:长安祥峪森林公园、临潼芷阳湖农业观光园、灞桥水泉山庄、户县阿姑泉牡丹园等。

(3) 发展旅游观光农业的资源分析

① 农业基础好 西安是我国传统农业的发源地,拥有6000年的农业文明史,具有深厚的传统农业文化和技术沉淀,位于黄河流域中部的关中平原,号称"八百里秦川"。这里土地肥沃,河流众多,灌溉条件优越,是重要的粮食、蔬菜、水果产区。全市农业劳动力资源丰富,农机

化水平较高，水利设施完善，农业综合生产能力不断提高。农业生产的发展，为农业旅游提供良好的观光资源。

② 交通便利　西安市是亚欧大陆陇海、兰新线上最大的中心城市，现已形成辐射全国的交通网络。高速公路 1000 多公里，建成西宝、西铜、西蓝、西桐、西禹、西汉等高速公路，基本形成以高等级公路为主的"米"字型公路主骨架。市区交通条件也极为方便，公交车近 4000 辆，出租车近 20000 辆，首条地铁在 2010 年贯通。全市旅游交通体系也比较完善，游客通过公共交通到达观光农业园区非常方便。这些优势对西安开发旅游观光农业资源、吸引客源、增强城市辐射效应具有重要意义。

③ 客源丰富　西安市有城市居民 400 多万人，加之多年来西安旅游观光的外国、外地游客，以及西安市非常住人口，西安市农业旅游观光的游客资源多年最少也在 1300 万人次，游客资源相当丰富。特别是喜爱生态游、农业趣味游的西安市 400 多万城市居民，更是西安市农业资源观光的常客。

④ 发展机遇良好　2003 年到 2009 年，中央连续出台了六个发展三农的"一号文件"，全国上下重视三农工作，加强三农工作的氛围日浓，农村经济得到较快发展，农业水平得到较快提升，农民问题部分得到了有力解决。农业从传统的种、养向种、养、观光发展，一批种、养、观光及农耕文化传播有机结合的农业旅游观光基地、园区迅速崛起。另外，西安综合实力的增强，西安市民年均收入 10% 以上的递增，也为西安市城市居民尝试农业旅游观光提供了经济保障，加之城市居民生态游、拓展游、回归游的需求日趋旺盛，西安市发展农业旅游观光的机遇千载难逢。

(4) 观光农业发展存在的问题

① 旅游观光农业园区规模小、景点少、质量差，供需矛盾突出　旅游观光农业园区普遍规模小、没有形成完整的产业链和产业体系，科技含量低，产出效益不明显，整体观光性不强，景点数量少、质量差，档次低，内容不够丰富，不能满足日益增长的消费需求。

② 类型单一　西安市目前旅游观光农业项目主要以参观旅游为主，租赁型参与性项目少，缺乏特色，缺乏优势，吸引力度不够。

③ 人工化倾向严重　由于缺乏总体论证规划，一些经营者片面追求短期效益，大搞建设，甚至在一些风景优美的农业区，大兴土木，人工化痕迹明显，与可持续发展背道而驰。

(5) 对策和建议

① 解放思想，提高认识　要将旅游观光农业建设作为都市农业建设的重要内容，增强推动旅游观光农业发展的使命感，认识到发展观光农业在推进农业生产结构调整，增加农民收入，拓展农业的文化传承、生态保护、科普教育、观光休闲等多种功能方面有着重要的意义。发展旅游观光农业，就是将农业和旅游业相结合，达到农业增值、农民增收、农村发展的目的，发展旅游观光农业是推进城乡统筹发展、促进城乡共同繁荣，建设社会主义新农村的重要举措。

② 科学规划，健康发展　各区县要在全市 2 万公顷旅游观光农业板块建设总体规划下，充分考虑到当地自然、文化、农业产品的特性，产业发展的定位，旅游市场的需求，基础设施等资源状况，坚持合理有效配置资源的原则，制定本地区的发展规划并不断完善，避免一哄而上、急于求成；新建园区要做到先规划，后建设，做到规划一批、建设一批、运行一批，避免盲目发展。

③ 彰显特色，突出亮点　要找准农业和旅游业的结合点，彰显特色，突出亮点。一是要突出高科技农业特色，通过农作物种植、养殖新技术展示，让游客感受动植物生长的喜悦；二是

要突出农业体验特色,用质朴的田园生活吸引都市居民的参与,利用西安市石榴、鲜桃、猕猴桃、樱桃、草莓、葡萄、梨枣、甜瓜等特色产业资源优势,开展多种农产品旅游体验即观、品、摘、购活动;三是要突出乡村自然景色的优势,开展具有特色的农村生态旅游,让游客充分领略独特的田园风光、山水景观,以满足游客对大自然的审美需要;四是要突出民俗风情特色,要充分挖掘当地农产品传统加工技术,开展农耕文化、民间加工工艺、关中民居、传统农用机具等展示,为游客提供更多卖点,丰富旅游观光农业产品。

④ 打造品牌,做出精品　品牌是旅游观光农业园区核心竞争力的集中体现,要大力推进品牌带动战略,树立品牌观念,扩大品牌产品的市场份额。对获得国家级农业旅游示范点,国家、省级和市级驰名商标和名牌产品的企业进行奖励、宣传,并在项目立项、资金扶持等方面予以适当倾斜。对旅游观光农业园区在流通领域,设立开办农产品超市、专卖店,销售本园区产品,扩大知名度等活动给予一定扶持。

(6) 结语　西安市发展旅游观光农业有着自己独特的优势条件,有着丰富的自然资源和文化积淀。重点是要能够把握住机遇,根据西安市的农业优势和旅游资源优势制定科学合理的发展规划,积极引进资金,注重对基础设施和服务设施的建设;精心策划,特别是把握好市场的定位和产品开发的方向,开发具有特色的旅游产品,吸引游客;加强市场营销工作,努力打造西安品牌,做大做强,成为陕西以及西部地区的亮点。在西安市旅游业发展的基础上,积极推动农业生态观光旅游产业,对于促进西安农村经济发展和增加农民收入,以及提高区域农村一体化进程,都将有着十分重要的作用。

2.2　观光农业资源评价

观光农业园区规划的评价是一项复杂的系统工程,其中涉及到不同层次的多种评价因素,往往只能根据经验来选择评价因素并确定其权重。结合本书所提出的园区规划新方法,基于模糊综合评价法的指标评价体系尝试建立了多级综合评判数学模型,以使对园区规划的评价更加全面准确。其基本步骤如下。

2.2.1　资源综合评价的基本思路

观光农业是在农业、农村的基础上,经过改造形成的新的土地类型。既保持了一切土地资源的共性,同时,又具有特殊的自然、经济属性。认识观光农业土地的基本特征,是观光农业评价的出发点。观光农业的土地具有以下几个特征,首先,观光农业与单纯的农业用地一样要求较强的肥力、不受洪涝危害,同时还应用一定的自然承载力、地形多变的特征;其次,观光农业的土地上的活动频率及劳动投入远远超过其他土地类型,而且区位差异产生的利润较大。同时,观光农业的使用功能复杂,必须满足生产、生活、交通、游憩等基本活动的需要,因此在进行资源综合评价时,不应只看经济效益,还要考虑环境、社会效益。由以上分析,观光农业的资源评价必须进行综合的评价。

2.2.2　综合评价因子的确定

观光农业资源的综合评价指标体系可从四个方面:农业资源的评价、生态评价、观光资源评价、效益评估(见表3-2-5 ~ 表3-2-8)进行。

观光农业资源综合评价因子体系包括:农业资源评价、观光资源评价、生态资源评价、经济效益评价。

表 3-2-5　观光农业的农业评价因子一览表

一级评价因子	二级评价因子	三级评价因子
农业评价	基本评价	有机质、全氮、全磷、有效土层厚度、耕层结构、坡度、障碍因素、土壤质地、水蚀程度、农田设施
	区域补充评价	灌溉保证率、排涝能力、含盐量、海拔

表 3-2-6　观光农业的生态评价因子一览表

一级评价因子	二级评价因子	三级评价因子
生态评价	生产结构指标	种群的周转结构，农村能源消耗结构，食物链级结构，肥料投放结构，固氮作物组分结构
	功能指标	光能利用率，能量产投比，有机废物利用率，饲料转换率，森林覆盖率，灾害损失率
	技术指标	沼气普及率，技术措施保证率

表 3-2-7　观光农业的观光评价因子一览表

一级评价因子	二级评价因子	三级评价因子	四级评价因子
观光评价	旅游资源	质量	地形、地质、水体、气候、动、植物、文化古迹、民俗风情
		规模	景点集中程度，景区容量
	旅游区域条件	自然资源	
		用地条件	
		城镇分布	
		基础设施	给排水、供电、供暖、供气、电信、电视
		旅游设施	文化教育、医疗卫生、商饮服务、娱乐体育
	旅游区位特点	可及性	连接客源地的交通条件，与客源地间的距离
		与其他旅游地的关系	与附近旅游地类型异同，与附近旅游地间的远近

表 3-2-8　观光农业的效益评价因子一览表

一级评价因子	二级评价因子	三级评价因子	四级评价因子
效益评估	经济效益分析	效益指标（物质形态）	劳动生产率，土地利用率
		效益指标（投入产出）	商品率，投资利润率，投资回收期，经济效益（产出、投入）
		结构指标	土地利用结构，产值结构，种、养、加工业结构
	社会效益分析		计划完成率、总产值、产量增长率、商品总产值、产量、劳动力人均产值、产量、人均收入增长率、人均上缴利税额，人均绿化面积，劳动力人均供养非农业人口数，人均农产品消费量

续表

一级评价因子	二级评价因子	三级评价因子	四级评价因子
效益评估	生态效益分析	环境污染状况	大气污染、水污染、土壤污染、农药污染、农产品污染、病虫害、噪声
		景观	农、林、牧、渔业景观建设水平、园林绿化水平

2.2.3 观光农业资源综合评价的权重确定

观光农业的综合评价体系由农业评价、生态评价、旅游评价、效益评估组成。但四个评价体系在观光农业上的权重在不同类型的观光农业项目中差别较多。现按照观光农业发展的三个层次，确定不同权重指数供参考 (见表 3-2-9)。

基本层次：以农业生产为主，开展局部地区或部分时间的观光活动。以满足人们的游览观光，放松神经，舒适身心的基本需求为目的。因为生产为主，观光功能为辅，对观光农业开展条件要求较低，满足衣、食、住、行的基本要求即可。人们一旦从活动中获得满足，回头率与参与面均较高，市场较大。适于开展城郊一日游或二日游。

提高层次：以农业生产为主，局部或季节开放，在满足基本层次和确保生态环境不被破坏的前提下，定位在对观光客娱乐、购物愿望的满足上，成为观光农业主要的收入来源。如江苏江阴市顾山镇红豆村观光旅游，人们特意带回用红豆做成的戒指、手镯、项链，祈求幸福。在游览中，为让游客尽兴，可开展一些特色娱乐活动，加强参与性。

发展层次：生产与旅游并重。积极发展生产，以特色农业为主体，既可生产、示范，又可成为游览的对象。要在最短的时间内，让人们获得最大的信息量和最高的满意度。针对感知环境、旅游环境、感知距离、旅游偏好等因素的研究，开拓覆盖面宽、参与面大和适应力强的多元化观光农业。如浙江富阳市富春江上的新沙岛的"农家乐园"景点。以牛车为交通工具，将路途时间转换成旅游时间，展现古代农村文化，菜园、猎圈、水车、石磨、纺车等，可亲自踩水车、推碾拉磨，在竹篱茅舍中品茶聊天，其乐融融。

表 3-2-9 观光农业资源综合评价权重参考指数表

观光农业的类型	农业权重 /%	生态权重 /%	旅游权重 /%	效益权重 /%
基本层次	50	20	10	20
提高层次	40	20	20	20
发展层次	30	20	30	20

在权重确定后，可分别采用主观判断法、因子分析法和模糊综合评判法进行，有条件的应尽量采用定量分析的方法。

以上是在借鉴国内学者相关研究成果的基础上，围绕复合多元互动的核心思想，将园区产业规划、土地利用规划、农产品环境保障规划和旅游专项规划等四条规划主线汇合成比较完整的观光农业园区规划体系，并由此提出园区规划指标评价体系。需指出的是，各地开展具体的规划项目中，应针对园区的个性特点、项目的特殊要求等情况对上述规划编制流程和内容作相应的调整，从而为园区的全面协调可持续发展提供完善的规划保障。

2.3 观光农业资源开发模式

近年来，我国的观光农业旅游发展迅速，我国学者也对观光农业旅游的研究也十分关注，根据研究出发点和角度的不同提出了不同的观光农业旅游开发模式，如田喜洲把观光农业旅游分为以"三高"为主题、以观赏瓜果、园艺为主题，以茶艺为主题，以农耕景观为主题，以水乡活动为主题五种类型；余美珠和袁书琪把观光农业旅游开发模式分为农业主题公园、农业科普教育基地、大型农业生产基地、特色农业基地、农家游五类；郭焕成和任国柱把农业旅游分为田园农业旅游模式、民俗风情旅游模式、农家乐旅游模式、村落乡镇旅游模式、休闲度假旅游模式、科普教育旅游模式、回归自然旅游模式 7 种。结合以上学者的观点，根据国内外农业旅游的开发实践及河南省各地的实际情况，我国观光农业的旅游开发模式可采用以下 7 种类型。

2.3.1 田园农业旅游模式

以田园景观、农业生产活动为旅游吸引物的田园农业旅游模式是农业生产的结果，农民在种田的同时产生色彩缤纷的田园风光。山川岗坳、湖泊溪流、田园阡陌、林地草场，每个构图元素都体现了田园特色，营造出一派"淳朴、自然、宁静"的原生型田园环境。田园环境是农业景观中最主要的构成部分，是观光农业景区建设的基础。

2.3.2 民俗风情旅游模式

我国中原大地孕育了古老、质朴、多彩的民情风俗，产生了以农村风土人情、民俗文化为旅游吸引物的民俗风情旅游模式。从豫西黄土地区的窑洞民居，到豫北以太行山为中心用石材建造的石板房；从武术之乡、杂技之乡的习武技之风，到遍及乡野的舞狮子、耍龙灯、踩高跷等民间技艺表演；从村村落落的传统饮食，到各地婚丧嫁娶的礼俗；从规模盛大的花会、书会、菊展，到大大小小的庙会；无不显示着河南民俗的古朴与多姿。另外河南民间工艺历史悠久，形式多样，许多技艺堪称一绝。禹州钧瓷、洛阳唐三彩、南阳玉雕、南阳烙画、开封汴绣、朱仙镇年画等都具有极高的艺术价值和浓郁的民族风情。因此依托以上这些资源，开展农耕文化游、民俗文化游、乡土文化游、民族文化游等旅游活动，对旅游者来说具有很大的吸引力。如三门峡市张村天井窑院度假村推出的"地坑院里过大年"旅游活动，就是依托本地独特的地坑院文化开展的。

2.3.3 农家乐旅游模式

我国农村占地面积广阔，以农家庭院、农家生活为旅游吸引物的农家乐旅游模式是一大特色。如西安市附近就有近 3000 多个村庄，100 个市级示范村，这些村子大都有悠久的历史、优美的环境，近几年响应国家新农村建设的号召，农村卫生和环境得到整治，创造了良好的旅游条件，对市民具有很大的吸引力，开展农家乐旅游优势明显。因此农家乐旅游是陕西省农业旅游开发中最为普遍的一类。该旅游模式是农民利用自家庭院、自己生产的农产品及周围的田园风光、自然景点，吸引游客前来吃、住、玩、游、娱、购等旅游活动。以农民家庭为基本接待单位，以利用自然、生态与环境资源，农村活动及农民生活体验为特色。这种模式投资不大，接待成本低，游客的花费较少。根据活动内容可开展的旅游活动具体可细分为农业观光农家乐、民俗文化农家乐、农事参与农家乐、休闲娱乐农家乐、食宿接待农家乐等。

2.3.4 新农村风貌观光旅游模式

改革开放后，在全国新农村建设中，一些新农村形成了农村工业化、农业现代化、经济市场化、农民知识化、生活城市化的结果，特点是经济发达、乡村城镇化。在新农村建设中，各地可以有目的地选择一些条件比较好的乡村，利用新农村中的现代农村建筑、民居庭院、街道格局、村庄绿化、工农企业来发展观光旅游，并在发展中有意识地使本村成为有特色的旅游目的地。这种模式可开发的旅游活动有以下4种类型。

(1) 新农村考察游。依托当地的现代农村建筑、街道格局、环境或涌现出的农村文明新风等，形成农家新居、农民医院、农民乐园、农家老年公寓、农民剧场、千亩良田、瓜果采摘等内容的旅游线路，人们游览其中可以感受新农村的风貌和农民富裕的生活景象。

(2) 新农村文化游。依托当地的民俗文化、历史文化资源开展丰富多彩的文化活动，既能展现新农村建设中农民精神文化的提升，又能为游客提供多样的旅游体验。

(3) 科普教育游。将新农村建设过程中涌现出来的典型人物、典型事迹、创业史、创业精神等，通过恰当的方式展现出来，起到教育游客的功能。如京华村的发展史和刘志华带领京华人的创业史构成了京华农业旅游的主线。

(4) 特色产业游。新农村的建设多依托当地的农业资源优势形成产业优势，或形成规模化种植，或围绕特色农业办工业，或发展高科技技术产业形成工业园区，围绕这些特色园区或产业开展旅游活动，让游客感受农业现代化的成就。

2.3.5　休闲度假旅游模式

依托优美的自然景观、怡人的康乐气候、洁净的环境，兴建一些休闲、娱乐设施，为游客提供度假休憩、游乐、就餐、住宿等服务内容，让游客体验回归大自然的情趣和进行休闲、森林考察、避暑疗养等健身活动。

该模式下农业旅游开发经营的类型有以下3种类型。

(1) 休闲度假村。是一种综合性休闲农业区，以吸引旅客住宿为特点，以山水、森林、温泉为依托，以齐全、高档的设施和优质的服务为游客提供休闲、度假旅游。如信阳南湾湖、南阳丹江口水库、平顶山汝州等地都可依托水域资源开发建设休闲度假村。

(2) 民宿农庄。选择自然风景和农业景观好的地方，为城里人兴建新居，为他们回归大自然、享受田园快乐提供场所。如在郑州市所辖的新郑或惠济区等地，针对已退休或将退休的城里人，开发民宿农庄，为其提供租住农家房屋，成为城里退休人员的"新居"和"教授村"。这些人虽在城里均有较好的楼房，但非常向往农村的风光，游览田园景观，希望在林间散步，呼吸着农村新鲜空气，过着宁静淡泊、无噪声、无污染的世外桃源式生活。因此，具有一定的市场开发潜力。

(3) 森林公园。森林公园是一个以林木为主，具有多变的地形、开阔的林地、优美的林相和山谷、奇石、溪流等多景观的大农业复合生态群体，是观光农业资源中的一种重要类型，是开展农业旅游的理想场所。如商丘市利用黄河故道上的沙荒、盐碱涝洼之处，1993年在原有林场的基础上建立黄河故道森林公园。万亩人工林一片绿海，树干高大通直，枝叶茂盛。公园内有近2000公顷的洼地，构成自然草原。登上古黄河大堤，牧区风貌一览无遗。远看天高地阔，绿草蓝天浑然一体；近看沙河如带，碧水奔流蜿蜒东去。空中白云朵朵，苍鹰展翅盘旋；地上绿草丛中，牛羊点点时隐时现，给人一种"天苍苍、野茫茫，风吹草低见牛羊"的诗情画意般的享受，可为游客提供了一处有益身心健康的场所。

2.3.6　科普教育旅游模式

改革开放以来，我国农业现代化程度不断提高，一大批农业科研新成果、新技术，如塑料薄膜地面覆盖栽培技术、太阳能温床、土壤普查遥感技术、原子能辐射育种、稀土利用、动物胚胎移植新技术等广泛地推广应用，农业科技成果层出不穷。依托这些农业科技资源，开发建设农业观光园、农业科技生态园、农业产品展览馆、农业博览园，为游客提供了解农业历史、学习农业技术、增长农业知识的旅游活动。该开发模式将知识性、科技性与趣味性相结合，是农业旅游项目中一个极具发展前景的类型。

可开发经营的类型主要有以下5种类型。

(1) 农业科普教育基地。兼顾农业生产、科技示范与科普教育功能，常在农业科研基地的基础上建设，依托农业科学研究机构的科技综合优势，向社会各界充分展示新成果、新产品、新设施、新技术以及现代农业科普知识。

(2) 高科技农业园区。是近年来我国农业现代化实践中涌现出来的一种新的生产经营模式。采用新技术生产手段和管理方式，形成集生产加工、营销、科研、推广、功能于一体，高投入、高产出、高效益的农业种植区或养殖区。农业的新品种、现代化的农业生产方法、新式的设施设备等都可用来作为园区展示的内容。

(3) 少儿农庄。针对少年儿童建设少儿农庄，利用当地的农耕文化、农业技术等，让中、小学生参与休闲农业活动，接受农业技术知识的教育。

(4) 农业博览园。建设相关展区，将当地农业技术、农业生产过程、农产品、农业文化进行展示，让游客参观。

(5) 教育农园。即利用农园中所栽植的作物、饲养的动物以及配备的设施，如特色植物、农耕作物栽培、传统农具展示等，进行农业科技示范、生态农业示范，为青少年和城市居民传授农业知识。如河南省农业高新科技园是隶属于河南省农业厅和河南省农业职业学院的一个集农业科研、观光旅游、会议培训、拓展训练、餐饮住宿一体的现代化农业高新科技示范园区。园区建有科技展览馆、生物技术中心植物克隆技术、国家作物区试站、名贵百花园、珍稀百果园、种植嫁接体验、转基因鱼试验等展区，是人们体验农业新技术、新成果的理想场所。

2.3.7 农业产业旅游模式

我国在农业发展过程中形成了一批重点优质农产品生产基地，以特色农业生产基地、特色农产品为依托的农业产业旅游模式。这些有先进生产水平的、较大规模的农业生产基地，本身隐含着较高的观光游览价值。而现代化的食品生产流程也能让游人流连忘返。依托这些农业生产基地和农产品加工场所，开展下列4项农业旅游活动。

(1) 农业企业游。它以规模化的生产收益维持旅游活动，并通过旅游活动提高农业企业的知名度，有利于农副产品的销售，带动农业生产的发展。

(2) 特色农业基地游。以当地形成的经济林木生产基地、药林生产基地、果品生产基地、花卉生产基地等农业产业带和农业资源、地方物产为载体，为游客提供观光、赏景、采摘、游玩等项目，使人们领略到大自然的情趣。这种模式既可通过旅游活动提高地方农产品的知名度，又能获得旅游门票收入及综合服务带来的经济效益。

(3) 农副产品游。

(4) 农业经贸游。利用各类大中型农副产品集散市场、商务会展中心及农产品加工园等把休闲观光内容与农业经贸活动有机结合起来，开展各种农贸会、农产品交易会等，为游客提供休闲观光、优质农副产品采购等服务活动，不仅为农产品的销售提供平台，而且也开拓了农业旅游的内容。

目前，我国观光农业旅游发展很快，部分地区的特色观光农业资源已得到了开发利用，并产生了一定的效益,但总体上与国内大部分省市的农业旅游发展相似,存在许多问题。因此,选择适合的旅游开发模式,并在开发过程中注重对观光农业资源的保护,这样才能更好地促进观光农业旅游的进一步健康发展。

单元小结

本单元介绍了观光农业资源的类型,通过实例学习了观光农业资源调查的方法;从基本思路、综合评价因子、综合评价的权重确定等方面学习了观光农业资源评价的方法;介绍了田园农业旅游模式、民俗风情旅游模式、农家乐旅游模式等7个观光农业资源开发模式。

单元测试

1. 观光农业资源类型有哪些?
2. 简述观光农业旅游资源调查的内容、形式、方法及步骤。
3. 观光农业资源评价的基本思路是什么?
4. 如何确定观光农业资源评价的权重?
5. 观光农业资源开发的模式有哪些?

拓展 3　观光农业园区经营管理

> **学习目标**
> - 掌握观光农业园区运营管理的内涵；
> - 掌握观光农业园区服务管理的内涵与方法；
> - 掌握观光农业园区游客管理的方法；
> - 掌握观光农业园区环境卫生管理及设施设备管理的方法；
> - 能够运用所学知识为观光农业园区制定经营管理计划。

> **学习前导**

　　观光农业园区能否顺利运营并不断扩大规模，经营管理发挥着重要的作用。了解观光农业园区经营管理的含义；掌握观光农业园区的经营管理的主要内容如运营管理、服务管理、游客管理、环境卫生管理、安全管理以及设施设备管理的具体内涵与方法，并运用到实践中去，才能使观光农业园区充满活力，不断扩大规模，取得较好的生产效益。

　　观光农业园区经过前期规划和设计后，便进入经营阶段，招徕和吸引游客前来进行休闲、体验活动，获取社会、经济和环境效益，是观光农业园区最终要实现的目标和归宿。

　　观光农业专业是农学技术专业与旅游专业相结合的复合性专业，因此观光农业的经营管理是农业经营学与旅游经营学的一个交叉领域。国内外对观光农业的经营管理研究主要探讨经营主体、经营项目、服务特色、社区参与及利益分配等方面。从经营项目来看，观光农业不仅生产固定形式的有形产品（农、副产品），而且提供各种丰富的与农业相关的服务性体验项目。因此观光农业的经营管理是指观光农业园区的经营主体为适应外部管理环境变化，通过管理职能的发挥，合理配置和有效调动园区的人、财、物资源，提供休闲体验活动及农、副产品，满足游客需求，最终实现园区经营目标的过程。观光农业的经营管理是观光农业开发过程的延续并与开发过程交互进行，投入经营一定时期的观光农业园区，还需再投入，再开发，更新产品，积淀文化底蕴，增强园区活力。

　　经营是各类观光农业园区持续时间最长、涉及面最广的管理活动。从经营主体来看，我国相当一部分的观光农业园脱胎于高科技农业示范园，经营主体主要是工商资本投资商，而小型的观光农业园区或农家乐体验项目的经营主体是农民，并以副业、季节性经营为主要特色。从经营的驱动因素角度看，经济利益是发展观光农业的外在动机，社会和文化价值是其内在动机，农民或农业园区的经营者拥有土地资源，经济上依赖于对土地资源的经营，观光农业深受市场欢迎是刺激观光农业发展的推动因素。从管理职能的角度看，园区经营包括计划、组织、领导、控制、创新等；从管理对象的角度来看，园区管理对象包括园区的人、财、物等要素；从经营管理机能性质的角度看，园区管理包括运营管理（生产管理、人力资源管理、财务管理及市场营销管理）、游客管理、服务管理（餐饮、住宿及体验项目引导、导游解说等服务）、环境管理等。

实际上，园区任何要素、任何环节的管理都需要发挥各种职能，因此，观光农业园区经营管理是一个内涵丰富、结构庞大、有机连接的体系。

3.1 运营管理

观光农业园区的运营管理是对园区运营过程的计划、组织、实施和控制，是与产品生产和服务创造密切相关的各项管理工作的总称，主要包括生产项目管理、人力资源管理、财务管理和销售管理四个方面。

3.1.1 生产项目管理

观光农业是结合农业的生产、生态与生活"三生一体"的产业，更是集农业生产业、加工制造业及生活服务业的"六级产业"（$1 \times 2 \times 3 = 6$），其形式是相加的，但是其效果则是相乘的。在开发利用自然与人文、有形与无形的资源之际，需要做系统性的战略规划，才能发挥休闲农业六级产业之效。观光农业资源包括农业生产、农民生活以及农村生态等资源。

农业生产资源是观光农业的核心资源，包括农、林、渔、牧各项生产资源，项目内容可分为：

① 农作物如粮食作物、特用作物、园艺作物、绿肥作物、饲料作物、药用作物等种类繁多，可用于造景、观赏、采摘、品尝、教育、体验等之用（见图3-3-1、图3-3-2）；

② 木本植物、竹类及苗木等，可作为景观观赏、采摘、品尝、教育、体验等之用；

③ 畜牧生产包括家畜类、家禽类饲养，可作为认识、观赏、喂养、骑乘等用途；

④ 因耕作需求而产生的各种农事机械或器具如耕作工具、运输工具、装盛工具、防雨防晒工具、农产品加工工具等均有展示、装饰、纪念、实操等功能（见图3-3-3、图3-3-4）。

农民生活资源包括：

① 农民自身的特质如方言、宗教信仰、农民特色人文历史文化等，可作为安排活动示范、导览、解说之用；

② 农民生活特色如饮食、衣物、开放空间、交通方式等可作为参观、展示、体验及餐饮等之用；

③ 农村文化及庆典活动如民俗、民谣、表演艺术及庆典活动等可作为表演、装饰、教作、纪念品及观赏之用（见图3-3-5）。

农村生态资源包括：

① 农村气象如气候变化、气象预测、特殊天象（日出、云海等），可作为观赏、解说、观察、预测等之用；

② 农村地理如地形、地貌、土壤地质及水文等，可作为游憩活动、教材及解说之用；

③ 农村生物如乡间植物、动物等可作为观赏、捕捉、采摘、解说及环境教育之用；

④ 农村景观如全景景观、特色景观、焦点景观及较次要的框景观及瞬间景观等，可作为眺望、拍照、解说、休憩、体验感受之用。

观光农业的首要功能即生产功能。农业生产资源作为观光农业的核心资源，生产管理在业务管理体系中显得尤为重要。观光农业生产管理是对农牧产品生产过程加以规划和控制。一般情况下，农牧产品生产流程包括，生产规划、配制设施设备、制定生产制度、拟定引进品种、拟定生产进度、栽培或饲养管理、收获及加工管理等七个环节（图3-3-6）。农产品的观赏、品尝及销售是生产管理的后续环节，也是观光农业主要的体验项目。

图 3-3-1　南瓜长廊

图 3-3-2　丝瓜长廊

图 3-3-3　耕作工具

图 3-3-4　碾子

图 3-3-5　玉米龙

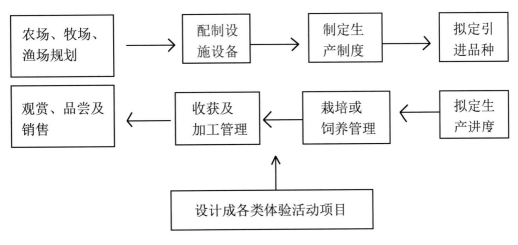

图 3-3-6　生产管理流程图

(1) 农业种养规划　观光农业园区的种养规划应兼顾农业生产与旅游服务的双重功能,同时兼顾较高的生产效率及景观美化的双重原则。确立农业产业在园区中的基础地位。规划应围绕农作物良种繁育、农业高新技术、花卉与果蔬、畜水产、农产品采收与加工等产业合理配置,同时提高观光旅游、休闲度假、青少年科技体验等第三产业在观光农业园区中的作用。关于农业种植规划、功能分区、品种、道路、灌溉渠道等需综合规划。北戴河集发农业观光园分为特种蔬菜种植示范区、名优花卉种植示范区、特种畜禽养殖示范区、休闲餐饮娱乐区 4 个区,建有百菜园、奇瓜园、空中花园、惊险桥、戏水摸鱼等 30 个景点,集较强的观赏性、参与性、娱乐性、趣味性于一体,形成了产品系列化、种养生态化、环境园艺化的高效农业生产格局,突出体现"市场供应、示范推广、旅游观光、素质教育"4 个主要功能。各示范区在规划过程中,考虑到游客体验的需要,区块面积的排列不必方正,布局线条应有美感,各区植物栽植密度不宜过大,应有透光性,同时能满足导游解说及游客体验、拍照等需求空间。

(2) 设施与机械设备的配制　观光农业的生产应充分利用先进科学技术,不仅可以提高生产效率,还可以提升都市人对现代农业的认识。如智能温室及现代化的机械设备(自动施肥机、精良播种等)。同时应注意观光农业发展过程中单项先进技术、设备的组装及配套。

(3) 生产制度的制定　农业生产受到园艺植物和季节的限制,因此在制定生产制度时,不仅应考虑所选园艺植物的合理配置,在我国的北方地区也应充分考虑季节对农业生产的限制性,同时应充分利用空间和土地资源,利用各种园艺植物的种源特性,通过合理组合,建立各种形式的立体结构,从而充分利用时间、空间、土地资源,提高生产力,达到最终提高生产效益的目的,如实施轮作、套作、间作等模式。此外,也可利用植物和动物间共生的关系,使物种间互惠互利,如盘锦鼎翔生态农业有限公司,在稻田内养鱼、蟹和野鸭,建成了禽-鱼-蚌共生的立体养殖系统。为形成"花、果、菜、景四季皆有"的独特田园风光,应坚持区域内农牧产品特色化和专业化,树立品牌,提高农产品和景观形象的竞争力。

(4) 种、养品种的选择　观光农业园建园前期应结合本地区的地理气候条件,科学合理地筛选和引进新品种,保证引进的品种在适应引种区环境条件的同时,仍保持优良的遗传特性,同时在选择品种时应考虑不同的观赏期和采摘期相互交错,力争使观光园区不同季节有不同可供观赏、采摘、品尝的园艺植物。

例如:位于盘锦市兴隆台区的盘锦鼎翔生态旅游度假区,种植有杨、柳、榆、槐等 30 多种用材林;有机水果主要有梨、葡萄、红枣。梨的品种为早酥、锦丰,葡萄为玫瑰香、瑰香怡、醉金香等；有机蔬菜除青椒、茄子、白菜、萝卜等日常蔬菜以外，还有樱桃番茄、迷你黄瓜、袖珍西瓜、四季草莓等特殊品种；万亩稻田种植有辽星1号、盘锦108、盘锦5号等二十几种优良水稻品种；园区内种植有十几种花卉；同时养殖了十几种河蟹。春天可看桃花、杏花、梨花争芳斗艳；夏天可采黄瓜、西瓜、杏、李子流连忘返；秋天看多彩芦苇迎风起舞，稻香、果香四溢，钓河蟹，品水果奇乐融融。林、果、菜、河蟹，品种多样，观赏期、采摘期近7个月。实景如图3-3-7～图3-3-11所示。

图3-3-7 水培滴水观音　　图3-3-8 杜鹃花鱼共养　　图3-3-9 南洋杉花鱼共养

图3-3-10 红掌　　　　　　　　　图3-3-11 灵芝

(5) 拟定生产进度　观光农业园区为有效利用各种农业资源，应编制农场耕作时间表，详细列出各种园艺植物的耕作时间、品种、人力、材料（种子、肥料等）、耕作方式及所需设备等，以明确何时及如何完成各类不同的耕作工作，使农业资源合理利用。

(6) 栽培及饲养管理　栽培及饲养管理应坚持因地制宜、科学培育、科学饲养、坚持适时适量的原则，避免盲目，减少浪费，提高工作效率，降低运营成本。

(7) 收获及加工管理　观光园区的农牧渔产品也是园区名片之一，为保证其自身特色和质量，园区产品采收、采后商品处理及销售前加工包装应进行必要的标准化规范，使同类产品的品质趋于一致，从而提高产品竞争力。

3.1.2 人力资源管理

人力资源是观光农业园区最基本、最重要、最宝贵的资源。观光农业园区经营管理的实质就是对"人"的管理。通过采用现代化的科学方法，对人的思想、心理和行为进行有效的管理（包括对个体和群体的思想、心理和行为的协调、控制和管理），充分发挥人的主观能动性，通过组织人员来科学有效地使用和控制园区的其他资源如土地、资金、信息、时间等，从而形成观光农业园区的服务接待能力，达到经营的预期目标。人力资源管理主要工作有以下两大方面。

3.1.2.1 明确园区的组织架构及职务设置

企业的生存和发展与其拥有的人力资源密切相关。因此必须做好人力资源规划工作。规划时可以邀请专家、学者或专门机构进行编制。若想节约规划成本，可以先将园区工作进行分解，然后确定组织管理层次，设置各类职位，同时赋予各职位应有的管理权利与义务。一般情况下，观光农业园区的组织结构图如图3-3-12所示。观光农业园区经营者的职务为董事长或总经理，各部门相应的职位为各部门部长。但是各个园区应根据实际情况建立组织机构、定岗定职。

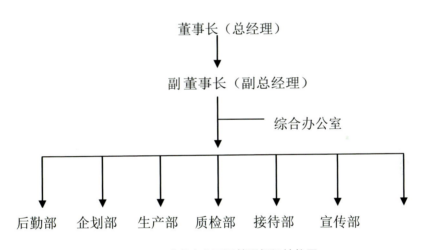

图3-3-12 观光农业园区管理组织结构图

3.1.2.2 招聘人员

（1）招聘人应具备的条件　依据各岗位所应具备的知识、技能、素质等方面的要求，确定拟招聘人员应具备的资历、经验、年龄、技术等条件。

（2）确定招聘途径　观光农业园区有多种途径招聘员工，如内部招聘、通过网络或大型招聘会在社会公开招聘、从大中专院校毕业生中招聘。内部招聘多用来填补岗位空缺，适用于园区中层管理人员的招聘。外部招聘适用于基层岗位的补缺。招聘大中专院校的毕业生，可以增加专业管理人员，储备中层后备干部，此外，学生朝气蓬勃，有想法有激情，有助于增强企业活力。

（3）招聘员工的选择　园区岗位各异选择标准也各不相同，如生产岗位的员工一般要求具备一定的栽培管理经验，能吃苦耐劳，有责任心等；景区讲解员则要求中文或导游专业毕业，普通话流利，语言表达能力强，有导游证等资质。除了招聘人员应具备资历、知识和技能外，还应将工作动机、态度、仪容仪表、性格等方面作为员工的选择标准。选择方式一般采用查阅档案、笔试、面试等手段。

(4) 试工　试工的目的在于了解、考察受聘人员的实际工作能力和态度。试工期一般为 1～6 个月。试工期应对新受聘员工进行定期的考评，以便确定是否正式录用。

(5) 员工培训　员工培训就是给予新员工或现有员工完成本职工作所必需的基本技能的过程。随着人力资源日益得到重视，培训作为开发与发展人力资源的基本手段，已成为现代企业管理的重要手段和提升企业竞争力的重要组成部分。

① 培训的种类　分为：员工职业生涯发展培训，包括新员工入门和上岗培训、员工上岗后的适应性培训、员工转岗培训等；员工专门项目培训，包括专项技术培训、专项管理培训等内容。

② 培训方法　企业培训的效果在很大程度上取决于培训方法的选择，企业培训的方法很多，不同的培训方法有不同的特点，其自身也各有优劣。企业培训应根据培训的目的、培训的内容、培训对象的自身特点及企业具备的培训资源等因素，选择适宜的方法。目前企业常用的培训方法有讲授法、工作轮换法、工作指导法或教/练实习法、研讨法、案例研究法、角色扮演法以及企业内部电脑网络培训等方法。

③ 培训内容　员工所处工作岗位不同，所开展的培训内容也各不相同。如果是观光农业园区的服务人员一般需要培训的知识及技能包括服务礼仪常识、餐厅服务、客房服务、前厅及前台服务、景区解说、营养卫生常识、烹饪技术、卫生保洁技能等；如果是园区生产管理人员一般需培训的知识和技能包括安全生产的规章制度、操作规程、岗位安全操作技能等方面培训。

(6) 员工劳动报酬管理　稳定的工资收入和快乐的工作环境是每个员工的共同追求。因此园区的经营者应制定科学合理的薪酬制度，提高员工工作积极性，减少园区内人员流动，提升士气，最终提高园区的经营效益。员工的劳动报酬主要包括工资、奖励、津贴和福利等。

(7) 考核制度　对在职员工进行定期的考核，不仅可以了解员工的工作效率及态度，调动员工的工作积极性，而且考核的结果还可作为园区管理者对员工进行奖惩或调整的依据。考核的项目一般包括执行能力、工作态度、工作业绩、协作能力、学习能力、道德品行等。园区管理者则通过奖赏或惩罚两种方式对员工进行激励。

3.1.3　财务管理

3.1.3.1　观光农业园区财务管理内容

财务管理是在一定的整体目标下，关于资产的购置（投资）、资本的融通（筹资）和经营中现金流量（营运资金），以及利润分配的管理。观光农业园区的经营活动，从价值上看是一种资金运动的循环过程，并贯穿于经营活动的始终。园区的财务管理，体现了园区经济活动过程中由资金运动所形成的经济关系。园区财务管理的主要内容如下。

(1) 观光农业园区资金的管理。包括：①筹资和投资管理，主要指园区经营者为满足其经营活动、资本结构管理或其他需要，按计划从各种渠道运用一定的筹资方式，筹集资金并进行投资活动的管理；②观光农业园区各项资产管理，主要包括流动资产的管理、固定资产的管理、无形资产的管理、递延资产及其他资产的管理；③外汇资金的管理，主要是以实现外汇收支平衡为目的，对各种外汇资金及其风险进行的管理。

(2) 观光农业园区成本费用管理。成本费用管理是指对企业在生产经营过程中发生的生产经营费用、形成的产品成本所进行的预测、计划、控制、核算、分析和考核等一系列的管理工作。如对园区成本与费用开支的标准、开支的项目以及开支范围等进行的管理。

(3) 观光农业园区营业收入、税金、利润的管理。主要是对园区的收入及分配进行的管理。

(4) 观光农业园区经济活动分析，又称财务分析。主要是通过财务报表对园区的经营活动及其所取得的财务成果进行考核、分析评估，为经营者的决策提供一定的依据。

3.1.3.2 观光农业园区财务管理方法

观光农业园区经营者为了有效地组织、指挥、监督和控制财务活动，并处理好因财务活动而发生的各种经济关系，而运用一系列科学的财务管理方法，它通常包括财务预测、财务决策、计划管理等方法。

(1) 财务预测　财务预测是指在充分调查研究的基础上，根据掌握的资料，考虑现实的条件和今后的要求，运用科学的方法，对园区前期的投资建设和经营中的财务情况做出的展望和估计。它是财务管理的基础。财务预测的主要内容有筹资预测、投资收益预测、成本预测、收入预测和利润预测等。

(2) 财务决策　财务决策是指在财务预测的基础上，对不同方案的财务数据进行分析比较，全方位权衡利弊，从中选择最优方案的过程。它是财务管理的核心。财务决策的主要内容有筹资决策、投资决策、成本费用决策、收入决策和利润决策等。

(3) 计划管理　计划管理就是编制和执行财务的一种手段。它是园区财务部门对资金运动进行管理的一种方法，是规划园区资金的占用量、成本费用的水平和盈利能力的一种手段。

(4) 建立各项财务管理制度　财务管理制度是观光农业园区，针对财务管理、财务工作制定的公司制度。订立原则根据国家有关法律、法规及财务制度，并结合园区的具体情况而制定。

(5) 建立定额管理制定　定额管理即在正常情况下，为保证经营的正常开展，对园区的资金占用和耗费规定一定的数额，如工时定额、物资消耗定额、成本费用定额、人员定额、用工定额等。

(6) 日常控制　日常控制即在园区经营过程中，对资金收入、支出、占用、耗费等进行严格管理，将其控制在计划规定的范围之内。

(7) 财务检查　财务检查是财务监督的重要方法和手段，对于改善园区财务管理工作，保护园区资产的安全和完整，揭示差错和弊端，维护财务制度及财经法纪的严肃性，增强财务人员法制观念，促进企业财务活动的有序运行，发挥着重要的作用。

(8) 财产清查　财产清查是通过对园区货币资金、物资及往来款项等的盘点和核对，查明其实有数量和账存数据是否相符的一种会计核算方法。通过财产清查能保证会计核算资料的真实性；保护财产物资的安全完整；挖掘财产物资潜力，合理使用企业资材。

(9) 编制财务报表　其目的是帮助财务报表使用者即园区经营者进行经营决策而提供会计信息。

(10) 财务分析　财务分析是以企业财务报表等核算资料作为依据，采用专门的会计技术和方法，对企业的风险和营运状况进行分析的财务活动。它是企业生产、经营、管理活动的重要组成部分，其分析内容包括资金分析、成本费用分析和盈利分析等。

3.1.4　销售管理

观光农业，是一种以农业和农村为载体的新型生态旅游业，旅游产品开发和销售要面向市场，因此搞好观光旅游农业的市场营销至关重要。而旅游者是活动的主体，因此营销产品的核心在于发现游客的需求，并从尽可能多地满足游客需求中获得利润。因此，对于观光农业企业而言，充分进行市场调研、分析、预测及定位，选择合理的市场营销战略和有效的促销推广方案，是园区管理的重要内容之一。

如陕西省皇城村，1999年底获悉《康熙王朝》开拍，便携带大量陈廷敬史料去剧组公关，并达成作为外景地至少拍摄15集的协议，同时成为第一鸣谢单位。2001年《康熙王朝》开播，每集终了，鸣谢单位中"皇城相府旅游公司"字样缓缓出现。与此同时邻近省份媒体播出广告"看康熙王朝，游皇城相府"。2002年皇城村观光旅游收入达到200万元；2003年皇城村与当地政府协调，开放高速公路出口，从新郑机场到皇城相府只用2小时；2004年门票收入达到1200万元。从皇城村的发展不难看出，丰富的旅游资源加之合理的保护和规划，再加上准确的市场定位和营销，铸就了皇城相府的成功。

3.2 服务管理

观光农业园区提供的服务具有很高的综合性，不仅涵盖了食、住、行、游、购、娱的方方面面，而且还包括农事体验、科普教育等方面的服务。各个园区由于所规划建设的项目千差万别，在服务组合上也各自形成了自身独特的风格和特点。总而言之，观光农业园区通常会提供生活服务如住宿、餐饮、购物等服务；旅游入门接待服务如售票、检票、咨询、集散等服务；此外还有导游、旅游活动等服务。

3.2.1 餐饮服务管理

一般大中型观光农业园区都设有餐饮部，设有生态餐厅、酒吧、茶楼或烧烤营地等部门可提供餐饮服务（见图3-3-13）。管理方法也各不相同，有的是园区自主经营，有的是和外来单位联营，有的是出租房屋设施等形式各异。管理工作以自设和联营为主。观光农业园区餐饮部的客源不稳定，应重点抓住游人高峰期的用餐管理。大中型园区客源波动性大。节假日、周末、大型娱乐活动期间客人多，其他时间客人少，有些地区甚至是季节性营业。因此，园区餐饮管理的重点应着眼于高峰期客人的用餐。在此时间段内，应保证餐饮设施、服务人力和饮食材料与接待量基本相符，服务方面要卫生、安全、快速、准确。

图 3-3-13　特色餐饮

餐饮是观光农业主要的经营项目，餐饮收入也是观光农业获利的重要渠道之一。观光农业的餐饮服务应以提供乡土口味的菜肴为主，具有地方特色。餐饮服务质量的好坏直接影响游客的满意度，因此观光农业园区必须高度重视餐饮服务的管理。

3.2.1.1 餐饮服务的特征

(1) 无形性　餐饮服务只能通过客人就餐、购买、消费、享受服务之后的亲身感受来评价其好坏。因此，餐饮服务在效用上的无形性加大了餐饮产品的销售困难。

(2) 一次性　餐饮服务只能一次使用，当场享受。餐饮服务的"一次性"特点要求餐饮部门要接待好每一位客人，当客人在精神和物质方面的需求得到满足后，他们才能去而复返，多次光临，并能起到良好的宣传作用。

(3) 直接性　生产、销售、消费几乎是同时进行的，因此生产者与消费者之间是当面服务，当面消费。服务质量好坏，直接受到客人的当面检验。这种面对面的直接服务和消费特点，对餐饮部门的物质条件、设备、工艺技术、人员的素质及服务质量等提出了更高、更直接的要求。

(4) 差异性　制作者、服务员、客人的个体差异，制约因素众多。为缩小差异，餐饮部门应制定餐饮服务质量标准。同时经常对员工进行职业道德教育和业务培训，使员工尽力做到服务方式规范化，服务质量标准化，服务过程程序化。

3.2.1.2 餐饮的作业管理

餐饮工作流程：即每一道菜送到客人桌前均需经过以下过程。

① 食材采购与验收　建立完善的食品原料的采购索证及验收制度。所采购原料均应具备产品检验合格证或化验单。

② 食材储放与发放　园区内应设有独立的食物原料专库，主副材料分区存放，配备机械通风设施，食物原料不能与有毒有害物品同库存放。

③ 食材加工准备　食材加工包括两方面内容即粗加工与烹调。粗加工间要分设肉类原料、水产品和蔬菜原料洗涤间或洗涤池。并设有明显标志，加工肉类、水产品的操作台、用具及容器必须与蔬菜分开使用，并有明显标志。烹调间使用隔墙烧火炉灶或油气炉，应安装排气罩，排烟排气良好；凉菜间应设置二次更衣及洗手、消毒设施，应配备空调及食品冷藏设施，同时配备专用工具及其清洗、消毒设施。

④ 菜肴成品　食材经加工后的菜肴成品，便可为顾客提供就餐服务。

3.2.1.3 食材烹饪作业标准化

菜肴加工标准化是保证菜肴品质的关键，其主要内容包括标准化的采购规格、标准化的配方、标准化的烹饪程序及标准化的分量等。

3.2.1.4 餐饮经营成功的因素

(1) 食材新鲜、卫生安全　新鲜卫生的食材是保证烹饪出美味佳肴的先决条件；干净卫生的厨房和就餐环境、干净卫生的就餐器皿，以及干净卫生的厨师和服务人员给客人以安心就餐的第一印象。

(2) 特色鲜明、你无我有　只有将餐饮办出特色，才能在买方市场中有竞争力，才能生存和不断地发展，这个特色不仅包含饮食产品特色、服务特色、产品和服务组合特色，也包含就餐环境氛围的特色，以适应消费者的求新选异的心里。如餐饮产品（见图 3-3-14、图 3-3-15）、服务、就餐环境（见图 3-3-16、图 3-3-17）、餐具、设施设备、氛围都有自己特色，宾客就会慕名而来。通过口碑效应，培养回头客；通过营销策略开发新客源。

图 3-3-14　压锅大丰收

图 3-3-15　桂花糯米藕

图 3-3-16　香蕉树下就餐

图 3-3-17　桃树下就餐

(3)降低餐饮成本提高利润　人们对餐饮品质的要求不断提高，因此必须运用有限的成本创造优质产品、服务与利润才能使餐饮经营获得成功。因此需做好餐饮成本分析、寻找降低餐饮成本的方法（如用边角废料加工成小菜、在后台工作区安装节能灯、温馨的节约提示等）、创造提升餐饮利润的方法等。

3.2.2　住宿服务管理

大中型观光农业园区多建设有酒店、宾馆等住宿设施，利用园区特有的优美环境、地道的乡土文化和温馨的风土人情，为旅游者提供住宿、餐饮、娱乐、体验等服务。有的园区还会别出心裁建有乡村味道的住宿设施（如小木屋、蒙古包、竹楼、四合院等），体量不大，但外观和内部装饰乡土特色鲜明，有很强的吸引力。园区周边常常有农民开办的农家乐，它是农民依托景区的客源，利用自己闲置的房屋，经过改造变成家庭旅馆或称家庭公寓，主要为游客提供住宿、餐饮和休闲服务（见图 3-3-18，图 3-3-19）。

3.2.2.1　家庭旅馆服务管理与大型酒店服务管理的明显区别

首先从家庭旅馆的经营特点看，家庭旅馆多是农民个人投资为主，受个人财力的限制规模较小，房间数固定，与旅馆或酒店的上百或是几百个床位比起来，容纳量很低；其次，家庭旅馆经营受季节气候等因素影响有明显的淡旺季之分；再次，家庭旅馆的经营者与旅馆的服务员不同，家即是工作单位，单位就是家，不实行上班制，而是全天性营业，但是家庭旅馆与酒店相比不具备集约化的优势，宣传推广难度大。此外，家庭旅馆居住场所为农场、林场、牧场或主人家中，房屋虽不金碧辉煌，但却优雅舒适，吃的是主人亲自栽种的新鲜蔬菜，烹调风味也别具一格，游客可以与主人一家同桌用餐，一起谈天说地，虽然没有高级饭店完善设施，却有现代社会都市人梦寐以求的"家"的味道。

3.2.2.2　家庭旅馆的经营策略

目前，在中国各地包括大中城市和旅游景区涌现出了很多的家庭旅馆。如何将家庭旅馆经营好应做好以下几方面的工作。

(1) 准确定位　通过市场调查，确定家庭旅馆的经营规模和经营形式。

(2) 经济实惠　家庭旅馆最重要的特征和最吸引人的地方就是经济实惠。

(3) 家的感觉　家庭旅馆最本质特征，因此不管是家庭旅馆的选址还是内部装潢以及特色餐饮都应突出这一特点，如图 3-3-18、图 3-3-19 所示。

(4) 贴心贴身的服务　贴心贴身的服务不仅能招徕回头客，而且通过回头客的宣传还可以招徕更多的新顾客。

(5) 具有自己的特色和文化内涵　家庭旅馆居住环境、住宿房间文化特征和内涵应丰富。旅游者进行旅游的过程本质上是购买文化、消费文化及享受文化的过程，家庭旅馆应利用自身的个性特征，来表达和实现自己的独特魅力，这也是家庭旅馆能继续发展的方向所在。

(6) 多种营销策略　采用体验式营销、同业联盟、异业联盟、网络营销等方式进行有效的宣传。

图 3-3-18　家庭旅馆

图 3-3-19　家庭旅馆内部装修

3.2.3　解说服务管理

讲解员是沟通园区与社会的桥梁，讲解服务的质量和水平直接影响到园区的形象。首先解说可以为游客提供园区基本的信息和向导服务；其次通过解说可以使游客了解自然和生态资源保护的重要性，从而进行科技知识的普及；再次解说能增强游客对体验活动项目的感受，增强体验项目的教育功能。因此，成功的解说能提高游客对园区的满意度和忠诚度，加深游客印象，更重要的是还能成为园区促销的一种有效手段。所以解说服务管理是观光农业最重要也是最基本的管理事项。

3.2.3.1 解说方式

观光农业园区的解说服务方式包括人员解说与物化解说两种。

(1) 人员解说　人员解说是园区讲解员向游客进行主动的、动态的以信息传递为主的解说形式。包括咨询服务、导游讲解、定点解说及现场表演等形式。其最大特点是双向沟通，能够对游客提出的各种问题予以解答，因人而异提供个性化服务。由于导游员或讲解员一般知识面很宽、信息量较大，但可靠性和准确性不足，上岗前最好经过专门的培训。不同的园区应该根据园区所在地的地域文化、民俗文化、园区的性质、主要服务产品、园区景点的分布、游览时间、游客性质等，探索不同的解说方式和游客组织形式，以达到最好的解说效果，其目的是有利于园区资源环境的保护和游客最佳体验的获取。

(2) 物化解说　物化解说是由印刷品、标准公共信息图形符号、标识牌、音像解说等无生命设施、设备向游客提供自助信息服务或为导游提供辅助解说服务。它的形式多样，包括标示牌、解说手册、园区导游图、语音解说、录像带等，其中标示牌和导游图是最常见的表达方式。

不同的园区应根据其各自的性质、特点，提供多样化的解说方式，供游客选择，在不同的情况下，侧重选用不同的物化解说方式。标牌、园区示意图、路标系统起到解说和引路的作用，是任何园区必不可少的。导游图、门票上的园区示意图及语音导游等比较适合供散客选择；而录像、幻灯等比较适合在游客中心、前往景区的交通工具、游客停留地点和游客游览前教育中使用。

3.2.3.2 解说原则及要领

(1) 了解游客特点，掌握游客的第一兴趣。
(2) 讲解员应站在游客的立场，融入游客当中去，从游客的观点看待事物。
(3) 解说要以资料为基础，坚持科学准确，忌胡编乱造。
(4) 将解说视为一种艺术表演或技能展示。
(5) 启发式、体验式解说，代替传统的教导或背诵材料。
(6) 解说要顾及整体性。
(7) 解说员要注意礼貌礼节，妥当使用语气、词句、人称及肢体语言。
(8) 对特殊的游客对象，要用特殊的解说设计、语言、语气及表达方法。

3.2.3.3 讲解员任职要求

讲解员首先应具有良好的政治思想与职业道德；其次具有良好的文化素养和知识修养；再次具有良好的公众形象；此外具有良好的嗓音条件和语言表达能力；还应具有良好的心理素质和反应能力，面对不同的观众能较好地完成讲解任务。

3.2.3.4 培训要求

园区应组织相应的岗前培训或专业培训，提高讲解员的业务能力和综合素质。

3.2.3.5 基础条件要求

讲解员应树立观众至上的服务理念，以人为本。有条件的园区可设立讲解联系处同时附带咨询、寄存和资料提供等功能；以便于游客投诉，从而加强对讲解员队伍的监督与管理。

3.2.3.6 思想品德与服务态度要求

讲解员应具有良好的思想品德，游客至上，积极维护游客的合法权益；敬业奉献，具有强烈的事业心和高度的责任感；遵守职业道德。服务质量如何其服务态度是关键。主动了解游客信息，积极联系、组织游客，及时提醒游客注意事项，有耐心，认真回答、解决观众在参观中遇到的问题，主动关心老幼病残，体贴细致，服务周到。

3.2.3.7 能有效处理突发事件

讲解员应熟悉突发疾病和突发事件等紧急事故的处理流程，遇突发事件能及时报告相关部门，并做出妥善处理。

3.2.3.8 讲解员队伍的管理与监督

制定讲解员讲解服务管理办法，加强对讲解员队伍的管理，提高讲解员的讲解水平和游客满意度。可在明显、适当位置公布投诉电话，设专人来接受处理服务质量投诉及反馈相关信息。或通过游客留言簿、与游客交谈、调查问卷等方法，听取游客意见。健全投诉制度及考核制度。

总之讲解员的精神面貌是园区的窗口，通过不断提升讲解员的业务水平，来提高园区知名度。

3.3 游客管理

游客管理是观光农业园区管理的重要组成部分，通过有效地组织和管理游客行为活动，强化旅游资源和环境的吸引力，以提高游客的满意度和体验质量，从而实现对观光农业园区资源的可持续发展，保证园区经济效益的稳定增长。游客管理是保障观光农业园区正常运转的基础。通过有效的游客管理以减少游客不文明行为对园区资源和环境的破坏，从而保护园区旅游资源、优化游览环境、保证游客心情畅快，提升游客的满意度，促进景区管理目标的实现。因此，正确引导和管理游客的活动，已成为观光农业园区管理的主要工作之一。

3.3.1 游客行为特征

3.3.1.1 时间特征

观光农业园区多是以自然资源为资源依托的户外园区，受气候等自然条件变化的影响，园区农作物、植被景观等一年四季呈现出节律性的变化。因此游客的接待也有淡旺季之分，淡季（东北地区11月至翌年4月）游客少，资源闲置；旺季（5月至10月）游客多，人满为患，承接压力大。

出游时间是影响园区客流季节性变化的另一个重要因素。我国出游人口大多受工作等原因限制，平时几乎没有外出旅游度假的时间，中、远程距离的旅游通常集中在节假日或长假期间，双休日是近程旅游的高峰期，寒暑假是学生、教师出游的集中期，每年的"五一""十一""春节"三个黄金周，则基本是大多数园区接待的高峰期。

在季节变化、节假日，居民出游习惯等的综合作用下，每年5～10月是我国大多数户外观光农业园区的旺季，11月、3月、4月是平季，12月、1月、2月是淡季。

3.3.1.2 空间特征

园区内游客的空间位移一般呈线性多向流动与节点汇聚的空间特征。

(1) 线性多向流动　通常一个园区有一个或多个出口，进入园区后，游客在导游或导游图或路标系统的导引下，会沿着一定的线路进行游览。游客从进入园区到离开园区的空间位移过程是高度流动和发散的。以一日游园区为例，游客空间位移如图3-3-20所示。

从游客的空间位移看是线性的、连续的。从流动节奏看，时快时慢。从流向看，因园区内部游道布局、游道宽窄等不同，游客对出入口、游览线路选择不同，游览速度不同，游客的流向有时是单向的，有时是双向的，有时是混杂的。

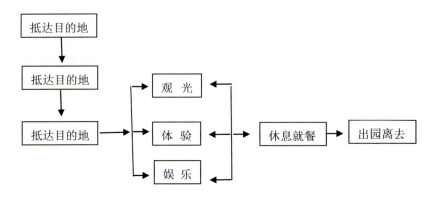

图 3-3-20　一日游游客空间位移图

(2) 节点汇聚　节点汇聚是整个园区比较突出的景观点，是一个视线汇聚的地方，如园区的出入口、游乐设施、表演场所、体验场所、购物场所、就餐场所、游道交汇处等节点都易形成人流汇聚，特别是在旅游旺季的高峰期，这些节点会承受游客超负荷的压力，对园区环境资源和接待设施等产生较大的影响，容易出现游客排队、等待的现象，很容易发生各种事故。因此，在这些节点处，应安排工作人员进行游客的疏导管理。

3.3.2　游客行为差异

狭义的游客行为强调旅游是一种外在表现，因而仅指游客的旅游行为以及对旅游产品的实际消费。广义的游客行为包括旅游的全过程,旅游需求的产生,旅游费用的取得,制定旅游计划(旅游支出和支出结构)，游客心理和行为活动，最后到对旅游产品的实际消费（郭英之、张丽，2005）。这种行为最具有市场意义，最为政府旅游机构和旅游企业所关心。

游客按组织方式有团队和散客之分。团队游客有导游全程陪同，按既定路线统一行动，行程安排紧凑、可变性差，易于管理。散客随机性强，活动较分散，在园区内的活动不确定因素大，因此散客行为的调控与管理难度也大。

根据游客的年龄可分为少年儿童、青年、中年、老年游客。年龄的差别通常意味着生理特征、心理状况、收入水平和旅游购买经验的差别。随着年龄的增长，游客的生理、心理、收入、角色、地位等都会发生很大的变化，其旅游行为也相应变化。例如少年儿童天真活泼，对新鲜事物充满热情；青年精力充沛、好奇心强、富有冒险精神和挑战精神，行为不拘一格、我行我素。对这两个群体应通过设置安全设施和与其监护人合作管理，管理采用多沟通、说服、示范等方式进行，是游客管理的工作重点。中年游客事业有成，收入稳定，自我控制能力较强，易于管理。老年游客体力较差，对周边事物与环境的安全性缺乏敏感，在园区活动常常会因精力和体力不支，而出现走失、突发疾病等事故，对这一群体游客的管理应以服务性管理为主给予特别的关心和照顾，并提醒其监护人实施有效监护。

3.3.3　游客不文明行为

3.3.3.1　游客不文明行为主要表现形式

(1) 游客在游览过程中随意丢弃垃圾、随地吐痰、擤鼻涕、吐口香糖等各种废弃物的行为。
(2) 游客在游览过程中不遵守园区的有关游览规定，如乱攀乱爬，乱涂、乱刻、乱画，违章采集植物、袭击动物等行为。

(3) 游客在游览过程中不遵守公共秩序如不按秩序排队、高声喧哗、非吸烟区吸烟等行为。

3.3.3.2 游客不文明行为产生的原因

(1) 游客的环保意识不强，生态道德素质低下，在游览活动中难以形成保护环境的愿望。

(2) 人们在旅游过程中的"道德感弱化"现象。

(3) 游客在旅游过程中占有意识（物质摄取意识）外显的表现如恋花者不免拈花惹草，好古者可能偷偷掀下古庙的瓦片。

(4) 游客故意破坏行为。

(5) 游客缺乏旅游的常识和旅游技巧，因无知而在无意识的情况下做出一些"不文明旅游行为"。

(6) 缺失信息，如园区没有事先告知或相关标示，指示游客游览时应注意什么，什么能做，什么不能做，导致游客游览过程中出现乱丢垃圾、乱涂乱画、随意拍照等行为。

3.3.3.3 游客不文明行为管理方法

(1) 提高规划建设水平，如合理布设公共设施如卫生间、垃圾桶等；建立游客服务中心便于为游客进行服务和管理。

(2) 加强服务性管理，利用交通工具上视听设备、导游宣传讲解或通过游客服务中心发布信息、发放宣传材料、门票适宜位置印制注意事项等方式告知游客园区游览规定。

(3) 发挥行为示范的作用。加强对员工和商贩的培训与管理，养成文明礼貌、爱护环境的习惯，杜绝乱扔乱丢等不文明行为，在日常工作中起到表率作用，用自己的行为率先垂范给游客。

(4) 无声引导与有声引导相结合，在园区适宜的位置设置标牌系统、提醒文字等发挥无声的引导作用，园区工作人员和讲解员发挥有声引导作用，时刻提醒游客杜绝不文明行为的发生。

(5) 制定强制性管理方法，对于乱涂乱画等不文明行为，制定完善的规章制定，同时配备一定数量的园区管理人员约束游客不文明行为的发生。如：夏季严禁游人跳入湖中洗澡，严禁给动物喂食，严禁打架斗殴、寻衅滋事、偷窃等违法犯罪行为，景区内安保部门及工作人员有权现场制止，并协助公安部门依法处置。

3.3.4 游客的管理技术

3.3.4.1 游客容量调控技术

因气候等自然条件的变化，农业观光园区的植被、地表景观等一年四季呈现出节律性的变化。接待游客数量，也有明显的淡季和旺季之分。我国出游人口因工作等原因限制，中、远程距离的旅游往往集中在节假日或长假期间，而周末双休日是近程旅游的高峰期，寒暑假是教师、学生出游的集中期。游客行为时空特征，给园区环境、设备设施供给带来压力，潜伏严重的安全隐患。园区可从供给和需求两个方面对游客数量进行调节，对园区容量进行调控。

(1) 从供给方面调节园区容量。首先园区可通过投资建设以新增设施、改变旅游活动方式等来实现对游客数量的调节；其次可以通过加大园区内温、冷景点的开发，引导游客的流向来增大旅游园区实际容量。如：杭州倡导低碳旅游，公共自行车、电动车在方便环保及低费用的同时，对游客进行了分流，同时，也成了杭州景区内一道特色的风景线。

(2) 从需求方面调节园区容量。在园区不增加建设投入的情况下，为扩大园区容量，可以通过延长园区开放时间，或一年中增加开放天数；旅游高峰期开放备用旅游通道，在旅游淡季关闭备用通道；设置免票人员专用通道等方法调节园区容量。如杭州西湖景区，开通水上巴士和游船，水上巴士连接西溪湿地、京杭大运河、钱塘江、西湖，形成"五水"相通的水上旅游线路，不仅减少部分陆地游客量，同时还增加旅游收入。

3.3.4.2 园区旅游资源管理技术

定量管理是通过限制进园时间、停留时间或控制旅游团人数、日旅游接待量，以及综合运用几种措施来限定游客数量和预停留时间，从而解决因过度拥挤、践踏、温度、湿度变化引起的旅游资源损耗。若园区内有生态敏感性区域，应实行定量管理。

定点管理是在资源易损耗的区域，聘用保安、专门服务人员或安排志愿者值勤保护旅游资源，如园区内的节点，就是重点区域应实行重点管理。

3.3.4.3 游客体验管理技术

游客去观光农业园区旅游体验项目是农业观光游的重要组成部分。园区应为游客提供新、奇、特的游乐体验和安全优质的游乐服务。在保证游客得到最好的旅游体验的同时，在设计游览路线时应降低游览成本、提高体验的丰富程度与质量。如杭州西湖景区将游船体验与西溪湿地的采柿子、西溪采菱相结合，游客可以在秋季采摘柿子，在水上采摘菱角，同时加入西溪越剧、说大书、皮影戏、龙凤舟体验等项目，游客在游船上享受水中看西湖，水中看杭州的同时，体验了西溪特色的民俗活动和节庆的热闹。

3.3.4.4 游客满意度管理技术

为提高园区服务质量、完善设施、规范园区服务，园区可采用抽样问卷调查方式，对园区游客满意度进行调查、统计分析，并编写年度游客满意度分析报告，反馈给相关部门与园区领导。根据游客的需要改善环境，更新旅游热点，提高游客满意度，不断招徕新老游客。

3.3.4.5 游客投诉管理技术

园区可从规范市场秩序入手，从提升服务品质为着眼点，为园区发展营造良好氛围，实现低投诉率。具体方法是，园区成立专门的督导部门，接受游客的来电、来信、网络等各种形式的投诉，对事件进行调查和处理后，拟定回复意见，答复投诉人。

3.4 环境卫生管理

3.4.1 卫生管理

卫生管理是景区环境管理的重要组成部分。卫生状况是整个环境状况中的一个常变量，不像生态环境、设施环境那样有时间上的稳定性，因此，卫生管理就成为旅游景区环境管理工作的一个特殊内容。

观光农业园区卫生管理工作涉及旅游体验的各个环节，贯穿接待服务过程的始终。可分为：静态卫生管理，即游览环节、设施、设备和用品卫生管理；动态卫生管理，即工作人员卫生管理两大类，其具体内容如下。

3.4.1.1 游览卫生管理

主要包括游客乘坐的交通工具、游步道、项目体验区、传统景点等的卫生管理。

3.4.1.2 公共卫生管理

主要包括园区的出入口、游客中心、厕所、厅堂、商场等各种服务场所及周围环境的卫生管理。

3.4.1.3 住宿卫生管理

园区住宿区域应为客人提供清洁、舒适的住宿条件，主要指客房卫生、卫生间的卫生、游客使用的各种消耗用品卫生等的管理。

3.4.1.4 餐饮卫生管理

以食品卫生法为中心，以预防食物中毒和疾病传染为重点。具体内容包括食品原材料采购、储藏、加工制作、产品销售、食品化验、消毒以及配餐间、凉菜间、餐厅等各个方面的卫生管理。

3.4.1.5 园区服务人员个人卫生管理

园区的员工，身体健康状况、仪容仪表、着装等各个方面的卫生管理。

3.4.1.6 卫生管理的措施

园区应制定观光农业园区卫生管理制度、制定卫生管理操作程序及加大卫生检查力度以保证园区卫生质量，具体措施如下：
(1) 领导重视，网络管理；
(2) 分级归口，责任到人；
(3) 分门别类，制定标准；
(4) 严格制度，奖勤罚懒；
(5) 游客监督，加强管理。

3.4.2 观光农业园区环境管理

观光园景区环境是游客整个旅游过程的活动空间，决定着游客观光、体验的质量。从游客体验的角度来讲观光园景区环境不仅包括景区的内部环境（自然生态环境和历史文化环境），而且包括观光园区的外部环境，外部环境主要指旅游目的地和依托地是否具有便利的交通，舒适的旅游基础设施，良好的旅游市场秩序，以及满足各类游客要求的特定的环境条件等一系列能影响游客体验的环境因素。因此观光农业园区环境管理包括内部环境管理和外部环境管理两方面。

3.4.2.1 内部环境管理

(1) 自然环境管理　良好的自然生态环境是观光农业园区可持续发展的基本保证，这应是观光农业旅游开发的基本理念。树立环境保护的理念，引导自然环境保护、利用和培育三者和谐统一。自然环境管理的具体内容如下。

① 水体环境管理　以湖泊、水库、池塘等水体为基础的园区，开展水上项目、旅游船舶的油污，垃圾会不同程度造成水体污染。此外园区内餐厅、宾馆、休闲中心等排放的生活污水和垃圾也是一个污染源，这些用水若没有经过处理，或只经过初级处理后便排放到水环境中，就会把病原体带入水中，污水排放会加速水体的富营养化。因此，水体污染可采用人工处理和自然净化相结合、无害化处理与综合利用相结合的办法治理。在环境治理方面，应完善园区排水处理厂或氧化塘，对园区生产、生活污水、废水集中处理。

② 大气环境管理　由于园区内外大量的交通工具，为游客烧饭、取暖、沐浴等生活需要燃煤锅炉，汽车尾气等使空气中 SO_2 等有害气体增加，使园区大气质量降低。因此，园区可通过

在园区入口处让游客换乘绿色电瓶车等环保交通工具，沐浴、取暖采用太阳能等新兴能源来减轻园区内大气环境的污染。

③ **固体废弃物的管理** 园区内的固体废弃物多为餐厅、宾馆等产生的生活垃圾，因此应完善垃圾分类收集系统，加强对危险废物的收集和管理，杜绝就地堆放和深埋，应定期运往垃圾处理场或委托环卫部门加以处理。此外园区内也可多设置垃圾箱，方便游人丢弃垃圾。

④ **噪声污染的管理** 噪声污染对人、动物、仪器仪表以及建筑物均构成危害，其危害程度主要取决于噪声的频率、强度及暴露时间。观光农业园区噪声污染的主要来源是交通噪声。交通噪声主要来源于进入园区的汽车、摩托车等交通工具，而交通噪声是一种不稳定的噪声，噪声级随时间而变化。园区内的噪声对游客的心理产生较大的影响，直接关系到旅游体验的满意度。因此，对噪声的控制是必要的。可采取以下措施：首先对所有机动车禁止在园区内鸣喇叭、鸣笛；其次，在园区内游览尽量使用电瓶车等环保运输工具，禁止拖拉机等污染大的设备进入园区；第三，在园区外围建立30～50m宽度的防护林带，以减少外界噪声对园区环境的影响。

⑤ **动植物保护管理** 植物常受到人为机械损伤、践踏等导致植被覆盖率降低，群落的种类组成改变并趋于简单化，生物多样性降低。游客的活动会使野生动物受到惊扰。

因此，对于以生态环境为基础的园区，要注意对园区内生态敏感区的保护，在动植物繁殖季节，可考虑关闭临近动物栖息地的旅游区。同时应引导游客树立生态意识，设立环境解说标志，提醒游客不要随意践踏、采摘植物，避免惊扰动物，不能随意闯入未经许可的生态敏感区，避免发生火灾。估算生态环境容量，在高峰期控制游客数量，采取各种方式解决环境超载的问题等。

(2) **历史文化环境管理** 观光农业园区内构建现代化设施的同时，应充分发掘、保护和发展旅游地的传统特色和历史风貌。在园区环境管理中，除了要不断创新，及时赋予园区以新的时代特色，同时尤其要精心保护和管理代表旅游地历史文化的标志性建筑物、文物等历史文化景观。注重园区内文化氛围的营造，园区内的建筑装修、店铺门面、园林绿化、环境卫生、广告标识、交通工具等园区综合风貌应透射文化气息，提升园区的文化品位。

3.4.2.2 外部环境管理

(1) **旅游基础设施管理** 加强旅游景区交通等基础设施建设，为旅游者提供便利、舒适的外部环境保障。

(2) **旅游市场秩序管理** 维护旅游市场的良好秩序，相互协作，抵制不正当竞争行为，诚信服务，真实发布景区信息，不欺诈游客，为游客提供能进行公平交易旅游市场秩序。此外还应加强安全保卫措施，确保景区及周边社区保持安全稳定的环境。

3.4.3 园区绿化管理

3.4.3.1 园区绿化基本原则

园区绿化不同于城市园林绿化也不同于单纯的造林，园区绿化是通过植物种植体现出农业景观的生态美，并且能使农业观光园以丰富多变的季相美和鲜明的主题来吸引游客的。因此园区绿化应遵循以下原则：

(1) 观光农业园在空间布局上采用合理分区的办法解决植物种植中景观上的单调感。如合理控制各小区的面积，使具有作为开敞空间特点的农田景观和封闭、半封闭空间特点的果园景观相互结合；或利用水渠、温室大棚等农业设施来分隔空间打破原有景区的沉闷感。

(2) 园区植物绿化应使植物景观与人文景观与大自然景观相协调。

（3）农业观光园的游览区、体验区、停车场、道路及目光可及的山坡是绿化工作重点区域。

（4）观光农业园区以农业生产为基础，其景观的展示也应以农业生产为依托，应结合农业生产为基础，大力营造经济与观赏相结合的经济风景林，为经济和旅游发展服务。

3.4.3.2 园区植物配置

农业观光园最主要的是具有生产特性，园内植物种植的主要作用是服务于生产类植物的栽培，因此在植物配置时应遵循以下原则：

（1）景观植物的选择上以富有季相变化的高大乔木和带有芳香气味的草本、木本植物为优先选择对象，同时注意植物的适应性，以乡土植物种类为宜，构建稳定的植物群落。

（2）植物的配置上应避免交叉传染影响作物生产，如将苹果、海棠、梨与侧柏、爬地柏等混栽时易导致苹桧锈病和梨桧锈病这一转主寄生性病害的发生。同时还要注意植物间的化感作用，它常表现为种间相克的特性，如丁香、刺槐、月桂等植物易影响相邻植物的伸长生长；榆树分泌物能使葡萄的生长发育受到强烈抑制；核桃能造成周围苹果、马铃薯、番茄及树下多种草本植物受害致死；刺槐对周围果树有较强的抑制作用；桃树与苹果、梨、山楂等混栽会影响其生长。

（3）观光农业园区的植物不论是用于生产种植，还是景观种植，都应尽量避免花、果、叶带毒、有刺或带有刺激性分泌物的植物品种。

3.5 安全管理

园区管理应将安全放在第一位，安全管理包括设备安全、餐饮安全、游客在景区的游玩安全以及疾病（或中毒）和其他意外事故等的管理。

3.5.1 园区设施设备安全管理

园区设施设备均应符合国家安全标准，应通过国家级、市级相关检测管理机构的认证。工作人员应对景区内设备进行定期安全检查，排除安全隐患。

3.5.2 园区餐饮安全管理

一般大中型观光农业园区建有餐饮场所，餐饮安全管理不容忽视。通常从以下几方面进行管理。

① 建立从业人员培训管理制度保障游客餐饮安全。
② 建立食品进货查验记录管理制度，如编制食品采购索证索票、进货查验和采购记录表等。
③ 建立粗加工切配餐饮安全管理制度。
④ 建立烹调加工餐饮安全管理制度。
⑤ 建立面点加工餐饮安全管理制度。
⑥ 建立食品留样管理制度。
⑦ 建立食品安全检查管理制度。

3.5.3 游客活动安全及其他意外事故管理

其措施主要有：

① 园区管理者应通过各种手段来提高游客的安全意识，如在危险地段设立警示牌（如图3-3-21、图3-3-22所示）、工作人员当面提醒游客、劝止可能带来安全问题的行为等。
② 园区应制定完善的安全问题预防机制，如对游乐设施和其他旅游服务设施定期地检查、

制作游客安全手册等。

③ 制定安全应急处置预案，按照预案程序开展科学救援及善后处理工作。

④ 请专门人员对员工进行紧急救援培训，使员工掌握疾病救护、失踪寻找、水生救护、火灾抢险、突发事件应急救护等各项技能，以更好地处理各项突发事故。

图 3-3-21　请勿靠近安全警示牌　　　　　　图 3-3-22　禁止攀爬安全警示牌

3.6　设施设备管理

观光农业园区的设施即构成园区固定资产的各种有形物品，为游客提供旅游服务及进行经营活动的生产资料，是园区提供休闲旅游产品和服务的物质基础和重要依托。不同类型的园区以及同一园区不同功能区域的设施的类型、数量有较大的差异。如观光农业园区的生产区、服务区、娱乐区，其设施类型、数量和分布密度可能较大。观光农业园区的设施管理工作主要包括规划管理、配置管理和维护管理。设施规划管理是对园区资源种类、数量及分布的调查基础上，根据调查结果，科学预测未来园区发展情况并规划各阶段对各种设施的需求，即根据设施规划管理工作的结果，根据现阶段开发所需的设施数量、设施组合及估算各种设施使用情况等因素，对各项设施进行实际配置，以使园区各项设施发挥最大的价值。园区设施的维护管理（服务期管理）是设施投入服务后所做的维护和保养工作。

3.6.1　设施设备的分类管理

观光农业园区设施根据其用途，可分为基础设施、服务设施、娱乐游憩设施、农业生产设施四大类。如表3-3-1所示。

表 3-3-1　观光农业园区设施、设备

设施类型		相关设备
基础设施	道路交通设施	停车标示牌、停车场、游步道、电瓶车等
	电力通信设施	变压器、对讲机、固定电话机等

续表

设施类型		相关设备
基础设施	给排水设施	抽水机、水泵、输水及排水管道等
	绿化设施	休闲椅、草坪修剪机等
	环卫设施	垃圾桶、垃圾运输车、垃圾清扫车、排污设备等
服务设施	接待服务设施	烤箱、中小型啤酒自酿等餐饮设备；空调、床等住宿设备
	导游服务设施	自动讲解机、无线扩音器等导游讲解设备；各种引导标示牌等相关的引导设备
娱乐游憩设施	娱乐康体设施	跑步机、自动麻将机、卡拉OK设备
	体验设施	竹筏、滑道、蹦极、缆车、过山车等
农业生产设施	环境保护设施	日光温室、塑料大棚、防虫网、遮阳网等
	农耕设施	锄头、喷雾器、犁铧、自动施肥机、农业生物环境自动检测与计算机控制设备等
	养殖设施	喂料机、清粪机等

3.6.2 设施的分期管理

园区的设施设备管理按时间序列可分为前期管理、服务期管理和更新改造期管理。

(1) 前期管理　园区设施设备的前期管理包括调查研究、项目规划、购买安装和调试三个阶段。做好设施设备的前期管理工作，可为今后设施、设备的运行、维护、维修、更新等管理工作奠定良好的基础。

(2) 服务期管理　园区从开始接待游客起，其设施便投入了服务，服务期的设施管理主要工作为日常维护、保养及修理。

服务期管理的基本内容：首先应合理安排设施的负荷率，如载客的游艇、缆车等，严格按各种设施的技术性能和负荷限度安排运营，超负荷运转不但会损坏设施，而且会留下安全隐患。其次对于园区设施设备在操作时，要配备专职的操作和管理人员。再次，应建立健全规范使用、维护、保养等相关规章制度。此外，尽量为设施设备的运行，提供良好的工作环境和条件，延长其使用寿命。

(3) 更新改造期管理　随着科学技术的进步和旅游需求的不断变化，园区设施要不断进行更新改造。更新就是用经济效果好、技术先进、可靠的新设备替换原来经济效果差、技术落后的旧设备。改造就是通过采用先进的技术对现有落后的设施设备进行改造，使其提高节能效果，改善安全和环保特性。

单元小结

如图 3-3-23 所示。

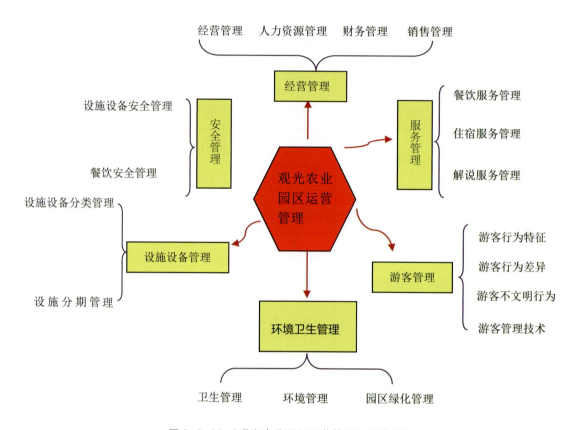

图 3-3-23 "观光农业园区运营管理"思维导图

单元测试

1. 农业生态资源由几部分构成？
2. 你认为如何才能成为一名合格的景区讲解员？
3. 游客不文明行为有哪些表现？请分析原因，并制订应对方案。
4. 如何对观光农业园区的环境进行管理？
5. 如何做好园区的绿化管理工作？
6. 近年来在城市周边出现了不少的家庭旅馆，请你为如何经营好家庭旅馆出谋划策。

拓展 4 　 生态农业

学习目标

- 了解生态农业的内涵;
- 掌握我国不同地区生态农业的模式及各自特点;
- 促进生态农业与观光农业有机结合,加速观光农业的可持续发展。

学习前导

生态农业最早出现在 20 世纪 60 年代末期,我国在 20 世纪 80 年代初将生态农业定为现代农业发展新模式。生态农业的发展和建设,对保护和改善农业生态环境,促进农民就业,提高农民收入,促进农业可持续发展方面发挥了积极作用。我国地域辽阔,地形复杂多样,形成了多种多样的生态农业模式。通过学习使学习者:

① 逐步了解生态农业内涵;
② 掌握我国不同地区生态农业的主要运行模式及各自特点;
③ 促进生态农业与观光农业有机结合,加速观光农业的可持续发展。

4.1 　 生态农业内涵

生态农业是指按照生态学原理和生态经济规律,因地制宜地设计、组装、调整、管理农业生产和农村经济的系统工程体系,是知识密集型和劳动密集型相统一的具有生态合理性、物质循环性的农业可持续发展模式,是全面规划、总体协调、良性循环的整体性农业,是无废弃物、无污染、集约、高产、优质、高效农业,是人与自然协调发展,经济、生态、社会"三效"统一的现代化农业体系。它不仅能提供大量的清洁食品,又能维持农业生态系统的平衡,被誉为 21 世纪农业生产最佳模式。其最大特点是把农作物从阳光那里得到的能量和物质循环利用,从而在较少土地,较小空间,较短时间内,以最少的投入获得最佳的生态效益和经济效益。

生态农业高度涵盖了各种先进农业的理论和模式,并把它们高度融合产生出三大效益的统一,从而实现了农业理论和农业生产上的一大突破,其内涵主要包括:一是在现代食物观念引导下,确保国家食物安全和人民健康;二是依靠科技进步,以继承中国传统农技精华与吸收现代高新科技相结合;三是以科技和劳动密集相结合为主,逐步发展为技术、资金密集型的农业现代化体系;四是注重保护资源和农村生态环境;五是重视提高农民素质和科技成果应用;六是能切实保证农民收入持续稳定增长;七是发展多模式多类型、多层次的农业经济结构,大力引导集约化生产和农村适度规模经营;八是优化农业和农村经济结构,促进农、牧、渔、种、养、加工有机结合,把农业和农村发展联系在一起,推动农业向产业化、社会化、商品化和生态化方向发展。我国的生态农业是在自身传统农业基础上发展起来的，形式多样，内容丰富，内涵远远超过国外生态农业，如北方闭合式"四位一体"生态农业模式、广东的"猪-沼-果-灯-渔"五位一体生态农业模式及干旱半干旱地区的节水型生态农业模式等。

生态农业可以简单地说成是集综合性、多样性、高效性和持续性为一体的农业的代名词，具有以下几个显著特征：

首先，从科学理论和方法看，它要求运用生态系统理论，生态经济规律和系统科学方法，遵循整体、协调、循环、再生的基本原理，要求跨学科、多专业的综合研究与合作，建立结构优化、环境友好的农业体系；从发展目标看，它以协调人与自然的关系为基础，以促进农业和农村经济，社会可持续发展为主攻目标，要求多目标综合决策，代替单目标的常规生产决策，从而实现生态经济良性循环，达到生态、经济、社会三大效益的统一。

其次，从技术特点看，注意汲取传统农业技术之精华，弃传统农业技术之糟粕，吸收现代科学技术，优化农业技术体系，通过一系列典型生态工程模式的技术集成，发挥技术综合优势，从而为传统农业向现代化农业的健康过渡，提供基本的框架和技术雏形。

第三，从生产结构体系看，强调系统组分之间的相互作用，以形成生态经济优化的具有相互促进作用的综合农业系统。

第四，从生产管理特点看，它要求把农业可持续发展的战略目标与农户微观经营即农民脱贫致富结合起来，既注重各个专业和行业部门专项职能的充分发挥，更强调不同层次、不同专业和不同产业部门之间的全面协作，从而建立一个协调的综合管理体系。

第五，从生产效益看，它摆脱了单一狭隘的产业的限制，努力将各产业整合为一个相互作用的复合系统，通过系统中有机物质的循环利用，产生较高的经济效益和环境效益。

第六，从推广前景看，它既可以在各种不同的水平上实现，如目前既有农户、农田水平、或流域、区域水平，又适应了当前和今后我国面临的生态环境形势，是适合中国国情的农业可持续发展道路，同时也代表了世界农业发展的潮流和方向，具有良好的发展前景和推广价值。

4.2 典型生态农业模式

4.2.1 北方"四位一体"生态农业模式

4.2.1.1 内涵

"四位一体"生态农业模式就是依据生态学、经济学、系统工程学原理，以土地资源为基础，以太阳能为动力，以沼气为纽带，将种植业和养殖业结合起来，通过生物能转化技术，在农户土地上将日光温室、高效沼气池、畜禽圈以及厕所结合起来。在全封闭状态下形成农业生产的良性循环，从而达到低成本、高效益的生产目的。"四位一体"生态农业模式是目前北方农村推广的比较普遍的模式之一，特别是在冬季比较寒冷的地区。发展"四位一体"生态农业模式不仅拓宽了自然资源与科技结合的生产领域，同时将无公害农业与农业产业化有效结合在一起，既符合农业生产实际，又切合农村特点。因而具有强大的生命力和广阔的发展前景。

4.2.1.2 构成要素

该模式以 400~500m² 日温室为基本生产单元，在温室内部的一侧建 1 座 20m² 的太阳能畜禽舍和 1 个 1m² 的厕所，畜禽舍下部为 1 个 10m³ 的沼气池。利用塑料薄膜的透光和阻散性能及复合保温墙体结构，将日光能转化为热能，阻止热量及水分的散发，达到增温、保温目的，使冬季日光温室内温度保持在10℃以上，从而解决反季节果蔬生产、畜禽和沼气池安全越冬问题。温室内饲养的畜禽可以为日光温室增温并为农作物提供CO_2，农作物光合作用又能增加畜禽舍内的O_2含量；发酵产生的沼气可用于农民生活，沼液和沼渣可用于农业生产，从而达到改善环境、利用能源、促进生产、提高生活水平的目的。沼气的主要成分甲烷可以燃烧，不仅可用于炊事，也可照明。$1m^3$沼气可使亮度相当于60度白炽灯的沼气灯照明6h；若用于发电可发1.25度；相当于1L汽油，可以使3t的汽车行驶2.8km；燃烧放出的热量可供5～6口人之家每日做3顿饭及点灯照明。日光温室是北方"四位一体"生态模式的主体，沼气池、猪舍、厕所、栽培场所都装入温室中，形成全封闭状态。

4.2.1.3 四位一体生态农业模式的特点

(1) 该模式符合"整体、协调、循环、再生"的生态农业基本原理 "四位一体"生态农业模式，从提高作物单产、复种指数、畜禽转换率和循环总量，降低饲料浪费度的角度出发，将四种设施组合成一个整体，辅以四种高效技术，使之成为一个稳定高效的系统。同时各组分之间存在适当的比例关系和明显的功能分工与协调机制，使"四位一体"生态农业模式能够在系统内顺利完成能量、物质、信息、价值的转换和流通，并使系统的整体功能达到最高。

该模式把生产者、消费者、分解者有机结合起来，加强了物质循环利用，形成无污染和无废料农业。养殖与种植以沼气为纽带，紧密联系在一起，形成一个完整的生产循环体系。这种循环体系采用先进的生产技术，达到集约化经营，以期获得三大效益的增长，从而实现多业结合，集约经营。

(2) 该模式是以沼气为纽带的物质循环利用型生态工程，实现了有机物的多层次利用 "四位一体"生态农业中，以沼气池为纽带的作用巧妙地解决了"三料"问题。该生态模式充分利用了太阳能，使太阳能转化为热能，再转化为生物能，达到合理利用。通过沼气发酵，以无公害、无污染的肥料施于蔬菜和农作物，使土地增加了有机质，作物增产，秸秆还田，并转化为饲料，达到用能与节能并进。将沼气池建于日光温室内的地下，提高了沼气池的温度，使厌气发酵可以周年进行，解决了北方冬季因温度过低而无法实现发酵产气的实际困难。作物秸秆、人畜粪便和其他有机废弃物进入沼气池发酵产生以甲烷为主要成分的沼气，完全可供正常五口之家的炊事所需。施用沼肥可明显改善土壤理化性状，提高作物产量和品质。

(3) "四位一体"生态农业模式结构简单易建，以庭院为基础管理方便 以庭院为基础，充分利用空间、地下、地上、空中立体生产，提高了土地的利用率。该模式其劳动强度适中，劳动周期较长，家庭妇女、闲散劳动力都能干，有利于开发农村劳动力资源，提高农民素质，增加农民收入。

4.2.2 南方"猪-沼-果"生态农业模式

4.2.2.1 内涵

南方生态农业发展中最为典型的模式即"猪-沼-果"生态农业模式，同时也是沼气建设与庭园经济、生态环境保护相结合的一种循环经济模式。

4.2.2.2 构成要素

该模式以农户为单元，以沼气为纽带，依据生态学、经济学、系统工程学原理，通过生物能转换技术，将沼气池、猪舍、厕所、果园、微水池有机整合。组成科学、合理、具有现代化特色的农村能源综合利用体系，把畜禽养殖和林果、粮食、蔬菜等种植连接起来，畜禽粪便入池发酵生产沼气和沼肥，沼气做饭点灯，沼肥用于种植，形成农业生态良性循环。

该模式在设计时应尽量做好以下几点：首先应合理布局减少占地面积，同时合理设计，本着减少排水量节约用水；其次，设计工艺及设备选型应考虑到运行过程中具有较大的灵活性和调节余地，以确保排放水质稳定并能用于农业生产中；再次，方便操作，减少动力消耗和运行费用，降低生产成本。此外，工程内容应尽可能减少占地面积，合理布局。

4.2.2.3 模式特点

(1) 该模式以沼气池为核心，能有效地实现农村家居清洁化、庭院经济高效化、农业生产无害化。

(2) 该模式将沼气池种植业和养殖业紧密结合起来，有效地利用了资源。

(3) 该模式不仅解决了农民生活的能源，同时也促进种养业协调发展。

(4) 该模式实现了生态效益、经济效益和社会效益的统一。

4.2.3 西北"五配套"生态农业模式

4.2.3.1 内涵

西北"五配套"生态农业模式是西北农林科技大学推广的以沼气为纽带的西北果园"五配套"生态养牛模式的拓展，是生态农业的典型模式之一。所谓五配套，是指"果－畜－沼－窖－草"，以农户土地资源为基础，以太阳能为动力，以高效沼气为纽带，形成的以农促牧、以沼促果、果牧结合、配套发展的良性循环生态果园系统。

4.2.3.2 构成要素

生态果园以大约0.33公顷的成龄果园为基本生产单位，在果园内建一个$10m^3$的沼气池，一座$20m^3$左右的太阳能家畜池（家畜尿入池发酵），一眼$40m^3$左右的水窖，再通过果园种草，以达到保墒、抗旱、增草促畜、改土的作用。

(1) 沼气池　沼气池起连接养殖、种植、生活用能与生产用肥的纽带作用，是生态果园系统的核心。在果园中建一个$10m^3$左右的高效沼气池，不仅可以为农民生活提供能源、减少农民生活开支，沼渣、沼液还能扩大有机肥源，节约生产成本，带动养殖业的发展，为农民增收开辟新的途径。

(2) 太阳能畜圈　沼气池上建太阳能畜圈，沼气池在冬季也能正常产气，同时散发的热量有利于提高畜圈的温度，促进家畜的发育，能缩短育肥时间。

(3) 水窖　果园中建水窖可以收集和贮藏地表水（雨、雪），这些水除可满足人畜生活用水以外，还可供沼气池、浇灌果园、喷洒农药。

(4) 果园套种牧草　果园内套种白三叶、苜蓿、黑麦草等高效牧草，不仅可以涵养水源，还能为家畜提供饲料。

4.2.3.3 取得的效益

(1) 生态果园模式可以降低农民的生产、生活成本。

(2) 生态果园模式可以防止水土流失、增加土壤肥力、改善土壤性状，有利于改善和保护果区生态环境。

(3) 生态果园模式，有利于实现人畜粪便等生产生活废弃物的无害化处理，不仅减少疾病传染源，而且改善了农村环境卫生状况，提高农民健康水平。

(4) 生态果园模式为绿色果品开发创造良好的生态环境条件，有利于优化农业产业结构，提高农产品质量。

4.2.4 西南区模式

西南地区位于我国长江上游，主要包括云南大部、四川西南部、贵州西部和西北部以及青藏高原东南部。除四川盆地外，东部海拔多在 1000 m 以上，西部海拔在 2000～3000 m，丘陵、山地及高原占全区总面积的 85%，地貌类型复杂，气候条件多样。根据各地地形和气候特点形成了适合本地区发展的生态农业模式。

4.2.4.1 旱地立体种植生态农业模式

旱地立体种植生态农业模式是指以旱作耕地为基础，为充分利用空间把不同生物种群组合起来，多层次配置、多物种共存、多级物质能量循环利用。如：小麦、魔芋、玉米及蔬菜生态农业模式；小麦、西瓜、玉米及大白菜生态农业模式；马铃薯、玉米、大豆及甘薯生态农业模式；油菜、食用菌、玉米生态农业模式。

4.2.4.2 水田垄稻沟鱼立体种养生态农业模式

该模式是指连续免耕、垄作、浸润、垄作、稻萍鱼互利共生的原理，在田中起垄，垄上种稻，沟里水面养萍，水中养鱼的立体生态模式。该模式为次生潜育化程度高的冷浸田、烂泥田、深泥脚田、冬水田等找到了一条简单易行且增产效果好的改良途径。

4.2.4.3 坡地"三田"生态农业模式

在坡度 10 度以下、土层较厚的山麓丘陵地区，根据斜坡地的坡度差异，分别开挖坑田、条田和垄槽田，实行农作物立体种植。该模式是集农业工程、改变耕作制度、作物立体种植及水土保持于一体的生态农业模式。

4.2.5 城郊区模式

随着城镇居民生活水平的不断提高，城市公园和风景区已不能满足人们对休闲和旅游的要求，城郊区因距城区较近，有明显的区位优势，客源市场充足；城郊区受城市郊区化和农村城市化双重影响，具有生产技术先进、产品科技含量高、产业化水平高等特点；城郊区依托城市的基础配套设施，具有明显的农产品开发优势；城郊区经济发展水平较高，融资渠道多为建设城郊区观光农业生态模式的建立提供全方位的保障。

城郊区观光农业生态模式是指：以城郊区的土地资源为基础，以可持续发展、综合区划、景观生态学理论为指导，采用生态规划的设计方法，在保护自然资源的基础上，合理开发观光休闲和发挥农业生产、示范功能，使整个园区形成一个良性循环的农业生态系统。园区以保护自然资源和生态农业的设计实现其生态效益；以有机农业栽培方式生产绿色食品实现其经济效益；以展示新产品和示范高新技术实现其社会效益。从而做到经济、生态、社会效益三者相统一，建立可持续发展的城郊区观光农业生态模式。以扬州市沙头镇观光农业园区为例加以说明。

生态农业园区建立养殖（鸡、鸭、猪、鱼）-沼气-温室蔬菜"三位一体"的生态农业生产模式，通过企业化运作，实现工厂化、自动化规模生产，结合产品储藏、加工和农产品贸易平台，实现生态效益的同时取得较好的社会效益和经济效益。

生态农业园区建设方面，该园区依托生态环境优势和扬州大学、扬州市蔬菜研究所等科研院所的科技支撑，以市场需求为导向，根据"整体、协调、循环、再生"的原则，通过企业化管理手段,实现工厂化、自动化,实现产、供、销一体化;形成生态农业产业特色。

观光休闲园区建设方面,利用夹江贯通的清澈水系和沿岸优美的自然风光,建立划船、采菱、观荷、采莲等水上观光项目;利用夹江及河道沿岸优美的环境,采用以养鱼为主的生态养殖,满足城市居民周末垂钓的需要;以果蔬、花卉生产为依托,开发草莓、番茄、西瓜等时令果蔬的采收项目;以江鲜、园区生产的绿色食品、田园风光为特色,开发出特色餐饮、住宿等服务项目,满足周边城市居民的餐饮需要。

城郊区的运行模式,应兼顾生态、经济和社会效益三者的协调发展,将第一产业与第三产业有机结合,使现有农业发挥多种功能, 园区有机农业的生产模式也为生态农业走上产业化,即实现生产、加工、销售的一体化、规模化、专业化和集约化。

单元小结

如图 3-4-1 所示。

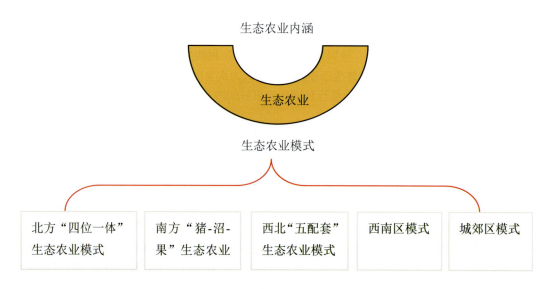

图 3-4-1 "生态农业"思维导图

单元测试

1. 什么是生态农业?我国的生态农业有哪些主要特征?
2. 简述北方"四位一体"生态农业模式的构成要素及主要特点。
3. 我国西南区地貌类型复杂,气候条件多样,形成了不同类型的生态农业模式,请你简单介绍一下。

参考文献

[1] 王先杰. 观光农业规划设计 [M]. 北京：气象出版社，2012.

[2] 王先杰. 观光农业景观规划设计 [M]. 北京：气象出版社，2009.

[3] 潘贤丽. 观光农业概论 [M]. 北京：中国林业出版社，北京大学出版社，2009.

[4] 俞益武等. 休闲观光农业园区的规划与开发 [M]. 杭州：杭州出版社，2007.

[5] 吕明伟，孙雪，张媛. 休闲农业规划设计与开发 [M]. 北京：中国建筑工业出版社，2010.

[6] 史亚军，黄映辉. 观光农业开发与经营 [M]. 北京：中国农业科学技术出版社，2006.

[7] 骆高远. 观光农业与乡村旅游 [M]. 杭州：浙江大学出版社，2009.

[8] 中国旅游协会旅游城市分会. 现代农家乐实务手册 [M]. 北京：中国旅游出版社，2011.

[9] 王进树. 农业园区规划设计 [M]. 北京：科学出版社，2011.

[10] 潘宏，林清. 观光农业的发展与园区规划初探 [J]. 中国农学通报，2005，8：449-462.

[11] 陈征. 观光农业园区规划方法及其评价研究 [J]. 农业现代化研究，2009，11：692-715.

[12] 周蕊，崔晋波，皮竟，彭文学. 现代观光农业园区发展与规划研究 [J]. 安徽农业科学，2012，40（13）：7796-7799.

[13] 王斌，刘震，张建国. 休闲观光农业科技园概念的形成与研究概况 [J]. 中国园艺文摘，2010，8：44-46.

[14] 秦艳培. 河南省观光农业旅游开发模式探析 [J]. 洛阳师范学院学报，2008，5：166-168.

[15] 孔令亚. 科普教育基地模式创新与探索 [J]. 陕西农业科学，2008，5：191-193.

[16] 孙贝烈，陈丛斌，刘洋. 北方"四位一体"生态农业模式标准化结构设计 [J]. 中国生态农业学报，2008，16(5)：1279-1282.

[17] 吴玉峰，李霞，李翠香，刘巧英. "四位一体"生态农业模式的效益分析 [J]. 内蒙古科技与经济，2010，13:46-48.

[18] 陈豫，杨改河，冯永忠，任广鑫. "四位一体"生态农业模式区域适宜性评价与实证研究 [J]. 西北农林科技大学学报（自然科学版），2008，9：45-49.

[19] 苗翠香，许彩苏，马小梅. "猪-沼-果"生态农业模式的推广应用 [J]. 内蒙古农业科技，2009，3：107-108.

[20] 朱凤娇，邹伯琼，邝培锐，冯晔. "猪-沼-果"生态农业模式在广州市白云区的应用 [J]. 广东农业科学，2005，5:75-76.

[21] 王立刚，屈锋，尹显智等. 南方"猪-沼-果"生态农业模式标准化建设与效益分析 [J]. 中国生态农业学报，2008，16（5）：1283-1286.

[22] 周建东，陈学好，潘丽琴等. 城郊型观光农业园区可持续规划研究——以扬州市沙头镇观光农业园区为例 [J]. 扬州大学学报(农业与生命科学版)，2007，28（4）：85-86.

[23] 山合水易. 中国青岛西麓国际生态农业公园概念性规划 [J]. 中国乡镇企业，2013，5：72-76.

[24] 贾小军. 中国家庭旅馆营销策略及经营模式探讨 [D]. 成都：西南财经大学，2005.

[25] DB43/T 763—2011.

[26] DB13/ T 1079—2009.